中小学和幼儿园教师资格考试学习参考书系列

聚师网 严格依据最新国家教师资格考试大纲编写

U0732914

适用于 中学教师 资格申请者

教育知识与能力

组织编写　教师资格考试研究中心
本册主编　郑　葳　徐　玲　何玉龙
编　　委　林　涛　吴远媛　胡勤佳

东北师范大学出版社
长　春

图书在版编目（CIP）数据

教育知识与能力. 中学/郑葳，徐玲，何玉龙主编.
—长春：东北师范大学出版社，2019. 8
ISBN 978 - 7 - 5681 - 6187 - 9

I. ①教… Ⅱ. ①郑… ②徐… ③何… Ⅲ. ①中学教
师－教学能力－资格考试－自学参考资料 Ⅳ. ①G451. 1

中国版本图书馆 CIP 数据核字（2019）第 178548 号

□责任编辑：田　鑫　　□封面设计：张　然
□责任校对：肖　丹　　□责任印制：张允豪

东北师范大学出版社出版发行
长春净月经济开发区金宝街 118 号（邮政编码：130117）
电话：0431—84568220
传真：0431—85691969
网址：http://www.nenup.com
东北师范大学音像出版社制版
长春方圆印业有限公司印装
长春市绿园区迎宾路 2066 号（邮政编码：130062）
2019 年 8 月第 1 版　2019 年 10 月第 1 版第 2 次印刷
幅面尺寸：210 mm×285 mm　印张：19.5　字数：535 千

定价：56.00 元

前　言

一、考试介绍

中小学教师资格考试是由国家建立考试标准，省级教育行政部门组织的全国统一考试。目前，除新疆、西藏、内蒙古、香港、澳门、台湾以外，其他省份均已加入全国统考。

中小学教师资格考试包括笔试和面试两部分。笔试各科目采取纸笔考试。笔试各科成绩均合格者，方可参加面试。各学段考试科目如下：

类别		笔试科目			面试
		科目一	科目二	科目三	
幼儿园		综合素质	保教知识与能力	——	教育教学实践能力
小学		综合素质	教育教学知识与能力	——	教育教学实践能力
初级中学		综合素质	教育知识与能力	学科知识与教学能力	教育教学实践能力
高级中学		综合素质	教育知识与能力	学科知识与教学能力	教育教学实践能力
中职	文化课教师	综合素质	教育知识与能力	（试点省自行组织）	教育教学实践能力
	专业课教师				（试点省自行组织）
中职实习指导教师		综合素质	教育知识与能力	（试点省自行组织）	（试点省自行组织）

注1：初级中学科目三分为语文、数学、英语、物理、化学、生物、思想品德、历史、地理、音乐、体育与健康、美术、信息技术、科学等15个科目。

高级中学和中等职业学校科目三分为语文、数学、英语、物理、化学、生物、思想政治、历史、地理、音乐、体育与健康、美术、信息技术、通用技术14个科目。

注2：幼儿园面试不分科目，小学面试科目分语文、英语、社会、数学、科学、音乐、体育、美术，中学面试科目与科目三一致。

二、内容介绍

为帮助广大考生快速通过教师资格考试，东北师范大学联合北京师范大学、首都师范大学、吉林省教育学院等全国多所院校以及聚师网教师资格考试研究院结合考试大纲和历年真题，倾心打造了本系列教材，以帮助考生轻松备考。

教材立足考试大纲、考试标准，通过综合分析历年真题的命题规律，归纳总结出了考试的重点和难点。每章都设有"风向标"版块，并根据考查频率标记★帮助考生快速了解本章的主要内容和重点章节。每节都设有"导航图""机要室""考点简析"三个版块。其中，"导航图"以思维导图的形式呈现每节知识框架，帮助考生快速梳理考点，明确知识结构；"机要室"通过对真题进行深入分析，总结出高频考点和考查题型，帮助考生快速抓住核心考点和出题规律；"考点简析"根据知识结构和命题规律对各考点进行了细化和具体化。同时，对于一些重要考点还设置了"见多识广""真题邂逅"版块，对考点的相关知识和出题方式进行了适当扩展，从而进一步加深考生对考点的理解和运用。

三、备考指导

教师资格考试考查范围广，考试难度大，理解分析型题目占比较高，着重考查考生对知识的运用能力。因此，考生不仅要对知识进行识记，还要在理解知识点的基础上解决实际问题，提高分析问题和解决问题的能力，为将来走上教师岗位奠定良好基础。

目 录

第五章　中学生发展心理

第六章　中学生心理辅导

第七章 中学德育

第八章 中学班级管理与教师心理

第 一 章

教育基础知识和基本原理

风向标

第一节
教育的产生与发展

导航图

```
                          ┌─ 教育的词源
            ┌─ 教育的概念 ─┤
            │             └─ 教育的定义
            │
            │             ┌─ 教育者
            ├─ 教育的构成要素 ─┼─ 受教育者（学习者）
            │             └─ 教育影响（教育中介系统）
            │
            ├─ 教育的基本形态
教育的产生与发展 ─┤             ┌─ 教育的本质属性
            ├─ 教育的属性 ─┤
            │             └─ 教育的社会属性
            │
            │             ┌─ 教育的神话起源论
            │             ├─ 教育的生物起源论
            ├─ 教育的起源 ─┤
            │             ├─ 教育的心理起源论
            │             └─ 教育的劳动起源论
            │
            │                 ┌─ 原始社会的教育
            │                 ├─ 古代社会的教育
            └─ 教育的历史发展脉络 ─┤
                              ├─ 近代社会的教育
                              └─ 现代社会的教育
```

机要室

高频考点	考查频率（2013年以来）	考查题型
教育的属性	13	单项选择题、简答题、辨析题
教育的起源	1	单项选择题
教育的历史发展脉络	1	单项选择题

考点简析

考点一 教育的概念

（一）教育的词源

在我国，"教"和"育"两个字最初并未合成一词，而是各有含义。根据东汉许慎《说文解字》的解释："教，上所施，下所效也"；"育，养子使作善也"。"教"是指教化；"育"是指养育。一般认为，"教育"一词最早见于《孟子·尽心上》："得天下英才而教育之，三乐也。"

（二）教育的定义

教育有广义与狭义之说。广义的教育泛指一切有目的地增进人的知识和技能、发展人的智力和体力、影响人的思想观念的活动，包括家庭教育、社会教育和学校教育。狭义的教育主要指学校教育，是指教育者根据一定的社会要求，有目的、有计划、有组织地对受教育者的身心施加影响，促使他们朝着期望的方向变化发展的活动。

考点二 教育的构成要素

教育者、受教育者和教育影响是构成教育活动的三个基本要素。

（一）教育者

教育者是指对受教育者的知识、技能、思想、品德等方面起到教育影响的人，包括学校教师，教育计划、教科书的设计者和编写者，教育管理人员以及参与教育活动的其他人员。其中，学校教师是教育者的主体，是最直接的教育者。教育者在教育活动中起主导作用。

（二）受教育者（学习者）

受教育者是指在各种教育活动中以学习为主要职责的活动主体，既包括在各级各类学校中学习的儿童、少年和青年，也包括各种形式教育中的成人学生。受教育者是教育的对象，是学习的主体。

（三）教育影响（教育中介系统）

教育影响即教育活动中教育者作用于学习者的全部信息，既包括信息的内容，也包括信息选择、传递和反馈的形式，是形式与内容的统一。从内容上说，教育影响主要就是教育内容、教育材料或教科书；从形式上说，教育影响主要就是教育手段、教育方法、教育组织形式。

考点三 教育的基本形态

教育形态是指上述三个要素所构成的教育系统在不同时空背景下的变化形式。从教育系统所赖以运行的场所或空间标准的角度我们可以将教育形态划分为家庭教育、学校教育与社会教育。我们一般把家庭教育、社会教育和学校教育的结合称为"三结合"教育或教育合力。其中，学校教育占主导地位。

1. 家庭教育

家庭教育是指在家庭中由父母或其他年长者对新生一代和其他家庭成员所进行的有目的、有意识的教育。家庭教育具有先导性、生活性、感染性、针对性和终身性等特点。

2. 社会教育

广义的社会教育是旨在有意识地培养人、有益于人的身心发展的各种社会活动。狭义的社会教育指学校和家庭以外的社会文化机构以及有关的社会团体或组织对社会成员所进行的教育。社会教育具有开放性、多样性、群众性、补偿性和融合性等特点。

3. 学校教育

学校教育作为教育的主要形态，对青少年的发展具有特殊意义。学校教育的特点主要表现为职能的专门性、组织的严密性、作用的全面性、内容的系统性、手段的有效性和形式的稳定性等。

考点四 教育的属性

（一）教育的本质属性

教育是一种有目的地培养人的社会活动，它的目的在于影响和促进人的发展，培养人的实践意识和实践能力，是否有目的地培养人是教育活动与其他社会活动的根本区别，这也是教育的本质属性，即教育的质的规定性。教育的质的规定性表现在以下三个方面：

1. 教育是人类所特有的一种有意识的社会活动
2. 教育是人类有意识地传递社会经验的活动
3. 教育是以人的培养为直接目标的社会实践活动

教育的属性

真题邂逅

（2015 下半年·5）教育的本质特点是（　　）。

A. 影响人的身心发展　　　　　　　B. 促进社会发展

C. 有目的地培养人　　　　　　　　D. 完善人的自身生产

【答案】C

（2015 上半年·3）教育活动与其他社会活动最根本的区别在于（　　）。

A. 是否有目的地培养人　　　　　　B. 是否促进人的发展

C. 是否促进社会发展　　　　　　　D. 是否具有组织性和系统性

【答案】A

（二）教育的社会属性

1. 教育具有永恒性

教育是人类所特有的社会现象，它是一个永恒的范畴。只要人类社会存在，就存在着教育。

真题邂逅

（2017下半年·2）教育与人类社会共始终，为一切人一切社会所必需，是新生一代的成长和社会生活的延续与发展不可缺少的手段。这表明教育具有（　　　）。

A. 阶级性　　　　B. 历史性　　　　C. 永恒性　　　　D. 平等性

【答案】C

2. 教育具有历史性

教育的历史性是指在不同的社会或同一社会的不同历史阶段，教育的性质、目的和内容等各不相同。教育的性质、体制、目的、内容、方法以及教学手段等都要相应地随着生产力的发展和社会形态的演变而变化发展。

3. 教育具有相对独立性

教育的相对独立性是指教育具有自身的规律，并对政治经济制度和生产力具有能动作用。教育的相对独立性是教育的基本属性之一，教育的相对独立性具体表现在以下四个方面：

（1）教育对社会的作用具有能动性

教育受社会的制约，但并不是消极、被动地接受社会的影响，它一方面会受到一定社会的生产力、政治经济制度、文化、人口等的制约，另一方面也会能动地反作用于一定社会的生产力、政治经济制度、文化、人口等，促进或阻碍它们的发展。教育不仅被社会改变、规定和制约，也改变、教化和引导着社会的发展。

（2）教育具有自身质的规定性

教育的质的规定性在于教育是培养人的活动，它以影响人的发展为直接目的，这是教育区别于其他社会现象的根本特征；教学的运行独立于政治经济制度和生产力之外，它同认识活动的规律密切相连；尽管教育内容与社会联系比较紧密，但有些教学方法有着自己的规律，教育自身的众多规律不是随着社会发展而变化的，具有自身稳定性。

（3）教育具有历史继承性

每一时代的教育，包括教育思想、教育制度、教育内容和教育方法等，它们尽管受政治、经济和生产力的影响，但总体来讲，都与以往各个时代的教育有着继承关系，不可能凭空产生，也不可能是全新的。任何一种教育都是在整个人类历史发展过程中产生的，都必然要吸收和利用以往历史阶段的教育成果。正因为教育具有这种继承性，所以，在同样的政治经济制度和生产力发展水平的国家，会有不同特色的教育，而不同民族的教育也会表现出不同的传统和特点。

（4）教育与社会发展具有不平衡性

教育虽然受社会的制约，但它与社会发展又往往存在着不同程度的不同步性。这种不同步性表现在以下两个方面：一是教育的思想和内容落后于政治经济制度和生产力的发展，当旧的政治经济制度消亡之后,与之相适应的教育思想和内容并不立即随之而消亡,还会残存一个时期,这时教育对新的政治经济制度起着阻碍作用;二是由于人们认识了社会发展的规律,根据社会发展的趋势,预见到了教育发展的方向,在旧的政治经济制度下,也可能出现新的教育思想,这时教育超前于一定的政治经济发展水平,对新的政治经济起着催生作用。

教育具有上述的相对独立性,但是,我们不能把教育的相对独立性理解为绝对独立性,因为,教育归根结底是由生产力的发展水平和政治经济制度的性质决定的,受民族文化的发展状况与需求的制约。

真题邂逅

（2018 下半年·2）旧的社会制度下,可能出现新教育的萌芽;新的社会制度下,也可能存在旧教育的延续。这种现象表明教育发展具有（　　）。

A. 相对独立性　　　B. 历史局限性　　　C. 社会制约性　　　D. 社会能动性

【答案】A

（2018 上半年·22）教育具有历史继承性。

【参考答案】

此说法正确。

每一时代的教育,包括教育思想、教育制度、教育内容和教育方法等,它们尽管受政治、经济和生产力的影响,但总体来讲,都与以往各个时代的教育有着继承关系,不可能凭空产生,也不可能是全新的。任何一种教育都是在整个人类历史发展过程中产生的,都必然要吸收和利用以往历史阶段的教育成果。

考点五　教育的起源

（一）教育的神话起源论

神话起源论是人类关于教育起源的最古老的观点,所有的宗教都持这种观点。这种观点认为,教育与其他万事万物一样,都是由人格化的神(上帝或天)所创造的,教育的目的就是体现神或天的意志,使人皈依于神或顺从于天。这种观点是错误的,是非科学的。

（二）教育的生物起源论

生物起源论的代表人物是法国社会学家、哲学家利托尔诺与英国教育学家沛西·能。生物起源论者认为,教育的产生来自动物的本能,是种族发展的本能需要。教育的生物起源论是教育学史上第一个正式提出的有关教育起源的学说,标志着教育的起源问题开始从神话解释转向科学解释。它的根本性错误在于没有把握人类教育的目的性和社会性,从而没能区分出人类教育行为与动物类养育行为之间质的差别。

（三）教育的心理起源论

心理起源论的代表人物是美国教育家孟禄。心理起源论者认为，教育起源于儿童对成人无意识的模仿。教育的心理起源论使教育从动物界回到了人类社会，提出模仿是教育起源的新说，有一定的合理性，但否定了教育活动固有的目的性、意识性与社会性，因而也是不正确的。

真题邂逅

（2016 下半年·3）美国学者孟禄根据原始社会没有学校、没有教师的史实，断定教育起源于儿童对成人无意识的模仿。这种观点被称为（　　）。

A. 交往起源论　　　　B. 生物起源论　　　　C. 心理起源论　　　　D. 劳动起源论

【答案】C

（四）教育的劳动起源论

劳动起源论的代表人物有苏联的米丁斯基、凯洛夫等。马克思主义教育学提出教育起源于劳动，具体而言，教育起源于劳动过程中社会生产需要和人的发展需要的辩证统一。

考点六　教育的历史发展脉络

（一）原始社会的教育

1. 教育的产生

教育产生的原因：人类对自身生存和发展的需要是教育产生的最根本原因，也是教育作为人类社会中具有永恒意义的范畴的根本原因。

教育产生的条件：人类劳动的进行是教育产生的最根本条件。从劳动是人类最基础的社会活动这个意义上来讲，劳动是教育产生的必要条件。语言的形成是教育产生的另外一个必要条件，它为人与群体之间经验的相互转化提供了载体，使人类的思维交流成为可能。

2. 原始社会教育的特征

第一，教育的无阶级性。

第二，教育主要为生产劳动服务。

第三，教育是在整个社会生产和生活中进行的。

第四，教育手段极其原始和简单。

（二）古代社会的教育

1. 学校的产生

学校是人类社会发展到一定历史阶段的产物，一般认为学校产生于奴隶社会时期。

学校产生的条件可归纳为以下几点：第一，社会生产水平的提高为学校的产生提供了必要的物质基础；第二，脑力劳动和体力劳动的分离为学校的产生提供了专门从事教育活动的知识分子；第三，文字的创造以及社会生产生活知识的大量积累为学校的产生提供了教育内容和专门传授知识、技能的社会条件；第四，国家的产生需要专门的教育机构培养维护统治阶级利益的官吏和知识分子。

2. 中国古代教育的发展

表 1　中国古代教育的发展

朝　代	教育（管理）机构	教育事件
五帝	成均、庠	古代学校的萌芽
夏	庠、序、校	出现了中国最早的学校教育形态
商	大学、小学、庠、序、瞽宗	有文字记载，同时有考古出土的实物证实学校出现在商代
西周	国学、乡学	形成了"学在官府（学术官守）""政教一体""官师合一"的官学体系格局，形成了以"礼乐"为中心的文武兼备的六艺教育（礼、乐、射、御、书、数）。
春秋战国	"稷下学宫"（战国）	官学衰微、私学兴起、养士之风大盛，诸子百家争鸣，促进了教育理论的发展和教育经验的丰富。儒、墨两家的私学成为当时的显学。 "稷下学宫"是养士的缩影，是官家举办、私家主持的学校，特点是学术自由。 春秋战国时期，私学的发展是我国教育史、文化史上的一个重要里程碑，直接促成了百家争鸣的社会盛况。
两汉	太学、郡国学	董仲舒提出"罢黜百家，独尊儒术"。 太学是当时最高的教育机构；鸿都门学是研究文学艺术的专门学校；地方官学的发展始于"文翁兴学"。
隋唐	国子寺（国子监）"六学二馆"	隋朝创立了科举考试制度；唐代建立了完备的官学教育体系——六学（国子学、太学、四门学、律学、书学、算学）、二馆（崇文馆、弘文馆）
宋	国子学与书院	国学：程朱理学。 教育内容：四书五经（"四书"为《大学》《中庸》《论语》《孟子》的合称，"五经"是《诗》《书》《礼》《易》《春秋》的合称）。 著名的六大书院：白鹿洞书院、附列石鼓书院、岳麓书院、应天府书院、嵩阳书院、茅山书院
明	国子监	明朝的国子监在教学制度方面创立了历事制度，实行积分法
清	学堂	1905 年科举制被废除

3. 国外古代教育的发展

表 2　国外古代教育的发展

国　家	教育形式		特　征
古代印度	婆罗门教教育	婆罗门教的经典《吠陀经》是主要的教育内容，婆罗门教的僧侣是唯一的教师，教育的活动主要是背诵经典和钻研经义	宗教权威至高无上，教育控制在婆罗门教和佛教手中
	佛教教育	比较关心大众，表现在教育上主要是广设庙宇，使教育面向更多的群众，形成了寺院学府的特色，并一直延续到英国殖民地时期	

国　家	教育形式		特　征
古代埃及	宫廷学校	宫廷学校是法老教育皇子皇孙和贵族子弟的场所	"以僧为师""以（书）吏为师"成为古代埃及教育的一大特征；奴隶子弟没有受教育的权利
	职官学校	以吏为师、以法为教，招收贵族和官员子弟，肩负文化训练和业务训练的任务	
	文士（书吏）学校	教育目的是培养能够熟练运用文字从事书写及计算工作的人；"学为文士"成为一般奴隶主阶级追求的目标	
古代希腊	雅典教育	教育目的是培养有文化修养和多种才能的政治家和商人，在西方最早形成体育、德育、智育、美育和谐发展的教育，教育内容比较丰富，教育方法也比较灵活	不同社会阶层的人所受教育的方式不同
	斯巴达教育	教育目的是培养忠于统治阶级的强悍的军人和武士，强调军事体育训练（五项竞技——赛跑、跳跃、角力、投标枪、掷铁饼）和政治道德灌输，教育内容比较单一，教育方法也比较严厉	
中世纪的欧洲	教会教育	教育目的是培养教士和僧侣，教育内容是"七艺"，包括"三科"（文法、修辞学、辩证法）和"四学"（算术、几何、天文、音乐），各科都贯穿神学，盲目服从圣书和僧侣教师的权威，学习方法是背诵	欧洲封建社会的教会教育和骑士教育都脱离了生产劳动，为封建地主阶级的统治服务
	骑士教育	教育目的是培养封建骑士，教育内容是"骑士七技"，即骑马、游泳、击剑、打猎、投枪、下棋、吟诗	

真题邂逅

（2015 上半年·4）古希腊斯巴达教育目的是培养（　　　）。

A. 演说家　　　　　　　　　　　B. 智者

C. 军人和武士　　　　　　　　　D. 全面和谐发展的人

【答案】C

4. 古代学校教育的特征

（1）古代产生了学校，教育成为社会的专门职能，教育成为统治阶级的统治工具

（2）古代学校教育与生产劳动相脱离，具有非生产性

（3）教育的阶级性出现并不断强化

（4）古代学校教育适应古代思想文化的发展，表现出道统性、专制性、刻板性

道统性是指教育内容以传授统治阶级的政治思想和伦理观念为主，教育服从于统治之道。

专制性是指教育过程主要为管制与被管制、灌输与被动接受的过程，道统的威严通过教师、牧师的威严，通过招生、考试以及教学纪律的威严予以保证。

刻板性是指教育方法、学习方法刻板，死记硬背，机械模仿。

（三）近代社会的教育

16世纪末至19世纪末，世界进入近代社会。近代社会的教育具有如下特点：

1. 国家加强了对教育的重视和干预，公立教育崛起，教育世俗化；

2. 扩大了受教育权，初等义务教育普遍实施；

3. 在教学组织形式上，以班级授课制取代了个别教学制；

4. 重视教育立法，依法治教。

（四）现代社会的教育

20世纪以后教育的新特点

第一，教育的终身化。终身教育是为适应科学知识的加速增长和人的持续发展的要求而逐渐形成的一种教育思想和教育制度，它的本质在于现代人的一生应该是终身学习、终身发展的一生。法国的保罗·朗格朗最早系统论述了终身教育。终身教育是当代国际社会中影响最大、传播最广、最具生命力的一种教育思潮。

第二，教育的全民化。全民教育是指教育必须面向所有的人，即人人都有接受教育的权利，且必须接受一定程度的教育。

第三，教育的民主化。教育民主化是对教育的等级化、特权化和专制性的否定。一方面，教育的民主化追求让所有人都受到同样的教育，包括教育起点的机会均等，教育过程中享受教育资源的机会均等，甚至包括教育结果的均等，这就意味着要对处于社会不利地位的学生予以特殊照顾；另一方面，教育的民主化追求教育的自由化，包括教育自主权的扩大，根据社会要求设置课程，编写教材的灵活性、价值观念的多样性等。

第四，教育的多元化。教育的多元化是对教育的单一性和统一性的否定，它是世界物质生活和精神生活多元化在教育上的反映。教育的多元化具体表现为培养目标的多元化、办学形式的多元化、管理模式的多元化、教学内容的多元化、评价标准的多元化等。

第五，教育技术的现代化。教育技术的现代化是指现代科学技术（包括工艺、设备、程序、手段等）在教育技术上的运用，包括教育设备、教育手段、教育方法等的现代化以及由此引起的教育思想、教育观念的变化。

第二节
教育学的产生与发展

导航图

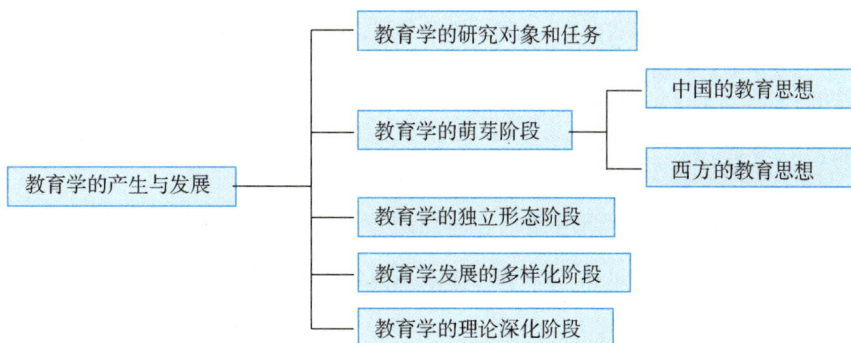

机要室

高频考点	考查频率（2013 年以来）	考查题型
教育学的萌芽阶段	7	单项选择题
教育学的独立形态阶段	8	单项选择题
教育学发展的多样化阶段	2	单项选择题
教育学的理论深化阶段	3	单项选择题

考点简析

考点一 教育学的研究对象和任务

　　教育学是研究教育现象和教育问题，揭示教育规律的一门社会科学。教育问题是教育研究的核心，是推动教育学发展的内在动力。教育学的研究任务就是要阐明教育的基础知识和基本理论，揭示教育的基本规律，为教育理论工作者和教育实践工作者提供理论支撑，为培养符合社会需要的人才服务。

考点二　教育学的萌芽阶段

（一）中国的教育思想

1. 孔子的教育思想

孔子是中国古代春秋末期最伟大的思想家、教育家，是儒家学派的创始人，在中国教育史上第一个创办大规模私学。孔子的思想集中体现在《论语》中。

表3　孔子的教育思想

类　别	教育主张
办学方针	有教无类。打破了贵贱、贫富和种族的界限，把受教育的范围扩大到平民，这是历史性的进步
教育目的	培养德才兼备的君子，在平民中培养德才兼备的从政君子，可简括称之为"学而优则仕"
教育内容	《诗》《书》《礼》《易》《乐》《春秋》。孔子继承了西周以来"六艺"教育的传统。孔子教学内容的缺陷：①忽视自然科学知识和科学技术的传授；②鄙视对生产劳动知识和技能的教育
教学原则与方法	学、思、行结合。"学而不思则罔，思而不学则殆"
	启发诱导。孔子是世界上最早提出启发式教学的教育家。"不愤不启，不悱不发，举一隅不以三隅反，则不复也"
	因材施教。根据学生的不同特点施教，使他们都能发挥自己的特长。"求也退，故进之；由也兼人，故退之"；"柴也愚，参也鲁，师也辟，由也喭"
	好学与实事求是的态度。"知之者不如好之者，好之者不如乐之者。"要求学生"敏而好学，不耻下问"。学是为了求知，"知之为知之，不知为不知，是知也"
道德教育	在孔子的私学中，道德教育居首要地位，主张以"礼"为道德规范，以"仁"为最高道德准则。"仁"是孔子学说的中心思想。"君子去仁，恶乎成名？""君子无终食之间违仁，造次必于是，颠沛必于是"
教师品质	学而不厌、温故知新、诲人不倦、以身作则、爱护学生

真题邂逅

（2016上半年·1）我国先秦时期，主张"有教无类"，倡导"因材施教"的教育家是（　　）。

A. 孔子　　　　　　B. 孟子　　　　　　C. 荀子　　　　　　D. 庄子

【答案】A

2.《学记》中的教育思想

《学记》是中国古代也是世界上最早的专门论述教育问题的著作，有人认为它是"教育学的雏形"。《学记》是中国古代一部典章制度专著《礼记》中的一篇。

表4 《学记》中的教育思想

类 别	教育主张	著名论断
教育的功能	教育的政治功能	"君子如欲化民成俗,其必由学乎"。"建国君民,教学为先"
	教育的个体功能	"玉不琢,不成器;人不学,不知义"
师生关系	教学相长	"是故学然后知不足,教然后知困。知不足,然后能自反也;知困,然后能自强也。故曰:教学相长也"
	师道尊严	"师严然后道尊,道尊然后民知敬学"
教学策略	复述策略	"学无当于五官,五官不得不治"
教学原则	长善救失原则	"教也者,长善而救其失者也"
	启发诱导原则	"故君子之教,喻也;道而弗牵,强而弗抑,开而弗达"
	课内与课外相结合原则(藏息相辅原则)	"大学之教也,时教必有正业,退息必有居学。""故君子之于学也,藏焉修焉,息焉游焉"
	预防性原则	"禁于未发之谓豫"
	及时施教原则	"当其可之谓时""时过然后学,则勤苦而难成"
	循序渐进原则	"不陵节而施之谓孙""杂施而不孙,则坏乱而不修""学不躐等"
	学习观摩原则	"相观而善之谓摩"

真题邂逅

（2018上半年·2）人类历史上最早专门论述教育问题的著作是（　　）。

A.《学记》 B.《孟子》 C.《论语》 D.《中庸》

【答案】A。

（2017上半年·3）明确提出"长善救失""教学相长""不陵节而施""臧息相辅"等重要教育思想的文献是（　　）。

A.《论语》 B.《学记》 C.《孟子》 D.《大学》

【答案】B

3. 中国古代其他教育家的思想

（1）孟子

孟子提出了"性善论",认为教育的目的是培养君子,即"明人伦"。

（2）荀子

荀子提出了"性恶论",认为"人之性恶,其善者伪也",强调尊师。

（3）墨子

墨子以"兼爱""非攻"为教,同时注重文史知识的掌握和逻辑思维能力的培养,还注重实用技术的传习。墨家认为获得知识的途径主要有"亲知""闻知"和"说知"三种。

（4）朱熹

朱熹提出了"朱子读书法"，即循序渐进、熟读精思、虚心涵泳、切己体察、着紧用力、居敬持志。

（5）韩愈

韩愈著有《师说》，提出"古之学者必有师。师者，所以传道受业解惑也"。

（二）西方的教育思想

1. 苏格拉底的教育思想

苏格拉底在教学方面的最大贡献是首创了"产婆术"，即"苏格拉底方法"，也称问答法，是由讽刺、助产术、归纳和定义四个步骤组成。讽刺是就对方的发言不断提出追问，迫使对方自陷矛盾，无词以对，最终承认自己的无知；助产术即帮助对方自己得到问题的答案；归纳即从各种具体的事物中找到事物的共性、本质，通过对具体事物的比较寻求"一般"；定义是指把个别事物归入一般概念，得到关于事物的普遍概念。

2. 柏拉图的教育思想

柏拉图的教育思想集中体现在他的著作《理想国》中。柏拉图认为教育的最高目标是培养哲学家兼政治家，他的教育思想包括教育的最终目的是促使"灵魂转向"；女子应当和男子受同样的教育，从事同样的职业；重视早期教育，柏拉图是"寓学习于游戏"的最早提倡者；节制是一种对秩序或对快乐与欲望的控制，人应当用理性来指导欲望，强调理性思维。

3. 亚里士多德的教育思想

亚里士多德是古希腊百科全书式的哲学家，他继承并发展了柏拉图的理性说，认为追求理性就是追求美德，就是教育的最高目的。亚里士多德的教育思想集中反映在他的著作《政治学》中。

亚里士多德在历史上首次提出了"教育遵循自然"的原则，注意到了儿童心理发展的自然特点，主张按照儿童心理发展的规律对儿童进行分阶段的教育。亚里士多德最早提出了自由教育（文雅教育），他认为，要实施自由教育必须具备两个条件：一是闲暇时间，二是自由学科。

4. 昆体良的教育思想

昆体良是古代罗马著名的教育家，他是西方教育史上第一个专门论述教育问题的教育家。他主张教育目的是培养"善良的、精于雄辩的人"，他还主张实行集体教学，这是班级授课制的萌芽。他的著作《雄辩术原理》，又称《论演说家的教育》是西方第一本教育专著，也是世界上第一部研究教学法的著作。

▶ 真题邂逅

（2015 上半年·1）国外最早的教育学著作是（ ）。

A.《理想国》　　　　B.《政治学原理》　　　C.《论雄辩家》　　　D.《论演说家的教育》

【答案】D

考点三　教育学的独立形态阶段

17 世纪以后，教育学逐渐发展成为一门独立的学科。该阶段的代表人物及其著作和教育思想如下：

1. 培根的教育思想

英国哲学家培根是"近代实验科学的鼻祖"，提出了实验的归纳法，为教育学的发展奠定了方法论的基础。1623年，培根出版的《论科学的价值和发展》首次把"教育学"作为一门独立的学科提了出来，与其他学科并列，为教育学的独立做出了重要贡献。

真题邂逅

（2018上半年·1）在科学分类中，首次将教育学作为一门独立的学科划分出来的学者是（ ）。

A. 卢梭 B. 培根 C. 康德 D. 洛克

【答案】B

2. 夸美纽斯的教育思想

1632年，捷克著名教育家夸美纽斯出版的《大教学论》是近代最早的一部教育学著作。该书的内容包括：提出教育适应自然的原则，这是贯穿夸美纽斯整个教育体系的一条根本的指导性原则；提出"泛智"思想，主张"把一切事物教给一切人类的全部艺术"，反映在学制上就是普及初等教育的思想和单轨制的思想；最早从理论上对班级授课制做了阐述，为班级授课制奠定了理论基础；提出了几条具体的教学原则，如直观性原则、激发学生求知欲望原则、巩固性原则、量力性原则、系统性和循序渐进性原则；强调了教师的作用，把教师赞誉为"太阳底下最光辉的职业"。

真题邂逅

（2018下半年·3）（   ）提出了普及初等教育思想，论述了班级授课制，被认为是近代最早的教育学著作。

A.《普通教育学》 B.《大教学论》 C.《教育论》 D.《教育漫话》

【答案】B

（2017下半年·1）提出"泛智"教育思想，探讨"把一切事物教给一切人类的全部艺术"的教育家是（ ）。

A. 夸美纽斯 B. 赫尔巴特 C. 赞可夫 D. 布鲁纳

【答案】A

3. 卢梭的教育思想

卢梭是法国启蒙主义思想家、教育家，他于1762年发表小说体的教育著作《爱弥儿》，宣扬了他的自然主义教育思想。卢梭倡导自然教育和儿童本位的教育观，认为人的本性是善良的，但被现存的环境和教育给破坏了。在西方近代教育史上，卢梭被认为"最先发现了儿童"。

真题邂逅

（2017 下半年·4）法国启蒙思想家卢梭于 1762 年发表了小说体的教育名著，系统地阐述了他的自然主义教育思想。这部教育名著是（　　）。

    A.《理想国》   B.《巨人传》   C.《教育论》   D.《爱弥儿》

    【答案】D

4. 康德的教育思想

康德的教育思想主要反映在《康德论教育》一书中。他认为，人的所有自然禀赋都有待于发展，人是唯一需要教育的动物，教育的根本任务在于充分发展人的自然禀赋，使人人都成为自身，成为本来的自我，都得到自我完善。他认为教育是一门很难的艺术，其实践必须与"真知灼见"结合起来，否则就会变成机械的东西。作为哲学家，康德是最早在大学里讲授教育学的学者，曾先后四次在哥尼斯堡大学讲授教育学，这是教育学成为大学课程的开端。

5. 裴斯泰洛齐的教育思想

瑞士教育家裴斯泰洛齐是西方教育史上第一位将"教育与生产劳动相结合"这一思想付诸实践的教育家。他的教育代表作有《林哈德和葛笃德》《葛笃德如何教育她的子女》。他根据教育适应自然的原则和要素教育理论，研究了小学各科教学法，其研究奠定了小学各科教学法的基础，他被称为"教育史上小学各科教学法的奠基人"。

裴斯泰洛齐的主要思想可以概括为以下几点：一是倡导自然主义教育思想；二是最早提出"教育心理学化"的主张；三是提倡情感教育、爱的教育。

6. 洛克的教育思想

英国哲学家洛克的代表作是《教育漫话》，其主要思想可以概括为以下几点：

第一，提出"白板说"。他认为人的心灵如同白板，观念和知识都来自后天，并且得出天赋的智力人人平等的结论，人类之所以千差万别，便是由于教育之故。

第二，主张绅士教育。绅士教育要把德行的教育放在首位，他主张绅士教育应在家庭中实施，同时，通过体育获得健康的身体对于绅士来说是极为重要的，因为"健康之精神寓于健康之身体"，健康的身体是绅士教育的保证。

真题邂逅

（2015 下半年·1）在教育史上，提出著名的"白板说"和完整的绅士教育理论的学者是（　　）。

    A. 夸美纽斯   B. 洛克   C. 裴斯泰洛齐   D. 赫尔巴特

    【答案】B

7. 赫尔巴特的教育思想

1806 年，赫尔巴特的《普通教育学》的出版标志着规范教育学的建立。赫尔巴特也被誉为"现代教育学之父""科学教育学的奠基人"。他被看作是传统教育学的代表，他的主要观点可以概括为以下几点：

第一，他将教育学建立在心理学和伦理学的基础之上，奠定了科学教育学的基础；

第二，强调系统知识的传授、课堂教学的作用以及教材的重要性，强调教师的权威作用和中心地位，形成了传统教育"课堂中心""教材中心""教师中心"的三中心理论；

第三，提出"四阶段教学"理论。他将教学过程分为明了、联想、系统和方法四个阶段，之后他的学生席勒将其修改为预备、提示、联系、总结、应用五个阶段，即"五段教学法"；

第四，提出教育性教学原则。在西方教学史上，赫尔巴特第一次提出了"教育性教学"的概念。他说过，"我想不到有任何无教学的教育。正如在相反的方面，我不承认有任何无教育的教学"。这句话强调了教学过程是知、情、意统一的过程；

第五，提出教育的目的是培养良好的社会公民。

考点四　教育学发展的多样化阶段

1. 斯宾塞的教育思想

斯宾塞是英国资产阶级思想家、社会学家，代表著作是 1861 年出版的《教育论》。斯宾塞是实证主义者，他反对思辨，主张用实证方法研究知识的价值。他提出教育的任务是教导人们为完美生活做准备，在教学方法方面，他主张启发学生学习的自觉性，反对形式教育，重视实科教育。

真题邂逅

（2017 上半年·1）在教育史上，重视实科教育，主张学生学习的自觉性，强调教育为完美生活做准备的教育家是（　　）。

A. 夸美纽斯　　　　B. 赫尔巴特　　　　C. 斯宾塞　　　　D. 杜威

【答案】C

2. 梅伊曼与拉伊的教育思想

1901 年，德国的梅伊曼提出了"实验教育学"。梅伊曼认为必须采用实验的方法研究儿童的生活和学习，另一名德国教育家拉伊于 1908 年出版了《实验教育学》，拉伊认为教育就是对人的发展的实际指导，目的是造就完整的生物—社会中完整的个性。

3. 杜威的教育思想

美国教育家杜威是实用主义哲学的创始人，是实用主义教育学的代表人物之一。他的代表作包括《民主主义与教育》、《我的教育信条》等。他批判了赫尔巴特的教育学思想，提出了"儿童中心（学生中心）""活动中心""经验中心"的"新三中心论"，他的理论是现代教育理论的代表。杜威的教育观点主要有以下几个方面：

杜威的教育思想

（1）论教育的本质

杜威认为教育即生活，教育即生长，教育即经验的改组或改造，此外，他还提出"学校即社会"的观点。

（2）论教育的目的

杜威从"教育即生活"中引出了他的"教育无目的论"。他认为，教育的过程在它自身以外没有目的，它就是它自己的目的；教育的过程是一个教育经验不断改组、不断改造和不断转化的过程。

（3）"从做中学"

在经验论的基础上，杜威提出"从做中学"，要求以活动性、经验性的主动作业取代传统的书本式教材的统治地位。

（4）"五步教学法"

五步教学法包括创设疑难情境、确定疑难所在、提出解决问题的种种假设、推断哪个假设能解决这个困难、验证这个假设五大步。

杜威的教育学说提出以后，西方教育学便出现了以赫尔巴特为代表的传统教育派和以杜威为代表的现代教育派对立的局面。

4. 凯洛夫的教育思想

苏联的凯洛夫主编的《教育学》被公认为世界上第一部马克思主义的教育学著作。这一著作总结了苏联20世纪二三十年代教育正反两方面的经验，论述了全面发展的教育目的，对我国的教育有着广泛的影响。

5. 马卡连柯的教育思想

苏联的马卡连柯著有《教育诗》《父母必读》《论共产主义教育》（加里宁也曾写过《论共产主义教育》一书，但二者内容并不相同），他在流浪儿和违法者的改造方面做出了杰出的贡献，其核心思想是集体主义教育思想。

6. 杨贤江的教育思想

中国的杨贤江以李浩吾为化名编写的《新教育大纲》是我国第一部以马克思主义为指导的教育学著作。

考点五　教育学的理论深化阶段

1. 布卢姆的教育思想

美国教育学家布卢姆著有《教育目标分类学》等著作，他把教学目标分为认知、情感和动作技能三大领域，认为教学应该以掌握学习为指导思想、以教育目标为导向、以教育评价为调控手段，他提出了掌握学习理论。

真题邂逅

（2015下半年·2）在教育目标的分类中，美国教育心理学家布鲁姆就学生学习结果划分的三大领域是（　　）。

A. 知识、技能和技巧　　　　B. 知识、理解和应用技能

C. 认知、情感和动作技能　　D. 认知、应用和评价技能

【答案】C

2. 布鲁纳的教育思想

美国教育家布鲁纳著有《教育过程》，他提出了结构主义教学理论，主张"无论我们选教什么学科，务必使学生理解该学科的基本结构"。他还认为，学科结构要与儿童的认知结构相适应，"任何学科的基本原理都可以用某种形式教给任何年龄的任何儿童"。他特别重视学生能力的培养，提倡发现学习。

真题邂逅

（2016上半年·1）在教学理论著述中，强调学科的基本结构要与儿童的认知结构相适应，重视学生能力的培养，主张发现学习的专著是（　　）。

A.《普通教育学》　　　　　　B.《大教学论》

C.《教育过程》　　　　　　　D.《论教学过程最优化》

【答案】C

3. 赞可夫的教育思想

苏联教育家赞可夫著有《教学与发展》，该书提出的理论核心是"以最好的教学效果使学生达到最理想的发展水平"。赞可夫提出"只有当教学走在学生发展前面的时候才是好的教学"，他以学生的一般发展作为教学的出发点，提出了发展性教学理论的五条教学原则，即高难度、高速度、理论知识起主导作用、理解学习过程、使所有学生包括差生都得到一般发展的原则。

4. 苏霍姆林斯基的教育思想

苏霍姆林斯基在《给教师的一百条建议》《把整个心灵献给孩子》《帕夫雷什中学》等著作中，系统地论述了他的全面和谐教育思想，他的著作被称为"活的教育学"。

5. 巴班斯基的教育思想

苏联教育家巴班斯基著有《教学过程最优化》，提出了教学过程最优化理论。巴班斯基认为，应该把教学看作一个系统，从系统的整体与部分之间、部分与部分之间以及系统与环境之间的相互联系、相互作用之中考察教学，以便最优化地处理教育问题。巴班斯基将现代系统理论的方法引入教学论的研究是对教学论进一步科学化的新探索。

真题邂逅

（2018下半年·5）为了大面积提高教学质量，苏联教育家巴班斯基将系统论的方法引入教育改革，提出的教育理论是（　　）。

A. 教学过程最优化理论　　　　B. 最近发展区理论

C. 建构主义教学理论　　　　　D. 范例教学理论

【答案】A

第三节
教育与社会的发展

导航图

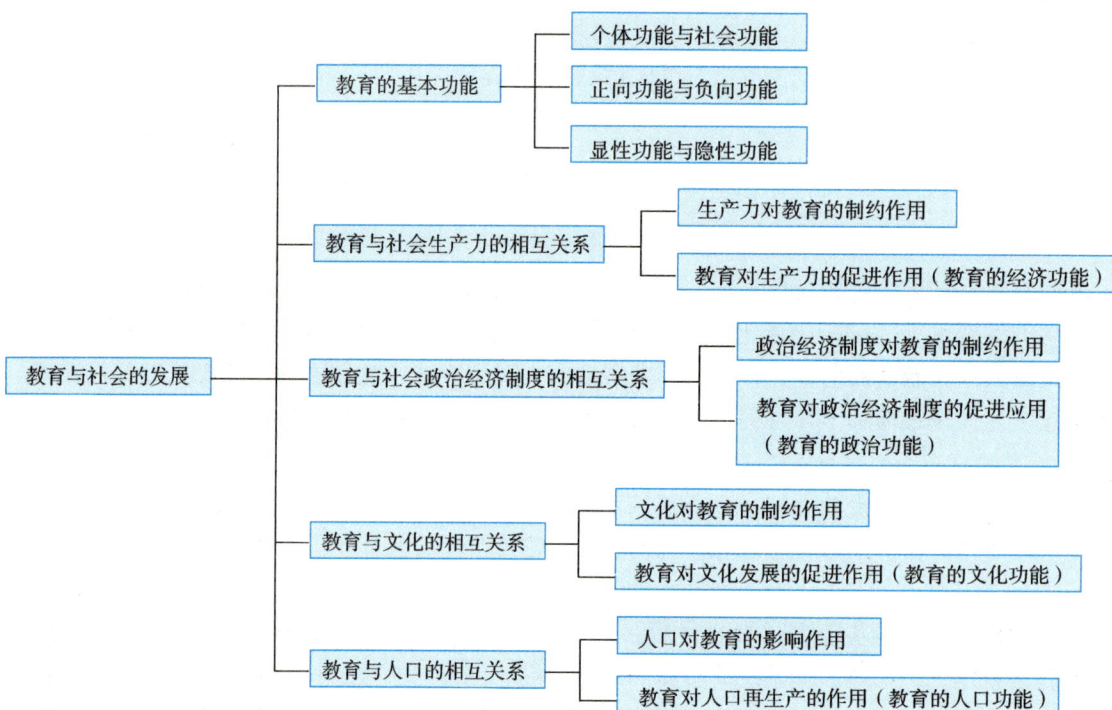

机要室

高频考点	考查频率（2013年以来）	考查题型
教育的基本功能	2	单项选择题
教育与社会生产力的相互关系	7	单项选择题
教育与社会政治经济制度的相互关系	2	单项选择题、简答题
教育的文化功能	2	单项选择题、简答题

考点一 教育的基本功能

教育功能是教育活动和系统对个体发展和社会发展所产生的各种影响和作用。教育功能的分类包括以下几种：

（一）个体功能与社会功能

从作用的对象看，教育的功能可分为个体功能和社会功能。

教育的个体功能又被称为教育的本体功能或教育的固有功能，指的是教育对社会中个体的生存与发展所具有的作用和效能。

教育的社会功能又被称为教育的派生功能，是指教育对社会的存在和发展所产生的作用和效能。教育的社会功能主要体现在教育能推动社会发展变迁和促进社会流动两个方面。

教育的社会发展变迁功能是指教育通过开发人的潜能、提高人的素质、促进人的社会化、引导人的社会实践，使人能够适应社会的发展，同时推动社会的改革与发展，包括人口功能、经济功能、政治功能和文化功能等。

教育的社会流动功能是指社会成员通过教育的培养、筛选和提高，能够在不同的社会区域、社会层次、职业岗位、科层组织之间转换、调整和变动，以充分发挥其个性特长，展现其智慧才能，实现其人生抱负。

真题邂逅

（2017 下半年·3）社会成员经由教育的培养、筛选和提高，可以在不同的社会区域、社会层次、职业岗位以及科层组织之间转换和调动。这种教育功能是（　　）。

A. 社会流动功能　　　B. 文化传递功能　　　C. 社会改造功能　　　D. 人口控制功能

【答案】A

（二）正向功能与负向功能

从作用的方向看，教育的功能可分为正向功能和负向功能。

教育的正向功能是指教育对社会发展和人的身心发展所产生的积极的促进作用。我们通常所言及的教育功能主要是教育的正向功能，如教育的人口功能、经济功能、政治功能和文化功能等。

教育的负向功能是指与教育目标、教育主体的愿望相反的客观效果，是教育对社会发展和个体发展所产生的阻碍作用或消极影响。在教育现实中有多种表现，如因教育结构失调而造成的毕业生学非所用或大材小用，为提高教育质量而造成的学业负担过重等。

（三）显性功能与隐性功能

从作用的呈现形式看，教育的功能可分为显性功能和隐性功能。

教育的显性功能是指教育活动依照教育目的，在实际运行中所出现的与之相符合的结果，如促进人的全面和谐发展、促进社会的进步，这些都是显性教育功能的表现。

教育的隐性功能是指伴随着显性教育功能所表现出来的非预期的功能，如教育再现了社会的不平等、复制了现有社会的关系等，这些都是隐性功能的表现。显性与隐性的区分是相对的，一旦隐性的潜在功能被有意识地开发、利用，就转变成显性教育功能。

真题邂逅

（2018下半年·22）教育对人发展的作用总是积极的。

【参考答案】

此说法错误。

从作用的方向看，教育的功能可以分为正向功能和负向功能。教育的正向功能是指教育对社会发展和人的身心发展所产生的积极的促进作用，教育的负向功能是指与教育目标、教育主体的愿望相反的客观效果，是教育对社会发展和个体发展所产生的阻碍作用或消极影响。因此，教育对人的发展既有积极作用也有消极作用。

考点二 教育与社会生产力的相互关系

（一）生产力对教育的制约作用

生产力水平是教育发展水平的直接和最终的决定性因素。生产力对教育的制约作用主要表现在以下几个方面：

1. 生产力的发展水平制约教育发展的规模和速度

生产力发展水平对教育事业发展的规模和速度有着直接的影响和最终的决定作用，因为办教育需要一定的人力、物力、财力等物质条件，教育发展的规模多大、发展速度如何取决于生产力发展所提供的物质条件和生产力发展对教育事业所提出的要求。

2. 生产力的发展水平制约教育结构和人才培养规格

教育结构，即教育机构总体的各个部分的比例关系及组合方式，如大、中、小学的衔接关系，职业学校与普通高校的比例关系等。生产力的不断发展引起社会对各级各类人才的需求结构的变革，进而引起各级各类教育的比例关系以及其中的专业设置的比例关系的变化。同时，人才需求结构的变革会使人才培养规格也随之发生相应的变化，在不同的时代，生产力对人才培养规格的要求有很大的不同。

3. 生产力的发展水平制约教学内容、教学方法、教学手段和教学组织形式的变革

生产力的发展促进了科学技术的发展与更新，也必然促进教育内容的发展与更新。世界许多重大的教育改革都是以课程改革、教学内容改革为核心的，而重大的课程、教学内容改革都反映了生产力和科技发展的新水平和新要求。教学方法、教学手段和教学组织形式的改革都与生产力的发展有着密切的联系，都是以生产力的发展为前提条件的。例如，物理、化学试验，广播电视教学的出

现，电子计算机在教学中的应用。

真题邂逅

（2018 上半年·6）发达国家大多已普及 12 年义务教育，而发展中国家一般仅普及 9 年义务教育。这说明从根本上制约发展规模和速度的社会因素是（　　）。

A. 政治经济制度　　　　　　　　B. 生产力发展水平

C. 人口数量和质量　　　　　　　D. 社会意识形态

【答案】B

（二）教育对生产力的促进作用（教育的经济功能）

生产力对教育有制约作用，教育对生产力具有促进作用，这是教育的经济功能，主要表现在以下几个方面：

1. 教育再生产劳动力

劳动力的质量和数量是生产力发展的重要条件，教育承担着再生产劳动力的重任。教育可以使人掌握一定的知识、生产经验和劳动技能，教育再生产劳动力具体体现在以下几个方面：教育使潜在的生产力转化为现实的生产力；教育可以提高劳动力的质量，使其成为专门的和发达的劳动力；教育可以改变劳动力的形态，把简单劳动力训练成复杂劳动力；教育可以使劳动力得到全面的发展。

2. 教育再生产科学技术知识

科学技术知识的再生产有多种途径，学校教育是其中最主要的途径。教育可以高效能地扩大科学知识的再生产，使原来被少数人掌握的科学知识在较短的时间内被更多的人掌握，使科学知识得到普及，先进的生产经验得到推广，从而提高劳动生产效率，促进生产力的发展。教育也担负着发展科学、再生产科学的任务，这在高校教育中表现得尤为明显。

3. 教育能够产生经济效益，是经济发展新的增长点

在现代观念中，教育是一种投资性事业，教育的生产性以及所产生的经济效益越来越明显，因此 20 世纪后期，世界各国都很重视教育的发展，增加了教育投资，出现了"教育先行"的新现象。教育经济学的研究表明教育能够产生经济效益。美国经济学家舒尔茨通过教育资本储藏量的分析方法来推算教育对国民收入增长的贡献，发现教育水平的提高对美国经济增长的贡献率为 33％。

见多识广

教育优先发展

教育优先发展，又称为教育先行或教育超前发展，内涵有两点：①社会用于发展教育的投资要适当超越现有生产力和经济发展状态而超前投入；②教育发展要优先于或先于社会上其他行业和部门而先行发展。

真题邂逅

（2018上半年·4）科学技术知识的再生产有多种途径，其中最重要的途径是（ ）。

A. 社会生活 　　　B. 科学实验 　　　C. 生产劳动 　　　D. 学校教育

【答案】D

（2015下半年·3）马克思认为，复杂劳动等于倍加的简单劳动。这主要说明教育具有哪种功能？（ ）

A. 经济功能 　　　B. 政治功能 　　　C. 文化功能 　　　D. 人口功能

【答案】A

考点三　教育与社会政治经济制度的相互关系

（一）政治经济制度对教育的制约作用

政治经济制度决定教育的性质，即政治经济制度决定着教育的思想政治方向和为谁服务的问题，但并非决定教育的一切。具体来说，主要体现在以下几个方面：

1. 政治经济制度决定教育的领导权

社会中占统治地位的阶级总是通过对教育方针政策的颁布、教育目的的制订、教育经费的分配、教育内容特别是意识形态教育内容的规定、教师和教育行政人员的任命聘用等的管理，实现对教育领导权的控制。

2. 政治经济制度决定受教育权

在阶级社会中，统治阶级总是要采取种种直接或间接的手段决定和影响受教育权在社会中的分配，决定谁有享受学校教育的权利、谁没有接受学校教育的权利、谁有受什么样教育的权利等。在阶级社会中，"超阶级""超政治"的教育是不存在的。

3. 政治经济制度制约教育目的的性质

教育要培养具有什么样政治方向、社会价值观的人直接受到一个国家政治经济制度的制约，不同的政治经济制度要求培养具有不同政治立场和社会价值观的人，并且占统治地位的阶级总是要控制教育目的的制订，使教育目的符合统治阶级的要求，为统治阶级培养人才。古今中外，概莫能外。

4. 政治经济制度决定思想道德教育的内容

政治经济制度决定着教育目的，进而也决定着教育内容的选择，尤其是思想道德的内容与选择。

真题邂逅

（2014 上半年·2）决定着教育领导权和受教育权的主要因素是（　　　）。

A. 社会生产力和科学技术发展水平　　　　B. 社会人口数量和结构

C. 社会文化传统　　　　D. 社会政治经济制度

【答案】D

（二）教育对政治经济制度的促进作用（教育的政治功能）

教育由一定的政治经济制度决定，教育对它们也有积极的能动作用。这是教育的政治功能，主要表现在以下几个方面：

1. 教育为政治经济制度培养所需要的人才

教育为政治经济制度培养所需要的人才表现在两个方面：一方面，教育通过培养人才实现对政治经济制度的影响，这是教育作用于政治经济制度的主要途径；另一方面，教育通过促进个体政治社会化来为一定的政治经济制度服务。

2. 教育可以促进民主

一个国家的民主程度直接取决于一个国家的政体，但又间接取决于这个国家人民的文化程度、教育事业的发展程度。普及教育的程度越高，人们的知识越丰富，就越能增强人民的权利意识，使人民认识到民主的价值，从而推动政治的改革和进步。

3. 教育是一种影响政治经济制度的舆论力量

学校教育不仅向学生传播一定的政治思想意识，而且通过在校师生的言论行动、学校的教材和刊物向社会宣传一定的思想意识，制造社会舆论，影响社会的风俗习惯和道德面貌等，有着巩固现有政治经济制度的作用。

以上分析表明，教育对政治经济制度具有强大的反作用，但同时我们也应该看到，教育对政治经济制度并不起决定作用。教育不能改变政治经济制度发展的方向，教育对社会的发展只能起到加速或延缓的作用。

真题邂逅

（2018 下半年·26）简述教育的政治功能。

【参考答案】

见上文。

考点四 教育与文化的相互关系

（一）文化对教育的制约作用

1. 文化影响教育的价值取向

价值取向是文化的核心内容，中国传统文化的价值取向对我国的教育和年轻一代价值观的形成有不可忽视的影响。文化对教育的价值取向既有积极影响，也有消极影响。

2. 文化影响教育目的的确立

教育目的的确立除了取决于社会政治经济制度和生产力发展水平以外，还受文化的影响。例如，我国古代社会的主流文化是以儒学为核心的伦理型文化，反映在人才培养上就是强调教育目的是"在明明德，在亲民，在止于至善"。

3. 文化影响教育内容的选择

教育内容的选择就是对人类的文化进行选择，不同时期的文化和不同国家与民族的文化都影响着教育内容的选择。

4. 文化影响教育教学方法的使用

文化传统影响着学校的教育方法。所谓"书读百遍，其义自见"，这种文化反映在教育上使得教师把系统讲授看成获得知识的最佳途径，把读书视为获得真知的唯一源泉。随着人们认识的增加，学校、教师也开始使用除讲授以外的诸如讨论、练习、参观、实践等方法来提高教育的质量。

（二）教育对文化发展的促进作用（教育的文化功能）

1. 教育具有传递和保存文化的作用

教育者将人类积累起来的文化传递给受教育者，从而使他们能迅捷、经济、高效地获得人类创造的精神文化财富的精华。与此同时，教育将人类的精神文化财富内化为个体的精神财富，教育也就有了保存文化的功能。

2. 教育具有传播和交流文化的作用

教育通过传播文化使不同国家和民族的文化相互交流、交融，促进了文化的优化和发展。国际性的文化交流使各民族文化相互补充，使各民族文化精华汇合、交融，逐渐形成全人类的共同文化财富。

3. 教育具有选择和提升文化的作用

教育对文化的选择意味着价值的取舍和认知意向的改变，并且是为了文化自身的发展与进步的。学校教育简化过分庞杂的文化，净化存在的文化陋习，平衡社会文化中的各种成分。学校教育在本质上就是一种文化价值的引导工作，体现了教育对文化发展的积极引导和自觉规范。

4. 教育具有更新和创造文化的作用

教育对文化的更新与创造体现在以下三方面：一是教育为文化的更新与发展提供大量具有创造活力的人才；二是教育选择文化并将选择后的文化确定为教育内容，使得文化更具有生命力；三是教育带来的文化交流使原生文化在与其他多元文化交融后，激发出文化创新的生机和活力。

真题邂逅

（2015 下半年·26）简述教育的文化功能。
【参考答案】
见上文。

考点五 教育与人口的相互关系

（一）人口对教育的影响作用

1. 人口数量影响教育的规模

社会的人口数量是不断变化的，其变化的速度可用增长率来表示。人口的高增长率要求扩大教育的规模，这使得教育经费和师资质量的平均水平降低。

2. 人口质量影响教育质量

人口质量指人口的身体素质、文化修养和道德水平。人口质量对教育质量的影响表现在直接影响和间接影响两个方面，直接影响是指入学者已有的水平对教育质量的影响；间接影响是指年长一代的人口质量影响新生一代的人口质量，进而影响以新生一代为教育对象的学校的教育质量。

3. 人口结构影响教育结构

人口结构主要包括人口的自然结构和社会结构。自然结构指人口的年龄结构、性别结构等；社会结构指人口的阶级、文化、职业、地域、民族结构等。

人口结构对教育结构的影响主要表现在以下几个方面：人口的年龄结构会影响各级各类学校的学生在学校教育系统中的比例，进而制约各级教育发展的规模与进程；人口的地域分布制约着学校的布局；人口的民族结构要求有多样化的学校和不同的教育内容，以满足不同民族对教育的不同需求等。

（二）教育对人口再生产的作用（教育的人口功能）

1. 教育是控制人口增长的重要手段

一些人口学家指出，全体国民受教育程度的高低与人口出生率的高低呈负相关。

2. 教育是改善人口结构的合理手段

教育可以调整人口的自然结构和社会结构，例如，教育有助于解决人口性别比例失调等问题，有助于人口的迁移、城乡人口比例的改变。

3. 教育是提高人口质量的基本手段

教育是促进人德智体美劳全面发展的活动，直接影响就是改善人口质量。

第四节 教育与人的发展

导航图

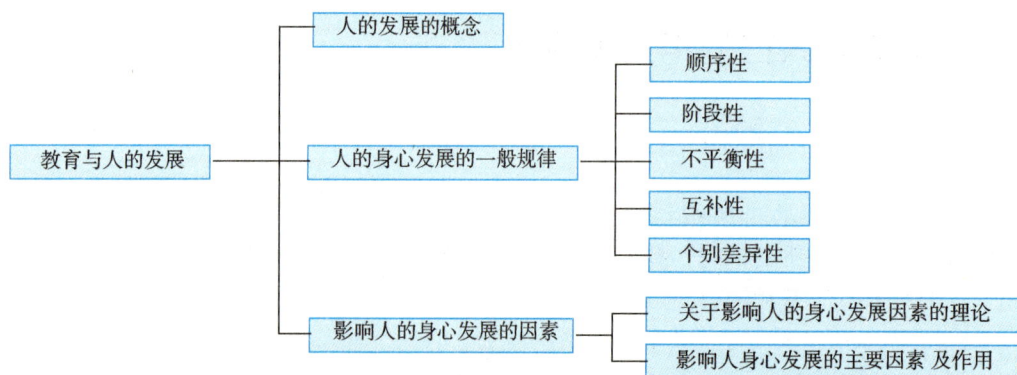

机要室

高频考点	考查频率（2013 年以来）	考查题型
人的身心发展的一般规律	6	单项选择题
关于影响人身心身心发展因素的理论	2	单项选择题
影响人的发展的主要因素及作用	6	单项选择题、辨析题、材料分析题

考点简析

考点一 人的发展的概念

　　人的发展是指作为复杂整体的个体在从生命开始到生命结束的全部人生过程中，不断发生变化的过程，特别是指个体的身心特点向积极的方面变化的过程。人的发展包括生理的发展和心理的发展。

考点二 人的身心发展的一般规律

（一）顺序性

1. 顺序性的概念

顺序性是指人的发展在整体上具有一定的顺序性，身心发展的过程和特点的出现也具有一定的顺序性，不能颠倒过来。儿童从出生到成人，他们的身心发展是一个由低级到高级、由量变到质变的连续不断的发展过程。例如，人的身体的发展遵循着从上到下、从中间到四肢、从骨骼到肌肉的顺序；人的心理的发展总是由机械记忆到意义记忆，由具体思维到抽象思维，由喜怒哀乐等一般情感到理智感、道德感、美感等复杂情感。

2. 教育要求

在对青少年进行教育时，必须遵循由具体到抽象、由浅入深、由简到繁、由低级到高级的顺序，要循序渐进，不能"揠苗助长""陵节而施"，否则就不能收到应有的效果，甚至损害学生的身体和心理。

（二）阶段性

1. 阶段性的概念

阶段性是指个体的身心发展在不同的年龄阶段表现出不同的总体特征及主要矛盾，面临着不同的发展任务。前后相邻的阶段是有规律地更替的，在一段时期内，发展主要表现为量的变化，经过一段时间，发展由量变到质变，从而使发展水平达到一个新的阶段。例如，童年期学生的思维特点具有较大的具体性和形象性，抽象思维能力还比较弱，对抽象的道理也不易理解；少年期学生的抽象思维已经有了很大的发展，但经常需要具体的感性经验做支持。

2. 教育要求

人的发展的阶段性要求教育要有针对性，不能搞"一刀切"。教育者要从教育对象的实际出发，针对不同年龄阶段的学生，提出不同的教育任务，采用不同的教育方法。

（三）不平衡性

1. 不平衡性的概念

人的发展的不平衡性表现在两个方面：一方面指身心发展的同一方面的发展速度在不同的年龄阶段是不平衡的。例如，青少年的身高、体重在其全部发展过程中经历两个高峰，第一个高峰是在一岁左右，第二个高峰是在青春发育期；另一方面指身心发展的不同方面的发展速度不平衡，有的方面在较早的年龄阶段就已达到较高的发展水平，有的则要到较晚的年龄阶段才能达到较为成熟的水平。

2. 教育要求

人的发展的不平衡性要求教育教学要抓住关键期，以求在最短的时间内取得最佳的效果。发展关键期是身体或心理的某一方面的机能和能力最适宜形成的时期，这是一个比较短暂的时期，在此期间，个体对某种刺激特别敏感，过了这一时期，同样的刺激则影响很小或没有影响。在关键期内施加教育影响可以起到事半功倍的效果；错过了关键期的教育，往往事倍功半。因此，教育必须适应人的发展的不平衡性，在人的素质发展的关键期内施以相应的教育，促进该素质的发展。

🎯 真题邂逅 ➤

（2017 下半年·12）在某个时期内，个体对某种刺激特别敏感，过了这个时期，同样的刺激则影响很小或没有影响。这个时期称为（　　）。

　　A. 关键期　　　　　　　B. 发展期　　　　　　　C. 转折期　　　　　　　D. 潜伏期

　　【答案】A

（2017 上半年·2）儿童身心发展存在高速发展期，某一时期某一方面的发展特别迅速而在其他阶段相对平稳。这一现象体现了儿童身心发展的哪一特性？（　　）

　　A. 顺序性　　　　　　　B. 阶段性　　　　　　　C. 个别差异性　　　　　　D. 不平衡性

　　【答案】D

（四）互补性

1. 互补性的概念

互补性反映了个体身心发展各组成部分的相互关系，一方面，它是指机体某一方面的机能受损甚至缺失后，可通过其他方面的超常发展得到部分补偿。如失明者通过听觉、触觉、嗅觉等方面的超常发展得到补偿；另一方面，机体各部分也存在着互补的可能。

互补性也存在于心理机能与生理机能之间。人的精神力量、意志、情绪状态对整个机体能起到调节作用，帮助人战胜疾病和身体残缺，使身心得到发展。相反，如果一个人的心理承受能力太差，缺乏自我调节能力和坚强的意志，那么，即使不是很严重的疾病或磨难也会把他击倒。

2. 教育要求

互补性要求教育应结合学生实际，扬长避短，长善救失，注重发现学生的自身优势，促进学生的个性化发展，同时要注意培养学生的自信和努力的品质。

（五）个别差异性

1. 个别差异性的概念

个别差异性是指个体之间的身心发展以及个体身心发展的不同方面之间存在着发展程度和速度的不同。这种差异性具体表现在以下两点：

从个体的角度看，个别差异性表现在身心的所有构成方面。其中有些是发展水平的差异，有些是心理特征表现方式上的差异，如有的人"聪明早慧"，有的人"大器晚成"。

从群体的角度看，个别差异性主要表现为男女性别的差异，它不仅指自然性上的差异，还包括由性别带来的生理机能和社会地位、角色、交往群体的差异。

2. 教育要求

个别差异性要求教育要因材施教，教师必须深入了解学生，针对学生不同的发展水平以及不同的兴趣爱好和特长因材施教，有的放矢地进行教学，发展学生的个性，促进学生的自由发展。

真题邂逅

（2017 下半年·7）李老师在教育过程中，深入了解学生，针对学生的不同发展水平、兴趣、爱好和特长，引导学生扬长避短，发展个性，不断促进学生的自由发展。李老师的这种做法适应了人身心发展的哪一特点？（   ）

A. 顺序性　　　　B. 阶段性　　　　C. 连续性　　　　D. 差异性

【答案】D

考点三　影响人的身心发展的因素

（一）关于影响人的身心发展因素的理论

1. 内发论（遗传决定论）

内发论强调遗传在人的发展中的决定作用，认为影响人的身心发展的力量主要源于人自身的内在需要，身心发展的顺序是由身心成熟机制决定的。内发论的主要代表人物及观点如下：

（1）孟子，主张"性善论"，提出"仁义礼智，非由外铄我也，我固有之也"；

（2）弗洛伊德，认为人的性本能是最基本的自然本能，是推动人发展的根本动因；

（3）威尔逊，把"基因复制"看作决定人的一切行为的本质力量；

（4）格赛尔，提出"成熟势力说"，认为成熟机制对人的发展起决定作用，并通过双生子爬梯实验来证明他的观点；

（5）霍尔，其典型论断为"一两的遗传胜过一吨的教育"；

（6）高尔顿，"优生学"的代表人物。

真题邂逅

（2015 上半年·5）"唯上智与下愚不移""生而知之"等反映了影响人的发展因素的哪一理论（   ）。

A. 环境决定论　　　B. 遗传决定论　　　C. 教育万能论　　　D. 儿童学理论

【答案】B

2. 外铄论（环境决定论）

外铄论认为人的发展主要依靠外在力量，诸如环境的刺激和要求、他人的影响和学校的教育等。外铄论的主要代表人物及观点如下：

（1）荀子，提出"人之性恶，其善者伪也"，即人性趋向于邪恶，人们善良的行为是后天作为的结果。"化性而起伪"，指用礼、义、法、度等去引导人的自然本性，即改造人的本性，使之树立道德观念；

（2）洛克，提出"白板说"，认为人生来如同一块洁净的、无任何痕迹的白板，上面没有知识、观念、原则，这些均是后天通过经验获得的，而经验是外界事物通过感官进入心灵的结果；

（3）华生，提出"给我一打健康的婴儿，不管他们祖先的状况如何，我可以任意把他们培养成从领袖到小偷等各种类型的人"的著名论断；

（4）斯金纳，继承华生的观点，认为人的行为乃至复杂的人格都可以通过外在的强化或惩罚手段来加以塑造、改变、控制或矫正。

⊙ 真题邂逅

（2018下半年·1）我国古代思想家墨子认为，人的发展有如白布放进染缸，"染于苍则苍，染于黄则黄。所入者变，其色亦变"。墨子的这种观点属于（　　）。

A. 遗传决定论　　B. 环境决定论　　C. 教育主导论　　D. 主体能动论

【答案】B

3. 多因素相互作用论

辩证唯物主义认为，人的发展是个体的内在因素（如先天遗传的素质、机体成熟的机制）与外部环境（外在刺激的强度、社会发展的水平、个体的文化背景等）在个体活动中相互作用的结果。人是能动的实践主体，没有个体的积极参与，个体的发展是不能实现的；在主客观条件大致相似的情况下，个体主观能动性发挥的程度对人的发展有着决定性的意义。

（二）影响人身心发展的主要因素及作用

1. 遗传（遗传素质）

遗传是指从上代继承下来的生理解剖上的特点，如机体的结构、形态、感官和神经系统等的特点，也称遗传素质。遗传在人的发展中的作用表现在以下几个方面：

（1）遗传素质为人的身心发展提供了生理前提，使人的发展成为可能

人的发展要以人的自然和生理基础为前提，遗传素质是人赖以发展的物质基础和自然条件，是人身心发展的生理前提，为人的发展提供了可能性。例如，一个生而失聪的人，由于无法发展其听觉，所以很难成为一个音乐家。

（2）遗传素质的成熟程度制约着人的发展过程及其阶段

生理成熟是指个体受遗传素质制约的生理机能和构造的变化在一般的年龄阶段所达到的一般程度，遗传素质的成熟程度制约着身心发展的程度和特点，它为一定年龄阶段身心特点的出现提供了可能和限制。如果让6个月的婴儿学走路，不仅是徒劳的，而且是无益的，只有当个体的身心发展达到了一定水平，才具有学习一定知识与技能的条件和可能。

（3）遗传素质的差异性对人的发展有一定的影响

人的遗传素质是有差异的，这种差异表现在体态、肤色、感官上，也表现在神经活动的类型上。遗传素质的差异对人的发展是有影响的，一个神经活动灵敏、智力超群的儿童比较容易被教育成才；一个天生智力低下的儿童，对其进行教育就会有很大的困难。

（4）遗传素质具有可塑性

随着环境、教育、实践活动的作用或训练，人的遗传素质会逐渐发生变化，这说明人的遗传素质具有可塑性。人的生活经验证明，如果人们长期进行某一方面的训练，可以使脑的某一方面的反应能力提高。

尽管遗传素质对人的发展有重要影响，但它不能决定人的发展。因此，我们不能片面夸大遗传的作用。遗传对人的发展的作用只有通过环境、教育和个人的主观能动性才能转变为现实。《伤仲永》的故事就是一个典型的例子。

真题邂逅

（2016 上半年·2）如果让六个月的婴儿学走路，不仅徒劳而且无益。同理，让四岁的儿童学高等数学，也难以成功。这说明（　　）。

　A. 遗传素质的成熟程度制约着人的发展过程及其阶段

　B. 遗传素质的差异性对人的发展有一定影响

　C. 遗传素质具有可塑性

　D. 遗传素质决定了人发展的最终结果

　　【答案】A

（2016 下半年·22）遗传素质具有可塑性。

　　【参考答案】

这种说法是正确的，见上文。

2. 环境

环境泛指人生活于其中、赖以生存并影响人的发展的一切外部条件的总和。环境对人的发展所起的作用是很明显的，我国古代对此早有研究。墨子提出"染于苍则苍，染于黄则黄"。《荀子·劝学》中也提出"蓬生麻中，不扶而直；白沙在涅，与之俱黑"。"孟母三迁"更说明古人注重良好环境对人的熏陶。环境对人的发展的影响表现在以下几个方面：

（1）环境为人的发展提供了现实条件

环境，尤其是社会环境，为人的发展提供了一个外在的客观基础和特定条件。人总是在一定环境的影响下发展，获得一定的生活知识和经验，形成各种思想意识和行为习惯。

（2）环境从总体上制约着人的发展状态

第一，社会生产力的发展水平决定着人的发展程度和范围；第二，社会关系影响着人的发展的方向和性质；第三，社会意识形态影响着个体的身心发展内容。

（3）环境对人的发展的作用方式是不同的

在环境对人的发展的影响过程中，根据人的主动性发挥的程度可以将环境对人的发展的作用方式分为两种：被动接受和主动选择。

第一，环境对人的发展的作用，首先是一个被动接受的过程。儿童无法选择环境，只能在既成的给定的环境中生活。

第二，人对环境的主动选择和能动的活动是实现环境对人的影响作用的决定性因素。人们的知识、经验和心理倾向不同，因此，对客观环境的反应也就不同。人们接受环境的影响的过程不是消极的、被动的过程，而是积极的、能动的实践过程。人的主观能动性的发挥和人的社会实践对人的发展起着决定性作用，忽视人的主观能动性的"环境决定论"是完全错误的。

真题邂逅

（2017下半年·5）不同时期、地域、民族和阶层中生活的人的思想、品行、才能和习性，无不打上历史、地域、民族和阶层的烙印，表现出很大的差别。这种现象表明影响人的发展的因素是(   )。

A. 遗传素质　　　　B. 社会环境　　　　C. 教育影响　　　　D. 个体实践

【答案】B

3. 人的主观能动性

主观能动性是指人的主观意识和实践活动对于客观世界的反作用或能动作用。

环境和教育对人的影响只有通过人的身心活动才能起作用。教育是一种转化的过程，这种转化过程要求学生必须有自身的主观能动性。在同样的环境和教育条件下，每个学生发展的特点和成就主要取决于他自身的态度，取决于他在学习、劳动和科研活动中所付出的精力。所以，个体的主观能动性是其身心发展的内在动力，是个体发展的决定性因素。

4. 教育（学校教育）

教育，尤其是学校教育，在人的发展中起主导作用。

（1）学校教育在人的身心发展中起主导作用的原因

第一，学校教育是有目的、有计划、有组织地培养人的活动，它规定着人的发展方向。教育是按照一定的社会要求，在最有组织的场所——学校这一特殊环境中进行的，是有目的地培养人的活动。教育，特别是学校教育，它总是根据一定的社会需要，按照一定的培养目标来进行的，规定着人发展的方向。

第二，学校教育是由受过专门训练的教师来进行的，相对其他教育而言效果较好。教师不仅精通自己所教的学科，而且了解个体心理，懂得采取恰当的方法，根据学生的实际情况进行教学，因而能够有效地培养学生，达到预期的效果。

第三，学校教育能有效地控制和协调影响学生发展的各种因素。学校教育能够排除和控制一些不良因素的影响，给人以更多的正面教育，使人按照一定的思想政治方向发展，从而有利于人们思想品德的培养。

第四，学校教育给人的影响比较全面、系统和深刻。学校教育是指根据一定的社会要求，按照一定的目的，选择适当的内容，利用集中的时间，有计划地、系统地对学生进行各种科学文化知识的教育，进行一定的思想品德教育。而环境中其他方面的影响往往是自发的、偶然的、片面的，是不能与学校教育相比拟的。

真题邂逅

（2016 上半年·26）为什么教育对人的发展起主导作用？

【参考答案】

见上文。

（2）学校教育在人的身心发展中起主导作用的表现

第一，学校教育按社会对个体的基本要求对个体发展的方向与方面做出社会性规范。

第二，学校教育具有加速个体发展的特殊功能。

第三，学校教育，尤其是基础教育，对个体发展的影响具有即时和延时的价值。

第四，学校教育具有开发个体特殊才能和发展个性的功能。

（3）学校教育在人的身心发展中起主导作用和促进作用的条件

第一，教育只有遵循人的发展规律，才能促进人的发展，违背人的身心发展规律的教育是对人的一种摧残；第二，只有正确处理好内因和外因的关系，充分激发学生的主观能动性，教育才能产生积极的作用；第三，要正确处理教育与遗传素质、环境等因素的关系，发挥各项因素的作用，使教育效果达到最大化。

第五节

教 育 制 度

导航图

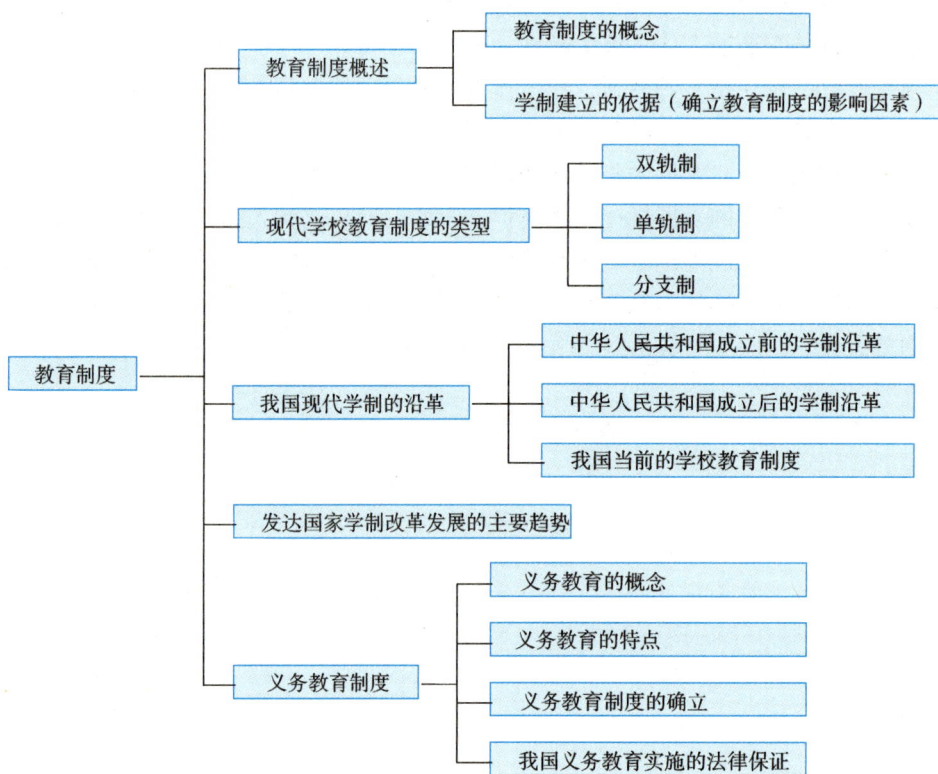

机要室

高频考点	考查频率（2013年以来）	考查题型
教育制度概述	3	单项选择题、简答题
现代学校教育制度的类型	1	单项选择题
我国现代学制的沿革	3	单项选择题
义务教育制度	2	单项选择题、辨析题

考点简析

考点一　教育制度概述

（一）教育制度的概念

广义的教育制度指国民教育制度，是一个国家为实现其国民教育目的，从组织系统上建立起来的一切教育设施和有关规章制度。

狭义的教育制度指学校教育制度，简称学制，是一个国家各级各类学校的总体系，具体规定了各级各类学校的性质、任务、目的、入学条件、修业年限以及它们之间的相互衔接关系。学校教育制度处于国民教育制度的核心和主体地位，体现了一个国家国民教育制度的实质。

（二）学制建立的依据（确立教育制度的影响因素）

1. 社会政治经济制度

学制的建立要受社会政治经济制度的制约。学制是社会发展到一定历史时期的产物，要反映一定历史时期政治经济制度的要求，并为一定的统治阶级服务，特别是学制中关于学校专业的设置，各级各类学校的教育目标、学制年限、入学条件等要直接受统治阶级的有关方针、政策的制约，并反映统治阶级的愿望和要求。

2. 生产力和科学技术的发展水平

学制不可能超越当时社会生产力和科技发展的水平，因为它们直接影响着学校教育的物质基础、规模、速度、普及程度、课程结构和专业设置等。学制是随着各国生产力的发展和科技水平的提高而日臻完善的。科学技术的发展状况制约着学制的建立，主要是因为生产力的技术结构决定教育的程度结构（即初等教育、中学教育、高等教育的比例关系），生产力技术结构要求有相应的人才层次结构，培养这种层次结构的人才需要相应的教育程度结构。

3. 青少年身心发展的规律

学制的建立还必须依据青少年儿童的身心发展规律。确定入学年龄、修业年限、各级各类学校的分段都要考虑青少年儿童的身心发展规律。如小学入学年龄，许多国家都规定为五六岁，就是因为儿童到了五六岁时，大脑的发育已经成熟，能够适应系统学习的需要。正是由于学制受青少年身心发展规律的制约，所以不同国家的学制的很多方面是一致的，如入学年龄，大、中、小学阶段的划分等。

4. 学制还受本国学制的历史沿革和国外学制的影响

各国和各地区由于受民族、文化传统和生活习惯等因素的影响，新旧学制之间有着相互联系和继承的关系。因此，新学制的建立不能完全脱离原有的学制，它必然要吸收原有学制中有用的部分。同时，不同国家和地区之间，在学制的某些方面可以相互借鉴和影响，以取长补短，我国现代学制的建立就是在吸取我国学制传统和借鉴外国学制的基础上制定的。

真题邂逅

（2017上半年·5）世界各国的学制存在着差别，但在入学年龄、中小学分段等方面具有较高的一致性。这说明学制的建立要依据（   ）。

A. 社会政治经济制度　　　　　　　B. 生产力发展水平

C. 青少年身心发展的规律　　　　　D. 民族和文化传统

【答案】C

（2015上半年·27）一个国家学制建立的主要依据有哪些？

【参考答案】

见上文。

考点二　现代学校教育制度的类型

各国的学校教育制度在发展过程中形成了三种典型的学制类型：双轨制、单轨制和分支制。

（一）双轨制

现代学校教育制度的类型

现代学制最早出现在欧洲，英国、法国、联邦德国的学校教育制度是双轨制的典型代表。19世纪的欧洲把学校分为两个互不相通的轨道：一轨是为资产阶级子女设立的，是自上而下的，从大学到中学具有较强的学术性；另一轨是为劳动人民的子女设立的，从小学到中等职业学校，是为培养劳动者服务的。两轨互不相通，互不衔接，这种学制不利于教育的普及。

真题邂逅

（2016上半年·4）英国政府1870年颁布的《初等教育法》中，一方面保持原有的专为资产阶级子女服务的学校系统，另一方面为劳动人民的子女设立国民小学、职业学校。这种学制属于（   ）。

A. 双轨学制　　　B. 单轨学制　　　C. 中间型学制　　　D. 分支型学制

【答案】A

（二）单轨制

单轨制是19世纪末20世纪初在美国形成的一种学制，其特点是所有的学生在同样的学校系统中学习，从小学、中学到大学，各级各类学校相互衔接。这种学制是教育在历史发展中的一个进步，有利于普及教育，但教育水平参差不齐，教育效益低下、发展失衡，同级学校之间教学质量相差较大。

（三）分支制

分支制又称为分支型学制或中间型学制，是 20 世纪上半叶由苏联建立的一种学制形式，这是一种介于双轨学制和单轨学制之间的学制结构。分支型学制在基础教育阶段是共同的，儿童在接受了共同的基础教育后再进行分流，一部分继续接受普通教育，一部分接受职业教育后就业。这种学制既有利于教育的普及，又保持了较高的学术性，但课时多、课程复杂，教学计划、大纲和教科书必须统一使得教学方式不够灵活。

考点三 我国现代学制的沿革

（一）中华人民共和国成立前的学制沿革

中国现代学制的建立始于清朝末年，帝国主义列强的疯狂侵略和国内资本主义势力的兴起迫使清政府不得不对延续几千年的封建教育制度进行改革，采取了"废科举、兴学堂"的措施，开始了中国现代学制的改革。

真题邂逅

（2018 下半年·4）我国近代教育史上，对封建教育制度所进行的"废科举、兴学堂"等改革始于（　　）。

A. 明朝末期　　　　B. 清朝初期　　　　C. 清朝末期　　　　D. 民国初期

【答案】C

1. 壬寅学制

1902 年，清政府正式颁布了第一个现代学制——"壬寅学制"，又称《钦定学堂章程》，只颁布但没有实行。

2. 癸卯学制

1904 年，清政府颁布并推行了"癸卯学制"，又称《奏定学堂章程》，该学制以日本学制为蓝本，是中国实行的第一个现代学制。该学制明文规定教育目的是"忠君、尊孔、尚公、尚武、尚实"，明显体现了"中学为体，西学为用"的思想。"癸卯学制"首次纳入师范教育并实施，另外，该学制还规定男女不许同校，轻视女子教育，体现了半封建半殖民地社会的特点。

3. 壬子癸丑学制

1912—1913 年，南京临时政府颁布了"壬子癸丑学制"，该学制倡导男女平等，允许初等小学男女同校，废除了小学与师范学校的读经课程，充实了自然科学的内容，并将学堂改为学校。"壬子癸丑学制"是我国教育史上第一个具有资本主义性质的学制。

4. 壬戌学制

1922 年，在北洋军阀的统治下，留美派主持的全国教育联合会以美国学制为蓝本，颁布了"壬戌学制"，又称"新学制"或"六三三学制"，即小学六年、初中三年、高中三年。该学制明确以学龄儿童和青少年的身心发展规律作为划分学校教育阶段的依据，这在我国现代学制史上是第一次。

真题邂逅

（2016 下半年·7）在我国近现代学制改革中，明确规定将学堂改为学校，实行男女教育平等，允许初等小学男女同校的学制是（　　）。

　　A. 壬寅学制　　　　　B. 癸卯学制　　　　C. 壬子癸丑学制　　　　D. 壬戌学制

　　【答案】C

（2015 下半年·4）在"中学为体，西学为用"的思想指导下，我国从清末开始试图建立现代学制。在颁布的诸多学制中，第一次正式实施的是（　　）。

　　A. 壬寅学制　　　　　B. 癸卯学制　　　　C. 壬子癸丑学制　　　　D. 壬戌学制

　　【答案】B

（二）中华人民共和国成立后的学制沿革

中华人民共和国成立后，学制几经改革。其中，1995 年颁布的《中华人民共和国教育法》以法律的形式规定了我国的基本教育制度，该法规定国家实行学前教育、初等教育、中等教育和高等教育的学校教育制度；国家实行九年制义务教育制度。2006 年新的《中华人民共和国义务教育法》对学制做了规定，明确提出我国义务教育制度的学制主要有"六三制"（小学六年，初中三年）、"五四制"（小学五年，初中四年）和不划分小学初中阶段的"九年一贯制"，其中还有少数地区实行八年制的义务教育，即小学五年制、初中三年制。

（三）我国当前的学校教育制度

从层次结构上看，我国当前的学校教育制度包括学前教育（幼儿教育）、初等教育、中等教育和高等教育四个层次。

从类别结构上看，我国当前的学校教育制度可划分为普通教育、职业教育、成人教育等类型。

从形态上看，我国现行学制是从单轨学制发展而来的分支型学制。

考点四　发达国家学制改革发展的主要趋势

当前，世界各国在学制改革方面存在着几个共同的趋势，主要表现在以下四个方面：1. 义务教育的范围逐渐扩大，年限不断延长；2. 普通教育与职业教育朝着相互渗透的方向发展；3. 高等教育大众化、普及化；4. 终身教育体系的建构。

考点五 义务教育制度

(一) 义务教育的概念

1. 义务教育的定义

义务教育是指依据法律规定，适龄儿童和青少年都必须接受，国家、社会、学校、家庭必须予以保障的国民教育，其实质是国家依照法律的规定对适龄儿童和青少年实施的具有一定年限的强迫教育的制度。

2. 义务教育与基础教育

理解义务教育要注意区分义务教育与基础教育的定义、范围和阶段，不能将义务教育等同于基础教育。

基础教育是面向全体学生的国民素质教育，其根本宗旨是为提高全民族的素质打下扎实的基础，为全体适龄儿童、少年的终身学习和参与社会生活打下良好的基础，对提高中华民族的素质、培养各级各类人才、促进社会主义现代化建设具有全局性、基础性和先导性的作用。

在我国，基础教育包括幼儿教育、义务教育、高中教育，其中涵盖小学和初中阶段的义务教育具有普及性、公共性和强迫性的特点，是国家统一实施的所有适龄儿童、少年必须接受的教育，是国家必须予以保障的公益性事业。

真题邂逅

（2014 下半年·22）目前，我国普通高中不属于基础教育。

【参考答案】

此说法错误。

答案见上文。

(二) 义务教育的特点

义务教育具有普遍意义的基本特征，包括强制性（强迫性、义务性）、普及性（普遍性、统一性）、免费性（公益性、福利性）、公共性（国民性）、基础性等。其中，强制性、普及性、免费性是三个最基本的特征。

1. 强制性

义务教育的强制性是义务教育最本质的特征。义务教育是法律保证实施的教育活动，国家、社会、学校和家庭必须依法予以保证，对于不履行义务教育的行为，国家以立法的形式强制执行。

2. 普及性

义务教育的普及性是指全体适龄儿童、少年，除依照法律规定办理缓学或免学手续的以外，都必须入学接受教育，并且必须完成规定年限的义务教育。

3. 免费性

义务教育的免费性是指国家免除接受义务教育的学生的全部或者大部分的就学费用，这是世界各国实施义务教育的一个共同特点。当然，对于义务教育免除部分费用或者免除全部费用的问题，要从各个国家和地区的实际情况出发。

4. 公共性

义务教育是一种社会公共事业，属于国民教育的范畴。它是面向本地区、本民族全体国民的教育，不应成为某一阶级、政党或宗教派别的工具而被垄断。义务教育的公共性表现在四个方面：一是教育与宗教分离，使学校教育成为世俗性的公共事业；二是义务教育由国家设立或批准的学校来实施，体现了国民的意志；三是实施义务教育的学校和教师具有公共和公务性质，其工作对国家负责，对国民负责；四是国家对实施义务教育进行有效的监督和管理，而不是放任自流。

5. 基础性

义务教育的基础性主要表现在：一，义务教育对学生进行的是基础知识、基本技能、基本方法和基本态度等方面的教育；二，义务教育是一种全民性的教育，而不是英才教育。

（三）义务教育制度的确立

资本主义社会率先开创了义务教育制度，德国（当时的普鲁士）是世界上最早实施义务教育的国家。1619 年，普鲁士的魏玛公国率先尝试通过立法的手段，以国家权力强制全体适龄儿童接受初步的国民教育，规定送 6—12 岁的儿童入学，人们一般认为这是义务教育的开端。随后，美国、英国、日本也相继实行义务教育。

🔍 真题邂逅

（2014 上半年·5）在学校教育制度的发展变革中，义务教育制度产生于（　　）。
A. 原始社会　　　B. 奴隶社会　　　C. 封建社会　　　D. 资本主义社会
【答案】D

（四）我国义务教育实施的法律保证

我国义务教育实施的法律保证是《中华人民共和国义务教育法》，1986 年通过的《中华人民共和国义务教育法》规定，国家实行九年制义务教育，这标志着我国已确立了义务教育制度，也标志着我国基础教育发展到了一个新阶段。该法分别于 2006 年、2015 年和 2018 年进行了修订。

第六节 教育目的

导航图

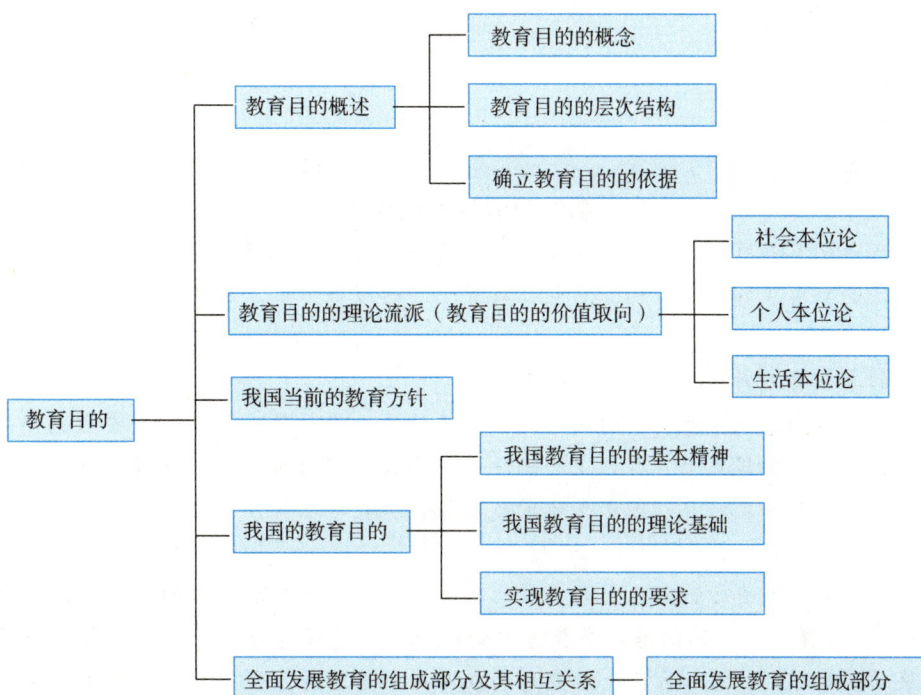

机要室

高频考点	考查频率（2013年以来）	考查题型
教育目的概述	3	单项选择题、辨析题
教育目的的理论流派（教育目的的价值取向）	3	单项选择题
我国的教育目的	2	单项选择题
全面发展教育的组成部分及其相互关系	3	单项选择题、简答题、辨析题

考点简析

考点一　教育目的概述

（一）教育目的的概念

教育目的是把受教育者培养成一定社会需要的人的总要求，是学校教育所要培养的人的质量规格。教育目的是整个教育工作的方向，是教育活动的出发点和归宿，在教育活动中居于主导地位。同时它也是全部教育活动的主题和灵魂，贯穿于教育活动的过程，对一切教育活动都有指导意义，也是确定教育内容、选择教育方法和评价教育效果的根本依据。

见多识广

教育目的与教育方针

教育方针是国家教育工作的基本政策和指导思想，是国家根据政治经济的要求，为实现教育目的而规定的教育工作的总方向。它包括教育工作的服务方向、教育目的、实现教育目的的途径。

教育目的与教育方针既有联系又有所不同。

联系：教育目的强调了教育活动要达到的最终结果，它是教育方针的重要组成部分。二者在对教育的社会性质的规定上具有内在的一致性，都含有"为谁（哪个阶级、哪个社会）培养人"的规定性，都是一定社会（国家或地区）各级各类教育在其性质和方向上不得违背的根本指导原则。

区别：一方面，教育方针所包含的内容比教育目的更多些。教育目的一般只包含"为谁培养人""培养什么样的人"的问题；而教育方针除此之外，还包含"怎样培养人"的问题和教育事业发展的基本原则。另一方面，教育目的在对人培养的质量规格方面的要求较为明确，而教育方针更突出"办什么样的教育""怎样办教育"。

由此可见，教育方针包含教育目的，但二者的角度不同：教育方针主要是从政策的角度规定教育目的及其实现要求，而教育目的主要从学术的角度表达教育的理想。

（二）教育目的的层次结构

教育目的的层次结构包括国家的教育目的、各级各类学校的培养目标、教师的教学目标。

1. 国家的教育目的

国家的教育目的是国家对培养人的总的要求，它规定着各级各类教育培养人的总的质量规格和标准要求。

2. 各级各类学校的培养目标

（1）培养目标是教育目的的具体化，是结合教育目的、社会要求和受教育者的特点制定的各级各类教育的培养要求。基础教育的培养目标主要是为人的成长发展奠定德、智、体、美等各方面的基础，高等教育的培养目标则是培养各种专门人才。

（2）教育目的与培养目标之间的关系是普遍与特殊的关系。教育目的是针对所有受教育者提出的，而培养目标是针对特定的教育对象提出的，各级各类学校的教育对象有各自不同的特点，制定培养目标需要考虑各自学校学生的特点。

3. 教师的教学目标

（1）教学目标是教育者在教育教学的过程中，在完成某一阶段（如一节课、一个单元或一个学期）的工作时，希望受教育者达到的要求或产生的预期变化。

（2）教师的教学目标是微观层次的教育目的，是一切教育活动的基础，也是具体化的培养目标，它具有很强的操作性。

教学目标与教育目的、培养目标之间的关系是具体与抽象的关系，它们彼此相关联，但相互不能取代。目标能测量，但目的不能测量。我们可以把教育目的和培养目标理解为教育意志，它们落实在一系列实现教学目标的行动上，教学目标有次序地渐进是为了接近和实现教育目的和培养目标。

真题邂逅

（2015 上半年 · 22）教育目的和培养目标是同一概念。

【参考答案】

此说法是错误的。

教育目的分为三个层次：国家的教育目的、各级各类学校的培养目标、教师的教学目标。其中，培养目标是教育目的的具体化，是结合教育目的、社会要求和受教育者的特点制定的各级各类教育的培养要求。教育目的与培养目标不是同一概念，它们之间是普遍与特殊的关系。

（三）确立教育目的的依据

1. 社会政治、经济和文化因素

社会政治、经济和文化因素是确定教育目的的主要依据。生产力水平和政治经济制度决定了教育目的的性质、方向和内涵。教育目的是社会需求的集中反映，是教育性质的集中体现，它反映了社会政治和社会生产的需求，体现了教育的历史性、阶级性和生产性等。

2. 受教育者的身心发展特点

教育目的直接指向受教育者，它预示着受教育者的身心会发生社会所希望的变化，因而教育目的的确立必然要考虑受教育者的生理和心理特征以及身心发展规律。

3. 制定者的教育理想和价值观

教育目的的制定者持什么样的教育目的论、如何看待教育的功能和价值也是影响一个时期教育目的制定的重要因素。

真题邂逅

（2017下半年·6）教育目的的制定受到诸多因素的影响，其中决定教育目的的性质、方向和内涵的因素是（　　）。

A. 受教育者的身心发展特点　　　　B. 哲学思想和教育思想

C. 生产力水平和政治经济制度　　　D. 文化传统和教育传统

【答案】C

（2016上半年·22）教育既然是培养人的活动，教育目的就只能按照人的发展需求确定。

【参考答案】

这种说法是错误的。教育目的是国家对培养人的总的要求，是一切教育工作的出发点和归宿。确定教育目的要受到诸多因素的影响，包括社会政治、经济和文化因素，人的身心发展特点以及制定者的教育理想和价值观等。

考点二　教育目的的理论流派（教育目的的价值取向）

（一）社会本位论

社会本位论者认为教育的根本目的是由社会发展的需要所决定的，至于人的潜能与个性的需要是无关紧要的。社会本位论的代表人物有柏拉图、涂尔干、凯兴斯泰纳、巴格莱、那托尔普、孔德等。该理论的主要观点如下：

1. 个人的一切发展都有赖于社会。法国社会学家孔德认为，真正的个人是不存在的，只有人类才存在，因为不管从哪方面看，我们个人的一切发展都有赖于社会。德国哲学家那托尔普也说，在事实上个人是不存在的，因为人之所以为人，是因为他生活在人群之中，并且参加社会生活。法国社会学家涂尔干也承认，教育就是一种使年轻一代系统地社会化的过程。

2. 教育除了满足社会需要以外并无其他目的。那托尔普认为，在教育目的的决定方面，个人不具有任何价值，个人不过是教育的原料，个人不可能成为教育的目的。

3. 教育的结果或效果是以其社会功能发挥的程度来衡量的，如德国教育家凯兴斯泰纳认为国家的教育制度只有一个目标，那就是造就公民。

真题邂逅

（2014上半年·4）德国教育家凯兴斯泰纳曾提出过"造就合格公民"的教育目的。这种教育目的论属于（　　）。

A. 个人本位论　　　B. 社会本位论　　　C. 集体本位论　　　D. 阶层本位论

【答案】B

（二）个人本位论

个人本位论者认为教育的根本目的就是充分发展个人的潜能与个性，至于社会的要求是无关紧要的。个人本位论的代表人物有孟子、卢梭、罗杰斯、福禄贝尔、裴斯泰洛齐、马斯洛、康德、萨特、马利坦、奈勒等。该理论的主要观点如下：

1. 教育目的是根据人的发展需要制定的，而不是根据社会的需要制定的。卢梭认为，如果要在造就人和造就公民之间做出选择的话，他会选择造就个人的目的。

2. 个人价值高于社会价值。社会价值只有在有助于个人发展时才有价值，否则，单纯地关注社会价值的实现只会压抑和排斥个人价值。

3. 教育目的是培养"自然人"，发展人的个性，提升人的价值，促进个人自我实现。卢梭认为，出自造物主之手的东西都是好的，而一到人的手里就全变坏了。因此，必须把儿童从社会的影响下挽救出来，遵循儿童的自然天性，培养自由的人，发展他们的才能，使他们生活得更加充实幸福。

真题邂逅

（2017 上半年·4）在教育目的的价值取向问题上，主张教育是为了使人增长智慧，发展才能，生活更加充实幸福的观点属于（   ）。

A. 个人本位论　　　B. 社会本位论　　　C. 知识本位论　　　D. 能力本位论

【答案】A

（2014 下半年·4）在教育目的价值取向上，存在的两个典型对立的理论主张是（   ）。

A. 个人本位论与社会本位论　　　　　B. 国家本位论与社会本位论

C. 全面发展论与个性发展论　　　　　D. 国家本位论与个人本位论

【答案】A

（三）生活本位论

1. 教育准备生活说

斯宾塞第一次明确地提出了"教育准备生活说"的思想（也称作"教育预备说"）。在斯宾塞看来，教育应当教导一个人怎样生活，使他获得生活所需要的各种科学知识，为完美的生活做好准备。

2. 教育适应生活说

美国著名教育家杜威正是因为不满于斯宾塞为完美的生活做准备的教育观而提出了"教育即生活""教育即生长""学校即社会"的著名观点。杜威认为，教育就是儿童现在生活的过程，而不是将来生活的预备。

考点三　我国当前的教育方针

2015 年修订的《中华人民共和国教育法》指出，教育必须为社会主义现代化建设服务、为人民服务，必须与生产劳动和社会实践相结合，培养德、智、体、美等方面全面发展的社会主义建设者和接班人。这一表述涵盖了教育方向、培养目标和实施途径，明确回答了我国教育在新的历史时期应当"为谁服务""培养什么样的人"以及"培养人的途径"等问题。

考点四　我国的教育目的

（一）我国教育目的的基本精神

我国教育目的的表述几经变化，但基本精神是一致的。

1. 社会主义是我国教育性质的根本所在，明确了我国教育的社会主义方向。

2. 使受教育者德、智、体、美等方面全面发展，明确了我国人才培养的素质要求。

3. 注重提高全民族素质，明确了我国社会发展赋予教育的根本宗旨，也是我国当代教育的重要使命。

4. 为经济建设和社会的全面发展培养各级各类人才，明确了我国教育的基本使命与基本要求。

（二）我国教育目的的理论基础

我国教育目的的理论基础是马克思主义关于人的全面发展学说。马克思在《资本论》等著作中阐述了关于人的全面发展的学说。

马克思主义关于人的全面发展的内涵极为丰富，表现在三个方面：一是人的劳动能力的全面发展，二是人的才能的全面发展，三是人的自由发展。

马克思主义关于人的全面发展学说的基本思想是：人的发展是与社会发展相一致的。旧式劳动分工造成人的片面发展，机器大工业生产提供了人的全面发展的基础和可能；教育与生产劳动相结合是实现人的全面发展的唯一途径。

◎ 真题邂逅

（2016 上半年·3）确立我国教育目的的理论基础是（　　）。

A. 素质教育理论　　　　　　　　B. 马克思关于人的全面发展理论

C. 创新教育理论　　　　　　　　D. 生活教育理论

　　【答案】B

（2014 下半年·5）马克思主义认为，实现人的全面发展的根本途径是（　　）。

A. 教育与生产劳动相结合　　　　B. 知识分子与工人农民相结合

C. 普通教育与职业教育相结合　　D. 学校教育与社会教育相结合

　　【答案】A

（三）实现教育目的的要求

实现教育目的是一个长期的过程，需要做到以下几点：

1. 要以素质发展为核心

素质在当今时代是最具长远发展潜力和根本实力的竞争因素，教育目的的实现不能忽视对人的素质的培养。

2. 要确立和体现全面发展的教育观

（1）确立全面发展教育观的必要性

确立全面发展的教育观对搞好各级各类教育，特别是中小学教育来说尤为重要。

（2）正确理解和把握全面发展

第一，全面发展不是人的各方面平均发展、均衡发展。把全面发展看成平均发展，这种认识是非常机械的。实质上，全面发展是指人的各方面素质的和谐发展，它意味着人高尚的思想信念、道德品质、审美情趣、智力发展以及物质需要和精神需要的有机结合，使人在工作和生活中体现出力量、能力、热情和需要的完美和谐，使人的身与心、灵与肉、情与理、才与德、个性与社会性等方面有机结合、相得益彰、健康发展。

第二，全面发展并没有忽视人的个性发展。不能以为全面发展与个性发展是矛盾的、对立的，是不要个性的发展。实际上，人的全面发展与个性发展是辩证统一的，人的个性发展总是和全面发展联系在一起。没有全面和谐的发展，也不会带来个性的丰富性和完美性，也不会使个性很好地发展。德、智、体、美等各种素质在个体身上的和谐发展正是个性完美发展的表现。

第三，要坚持人的发展的全面性。不能只是为了眼前的需要（如升学应试的需要）而漠视其他素质的培养，因为这样的教育极易导致一些生活必要素质的欠缺或失衡，从而使人的发展单向度、单一化，或产生人格的分裂。

真题邂逅

（2015下半年·22）辨析题：全面发展就是指学生德智体诸方面平均发展。

【参考答案】

此说法错误。

全面发展不是人的各方面平均发展、均衡发展。把全面发展看成平均发展，这种认识是非常机械的。实质上，全面发展是指人的各方面素质的和谐发展。

（3）要防止教育目的的实践性的缺失

全面发展是我国教育目的的蕴含的总体要求，要想实现这样的要求，需要依据教育目的来把握好教育实践，即要以教育目的的要求来时刻校准教育实践活动的方向，把它作为衡量、评价教育实践的根本标准。

考点五　全面发展教育的组成部分及其相互关系

全面发展教育的组成部分

全面发展的教育目的决定了全面发展教育的整体内容，德育、智育、体育、美育、劳动技术教育是全面发展教育的基本组成部分。

1. 德育

（1）德育的概念

德育是品德教育的简称，是以人的生活的意义及规范的内在建构和外在体现为根本旨要，对人的品德给予多方面教化培养的各种教育活动的总称，广义的德育除道德教育之外，还包括思想教育、政治教育、法制教育、生命教育、人格教育等。

（2）德育的意义

第一，德育是进行社会主义精神文明建设和物质文明建设的重要条件。

第二，德育在青少年思想品德的形成和发展中起主导作用，是培养社会主义新人的条件。

第三，德育是学校全面发展教育的基本组成部分，是实现教育目的的重要保证。

（3）普通中学在德育方面的要求

第一，帮助学生初步了解马克思主义的基本观点和具有中国特色的社会主义理论。

第二，热爱党、热爱人民、热爱祖国、热爱劳动、热爱科学。

第三，建立民主和法制意识，形成实事求是、追求真理、独立思考、勇于开拓的思维方法和科学精神。

第四，形成社会主义的现代文明意识和道德观念。

第五，形成不断适应改革开放形势的开放心态和应变能力。

2. 智育

（1）智育的概念

智育是传授给学生系统的科学文化知识、技能和发展他们的智力的教育活动。

（2）智育的意义

智育在社会主义文明建设中有着重要的作用，在全面发展教育中居于基础地位。

（3）普通中学在智育方面的要求

第一，帮助学生在小学教育的基础上，进一步系统地学习科学文化基础知识，掌握相应的技能、技巧。

第二，发展学生的思维能力、想象能力和创造能力，使学生养成良好的学习习惯和自学能力。

第三，激发学生的学习兴趣，培养学生积极的心理品质。

3. 体育

（1）体育的概念

体育是传授给学生身体运动及保健方面的知识、技能，发展他们的体力，增强他们的体质的教育活动。体力和体质的发展非常重要，它们是人的个性全面发展的生理基础。

（2）学校体育

学校体育是促进学生身心全面发展、增强学生体质、使学生掌握运动的基本技能与技巧、培养学生道德品质的一种有目的、有计划、有组织的教育活动。理解学校体育的概念必须把握以下三个基本要点；

第一，学校体育是一种教育活动。学校体育区别于社会体育的根本是学校体育以在校学生为教育对象，以促进学生的全面发展为根本目的。社会体育的特点主要是娱乐性和竞技性，学校体育的特点是教育性和基础性。学校体育通过传授身体锻炼方面的基本知识和技能，使学生养成自觉锻炼身体的习惯，达到促进学生全面发展的目的。

第二，学校体育是完整的教育活动的一个组成部分，它与德育、智育、美育等一起担负起培养人的职责。

第三，学校体育的根本任务是增强学生的体质。它通过使学生掌握运动技能、锻炼技术使学生逐渐养成锻炼身体的习惯。学校体育的教育价值具有延时性，甚至影响学生终身的健康。

学校体育的组织形式包括体育课、课外体育锻炼、运动队训练和运动竞赛等。其中，体育课是学校体育的基本组织形式。

真题邂逅

（2018 下半年·7）与群众体育、竞技体育相比，学校体育的突出特点是（　　）。

A. 娱乐性与竞技性　　　　　　B. 普及性与文化性

C. 教育性与基础性　　　　　　D. 全体性与全面性

【答案】C

（3）体育的意义

第一，促进学生身体健康发展，增强学生的体质。

第二，是促进学生全面发展的不可缺少的重要条件。

第三，青少年一代的身心健康水平关系到整个国家和民族的强弱盛衰。

（4）普通中学在体育方面的要求

向学生传授基本的运动知识、技能，促使他们养成锻炼身体和讲究卫生的好习惯，促进他们身体的正常发育和机能的成熟，增强他们的活动能力和身体素质。

4. 美育

（1）美育的概念

美育是培养学生正确的审美观，提高他们鉴赏美、创造美的能力，培养他们高尚的情操与文明素养的教育活动。

（2）美育的意义

第一，美育在我国社会主义精神文明建设中具有重要意义，加强美育能提高人的审美能力和审美修养，可以促进文化建设和思想建设；行为美、语言美、心灵美的提倡和普及可以促进我国社会主义精神文明建设。

第二，美育对于促进学生全面发展的意义表现为美育能够促进学生智力的发展，加深他们对客观世界的认识；美育能够促进学生科学世界观和共产主义道德品质的形成；美育能够促进学生体育的发展，具有健身怡情的作用；美育能够促进劳动教育，使学生体验到劳动创造带来的喜悦。

真题邂逅

（2016上半年·27）简述美育对促进学生德智体全面发展的意义。
　　【参考答案】
见上文。

（3）普通中学在美育方面的要求

第一，提高学生感受美的能力，即对自然、社会中存在的现实美，对艺术作品的艺术美的感受能力。

第二，提高学生鉴赏美的能力，即具有美学的基础知识，具有分辨美与丑、文与野、优与劣的能力，具有区分美的程度和种类的能力，懂得各种类型美的特性与形态的丰富性，领悟美所表达的意蕴和意境。

第三，使学生形成创造美的能力，即能把自己独特的美感用各种不同的形式表达出来的能力，使学生形成创造美的能力是美育的最高层次的任务。

5. 劳动技术教育

（1）劳动技术教育的概念

劳动技术教育是引导学生掌握劳动技术知识和技能，形成劳动观点和习惯的教育活动。

（2）劳动技术教育的意义

第一，劳动技术教育是促进学生全面发展的重要组成部分，它能促进学生优良品德的发展，有利于学生掌握知识、形成技能、发展智力、增强体质。

第二，劳动技术教育有利于学生完成升学和就业的双重任务，有利于学生适应社会主义现代化建设的需要。

（3）普通中学在劳动技术教育方面的要求

通过科学技术知识的教学和实践活动，使学生了解物质生产的基本技术知识，掌握一定的职业技术知识和技能，从而培养学生的动手能力，使学生形成良好的劳动态度、劳动习惯和艰苦奋斗的精神。我们还可以结合劳动技术教育传授给学生一定的商品经济知识，使学生初步懂得商品的生产、经营和管理，了解当地的资源状况和经济发展规划，以及国家的经济政策、法律法规，使其具有一定的搜集和利用商品信息的能力。

6. 正确认识和处理各育的关系

在全面发展教育中，各育不可分割，又不能相互替代。说它们不可分割，是因为各育之间是相互联系、相互影响的，说它们不能相互替代，是因为各育有自己特定的内涵和自己特定的任务。而各育又是相互促进的，即各育之间连接紧密，共同构成了全面发展教育的整体。其中，体育是实施各育的物质前提，是人的一切活动的基础；智育是实施各育的认识基础，是智力支持；德育是实施各育的方向和动力源泉；美育协调各育发展；劳动技术教育是各育的实践基础，所以，它们在全面发展教育中的关系是辩证统一的。在学校工作中，常常会因某一时期的任务在某一方面有所侧重，但绝不意味着可以忽视其他方面的影响和作用，割断与其他各育的联系，而是要使受教育者在德智体美诸方面得到和谐发展。

第 二 章

中 学 课 程

风向标

第一节
课程概述

导航图

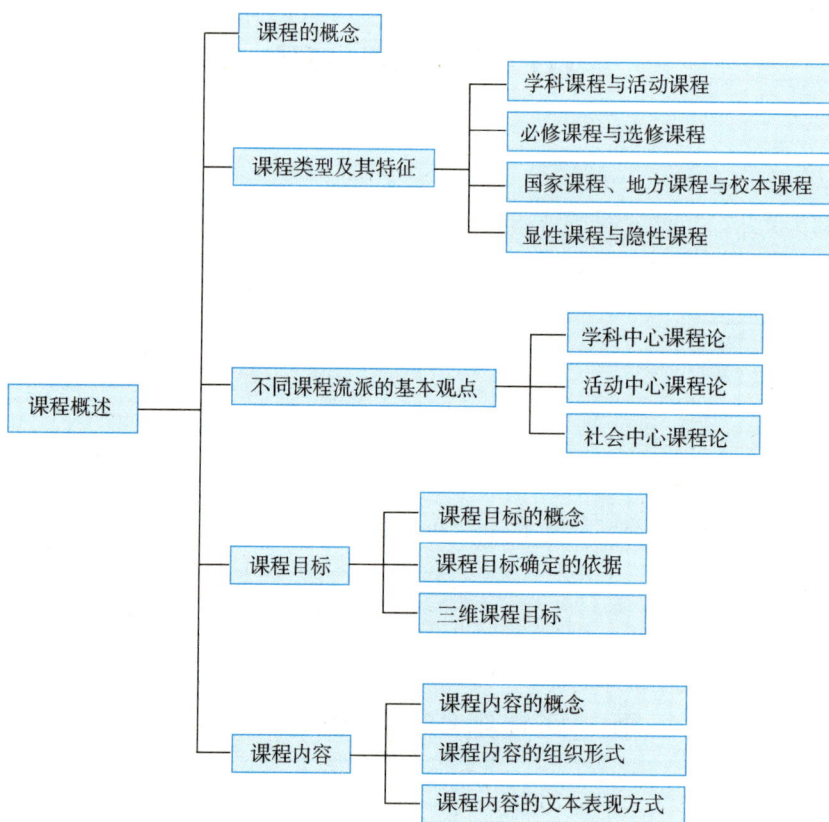

机要室

高频考点	考查频率（2013年以来）	考查题型
课程的概念	1	单项选择题
课程类型及其特征	8	单项选择题、简答题
不同课程流派的基本观点	1	简答题
课程内容	7	单项选择题、简答题

考点简析

考点一 课程的概念

"课程"指课业及其进程。在西方,课程作为教育科学的专门术语,始见于英国教育家斯宾塞的《什么知识最有价值》一文中。斯宾塞是教育科学的重要倡导者,他把课程解释为教学内容的系统组成。

一般认为,美国学者博比特在 1918 年出版的《课程》一书标志着课程作为专门研究领域的诞生,这也是教育史上第一本课程理论专著。

我国的课程概念有广义、狭义之分。广义的课程是指各级各类学校为实现培养目标而规定的学习科目及其进程的总和;狭义的课程特指某一门学科,如数学课程、历史课程等。

考点二 课程类型及其特征

(一)学科课程与活动课程

按课程的组织方式可以将课程分为学科课程和活动课程。

1. 学科课程

学科课程又叫分科课程,是一种单学科的课程组织模式,是以文化知识为基础,按照一定的价值标准,从不同的知识领域或学术领域选择一定的内容,根据知识的逻辑体系,将所选出的知识组织为学科的课程。它强调不同学科门类之间的相对独立性,强调一门学科逻辑体系的完整性。学科课程的主导价值在于使学生获得逻辑严密和条理清晰的文化知识,但是它容易带来科目过多、分科过细的问题。

学科课程的特点:(1)强调知识本位,从不同的知识体系出发设计课程;(2)以知识的内在逻辑体系为核心编制课程;(3)重视学科的理论知识,强调把基本概念、基本原理、规律和事实教给学生。

学科课程是最古老、使用范围最广的课程类型,一般认为,中国古代的"六艺"、西方古代的"七艺"是最早的学科课程。学科课程的主导价值在于传承人类文明,使学生掌握、传递和发展千百年来人类积累起来的知识文化遗产。中学阶段开设的语文、数学、英语、物理、化学等课程均属于学科课程。

2. 活动课程

活动课程又称儿童中心课程、经验课程,是打破学科逻辑组织的界限,从儿童的兴趣和需要出发,以活动为中心组织的课程。活动课程的代表人物是杜威,活动课程的主导价值在于使学生获得关于现实世界的直接经验和真切体验。

活动课程的特点:(1)从儿童的需要、兴趣和个性出发设计课程;(2)以儿童的心理发展顺序为中心编制课程;(3)主张儿童在活动中进行探索,学到方法。

真题邂逅

（2018上半年·10）学校课程有多种类型，其中最有利于学生系统掌握人类所取得的经验和科学认识的课程是（   ）。

A. 学科课程　　　B. 经验课程　　　C. 活动课程　　　D. 隐性课程

【答案】A

（2016下半年·26）简述活动课程的特点。

【参考答案】

见上文。

见多识广

综合课程概述

综合课程可以说是学科课程的一种改进类型，仍有学科课程的性质。

综合课程是指打破传统的学科课程的知识领域，组合两门或两门以上学科领域而构成的一门新的学科，它强调学科之间的关联性、统一性和内在联系。综合课程的主导价值在于通过相关学科的整合，促进学生认识的整体性发展，并使学生形成全面把握和解决问题的视野与方法。

综合课程的几种形式

1. 相关课程：两种或两种以上的学科在一些主题或观点上相互联系起来，但又维持各学科原来的独立状态。如：语文与历史、数学与物理、数学与化学等相邻学科之间确定科技联系。

2. 融合课程：把有内在联系的学科内容融合在一起而形成一门新的学科，与相关课程不同，合并后原来的科目不再单独存在。如：动物学、植物学、微生物学、生理学、解剖学、遗传学融合为生物学。

3. 广域课程：合并数门相邻的学科内容形成的课程，在范围上比融合课程要大。如：社会研究课综合了历史、地理、经济学、社会学、政治学、法学和人类学等相关学科的内容。

4. 核心课程：以个人或社会生活中的现实问题为核心，将其他学科的内容围绕核心组织起来，由一位教师或教师小组连续教学的课程。如：以人类生存、环境保护、社会组织和管理、娱乐和审美活动等人类的基本活动为主题设计的课程。

（二）必修课程与选修课程

按照对学生的学习要求来划分，可以将课程分为必修课程与选修课程。

1. 必修课程

必修课程是指国家、地方或学校规定的，学生必须学习的公共课程，是为了保证所有学生的基础学习而开发的课程。必修课程的主导价值在于培养和发展学生的共性，体现对学生的基本要求。

2. 选修课程

选修课程是指依据不同学生的特点和发展方向，允许个人选择的课程，是为了适应学生的个性差异而开发的课程。选修课程的主导价值在于满足学生的兴趣、爱好，培养和发展学生的良好个性。

（三）国家课程、地方课程与校本课程

按照课程设计、开发和管理的主体来划分，可以将课程分为国家课程、地方课程与校本课程。

1. 国家课程

国家课程是中央政府根据所有公民的基本素质发展的课程。它反映了国家教育的基本标准，体现了国家对各个地方的中小学教育的共同要求。它的主导价值在于通过课程体现国家的教育意志，它对政治方向的把握、教育方针的贯彻、培养目标的落实起着决定性作用，具有权威性与强制性。

2. 地方课程

地方课程是地方教育主管部门以国家课程标准为基础，在一定的教育思想和课程观念的指导下，根据地方经济、政治和文化发展水平等实际情况而设计的课程。它是不同地方对国家课程的补充，反映了地方社会的发展状况对学生素质发展的基本要求。同时，地方课程对该地方的中小学课程的实施具有重要的导向作用，它的主导价值在于通过课程满足地方社会发展的现实需要。

3. 校本课程

校本课程是以学校为课程编制主体，学校自主开发与实施的一种课程，是相对于国家课程和地方课程的一种课程。校本课程的主导价值在于通过课程展示学校的办学宗旨和特色。

学校在执行国家课程和地方课程的基础上，可根据学校课程开发与管理的指导意见和所在地区的教育环境优势，结合本校的传统和资源，兼顾学生的兴趣和需要，在专家的指导下，组织学校教师、学生、家长和社区有关人士共同参与，进行校本课程的管理、开发、设计和实施。

真题邂逅

（2018下半年·8）在专家指导下，地处贵州东南的侗寨中学组织有关教师对面临传承危机的侗族织绵工艺进行课程开发，开设了具有民族特色的"侗族织锦"课程。该课程属于（　　　）。

A. 国家课程　　　　B. 地方课程　　　　C. 校本课程　　　　D. 社会课程

【答案】C

（四）显性课程与隐性课程

按照课程的呈现方式来划分，可以将课程分为显性课程与隐性课程。

1. 显性课程

显性课程又称公开课程，或是正规课程，是指在学校情境中以直接的、明显的方式呈现的课程。计划性是显性课程的主要特征，同时也是区分显性课程和隐性课程的主要标志。

2. 隐性课程

隐性课程又称潜在课程，或是自发课程，是学校情境中以间接的、内隐的方式呈现的课程，即学校通过教育环境有意或无意地传递给学生的非公开的教育经验（包括学术的与非学术的）。隐性课程是伴随着显性课程而产生的，没有显性课程也就没有隐性课程。

隐性课程的主要表现形式：（1）观念性隐性课程，包括隐藏于显性课程之中的意识形态，学校

的校风、教风、学风，有关领导与教师的教育理念、价值观、知识观、教学风格、教学指导思想等；（2）物质性隐性课程，包括学校建筑、教室的布置、校园环境等；（3）制度性隐性课程，包括学校管理体制、学校组织机构、班级管理方式、班级运行方式等；（4）心理性隐性课程，主要包括学校的人际关系状况，师生特有的心态、行为方式等。

真题邂逅

（2016上半年·7）校风、教风和学风是学校文化的重要构成部分。就课程类型而言，它们属于（　　）。

A. 学科课程　　　　B. 活动课程　　　　C. 显性课程　　　　D. 隐性课程

【答案】D

考点三　不同课程流派的基本观点

（一）学科中心课程论

1. 主要观点

学科中心课程论又称知识中心课程论，以斯宾塞、赫尔巴特和布鲁纳为代表。

学科中心课程论的基本观点是主张学校教育的目的在于把人类千百年来积累下来的文化科学知识传递给下一代，而这些文化科学知识的精华就包含在学校设置的各门学科里。教师的任务是把各门学科的知识教给学生，学生的任务是掌握预先为他们准备好的各门学科的知识。学校课程应以学科的分类为基础，以学科教学为核心，以使学生掌握学科的基本知识、基本规律和相应的技能为目标。该流派的代表理论如下：

（1）结构主义课程理论

该理论的主要代表人物是布鲁纳，主要观点：重视学科结构的重要性；提倡螺旋式课程；倡导发现学习。

（2）要素主义课程理论

该理论的主要代表人物是巴格莱，主要观点：课程的内容应该是人类文化的"共同要素"，课程的设置首先要考虑国家和民族的利益；学科课程是向学生提供经验的最佳方法；重视系统知识的传授，以学科课程为中心。

（3）永恒主义课程理论

该理论的主要代表人物是赫钦斯，主要观点：具有理智训练价值的、传统的"永恒学科"的价值高于实用学科的价值；"永恒学科"是课程的核心。

2. 对该理论的评价

优点：一是有利于传授系统的科学知识，继承人类文化遗产；二是重视学生对知识的系统学习，便于学生掌握与运用知识；三是课程的构成比较简单，易于评价。

局限性：一是容易把各门学科的知识割裂开来，学生不能在知识的整体中、联系中进行学习；二是编制的课程完全从成人的生活需要出发，不重视甚至忽视儿童的兴趣和需要，不利于因材施教，容易导致理论与实践脱节，导致学生不能学以致用；三是各学科容易出现不必要的重复，增加学生的学习负担。

真题邂逅

（二）活动中心课程论

1. 主要观点

活动中心课程论又称儿童中心课程论或经验课程论，其代表人物是美国的杜威及其学生克伯屈。活动中心课程论主张：一是一切学习都来自于经验，而学习就是经验的改造或改组；二是教育内容应密切联系儿童的社会生活经验，从儿童的兴趣和需要出发，以儿童的活动为中心来设计课程的内容和结构，使课程满足儿童当前的兴趣和需要；三是教学必须从学习者已有的经验开始，打破严格的学科界限，强调在活动中学习，教师在其中发挥协助作用。

2. 对该理论的评价

优点：（1）重视学生学习活动的心理准备，在课程设计与安排上满足学生的兴趣，有很大的灵活性，有利于调动学生学习的主动性和积极性；（2）强调实践活动，重视学生通过亲自体验获得直接经验，要求学生主动探索，有利于培养学生解决实际问题的能力；（3）强调围绕现实社会生活的各个领域精心设计和组织课程，有利于学生获得对世界的完整认识。

局限性：（1）活动中心课程论夸大了儿童的个人经验，忽视了知识本身的逻辑顺序，影响了知识的系统学习，只能使学生学到一些片段、零碎的知识，最终导致教学质量的降低；（2）活动中心课程不指定具体明确的课程标准和教科书，活动的教材根据儿童的兴趣和需要而定，因此，活动课程往往带有随意性和狭隘性。

（三）社会中心课程论

1. 主要观点

社会中心课程论又称社会改造主义课程论，以布拉梅尔德为代表。社会中心课程论认为课程要以广泛的社会问题为中心，而且要把课程的重点放在当代社会的问题、社会的主要功能、学生关心的社会现象，以及社会改造和社会活动计划上，主张学生尽可能多地参与到社会中去。其核心观点在于课程不应该帮助学生去适应社会，而是要建立一种新的社会秩序和社会文化。

2. 对该理论的评价

优点：（1）重视教育与社会、课程与社会的联系，以社会的需要来设计课程有利于为社会需要服务；（2）重视各门学科的综合学习，有利于学生掌握解决问题的方法。

局限性：（1）片面强调社会需要，忽视了制约课程的其他因素，如学生本身的需要；（2）忽视了各门学科的系统性，不利于学生掌握各门学科的系统知识；（3）夸大了教育的作用，而许多社会问题单靠教育是不能解决的。

考点四　课程目标

(一) 课程目标的概念

课程目标是指课程本身要实现的具体目标和意图，它规定了某一教育阶段的学生经过一段时间的课程学习后，在品德、智力、体质等方面期望实现的程度，它是确定课程内容、教学目标和教学方法的基础。课程目标是指导整个课程编制过程最关键的准则，是特定阶段的学校课程所要达到的预期结果。

(二) 课程目标确定的依据

课程目标确定的依据主要包括对学生的研究（学习者的需要）、对社会的研究（当代社会生活的需求）以及对学科的研究（学科的发展）。

(三) 三维课程目标

新课程改革倡导的三维课程目标包括知识与技能目标、过程与方法目标、情感态度与价值观目标。三维目标与布卢姆所提出的认知、动作技能、情感三大领域的教育目标基本一致。

知识与技能目标强调基础知识和基本技能的获得，相当于传统的"双基教学"，是课程目标中的基础性目标。过程与方法目标突出的是让学生"学会学习"，使学生获得知识的过程同时成为其获得学习方法和发展能力的过程。情感态度与价值观目标强调在教学过程中激发学生的情感共鸣，引起他们积极的态度体验，使其形成正确的价值观。

考点五　课程内容

(一) 课程内容的概念

课程内容是课程的核心要素，从总体上来讲，课程内容是根据课程目标从人类的经验体系中选择出来，并按照一定的学科逻辑序列和儿童心理发展需求组织编排而成的知识体系和经验体系。

(二) 课程内容的组织形式

1. 直线式与螺旋式

直线式是指把课程内容组织成一条在逻辑上前后联系的"直线"，前后内容基本不重复，即课程内容直线前进，前面安排过的内容在后面不再呈现。

螺旋式是指在不同单元、不同阶段或不同课程门类中，使课程内容重复出现，逐渐扩大知识面，加深知识难度，即同一课程内容前后重复出现，前面呈现的内容是后面内容的基础，后面的内容是对前面内容的不断扩展和加深，课程内容层层递进。

真题邂逅

（2017上半年·6）学生在小学数学课程中通过测量或拼图学习三角形的内角和为180°，在中学数学课程中通过证明学习三角形的内角和为180°。这种课程内容的组织形式是（　　）。

A. 直线式　　　B. 螺旋式　　　C. 纵向式　　　D. 横向式

【答案】B

2. 纵向组织与横向组织

纵向组织是指按照知识的逻辑序列，从已知到未知、从具体到抽象、由易到难、由简到繁等先后顺序组织编排课程内容。

横向组织是指打破学科的知识界限和传统的知识体系，按照学生发展的阶段，以学生发展阶段需要探索的、社会和个人最关心的问题为依据组织课程内容，构成一个个相对独立的专题。

3. 逻辑顺序与心理顺序

逻辑顺序是指根据学科本身的体系和知识的内在联系来组织课程内容。

心理顺序是指根据学生心理发展的特点来组织课程内容。

（三）课程内容的文本表现方式

课程计划、课程标准、教材是课程内容的文本表现方式，是我国中小学课程的主要组成部分。

1. 课程计划

课程计划是课程设置与编排的总体规划，是教育行政部门依据一定的教育目的和培养目标制定的有关学校教育和教学工作的指导性文件。课程计划体现了国家对学校的统一要求，是各级各类学校办学的基本纲领和组织教育教学工作的重要依据，也是学校安排整个课程检查、衡量学校工作和质量的基本依据。

课程计划对学校的教学、生产劳动、课外活动等做出全面安排，具体规定了教学科目的设置（课程设置）、学科顺序（课程开设顺序）、课时分配（教学时数）、学年编制与学周安排。其中，开设哪些学科（课程设置）是课程计划的中心和首要问题。

1992年，原国家教委在制定九年义务教育的教学计划时，把"教学计划"更名为"课程计划"。义务教育阶段的课程计划具有强制性、普遍性和基础性的特点。

2. 课程标准

课程标准是指在一定课程理论的指导下，依据培养目标和课程方案，以纲要的形式编制的关于教学科目内容、教学实施建议以及课程资源开发等方面的指导性文件。

课程标准规定了学科的教学目的与任务，知识的范围、深度和结构，教学进度以及有关教学法的基本要求。

课程标准是课程计划的分学科展开，它体现了国家对每门学科教学的统一要求，是教师进行教学的直接依据，也是衡量各科教学质量的重要标准。课程标准是国家课程的纲领性文件，是国家对基础教育课程的基本规范和要求，是教材编写、教学、评估和考试命题的依据，是国家管理和评价课程的基础。

真题邂逅

（2017下半年·11）在一定课程理论指导下，依据培养目标和课程方案，以纲要形式编制的关于教学科目内容、教学实施建议以及课程资源开发等方面的指导性文件是（　　）。

A. 课程计划　　　B. 课程标准　　　C. 教学方案　　　D. 教学指南

【答案】B

（2015 下半年·8）教师进行教学的直接依据是（   ）。

A. 课程计划   B. 课程目标   C. 课程标准   D. 教科书

【答案】C

3. 教材

（1）教材的概念

教材是教师和学生进行教学活动的材料，包括教科书、讲义、讲授提纲、参考书、活动指导书以及各种视听材料。其中，教科书和讲义是教材的主体部分，故人们常把教科书与讲义简称为教材。

教科书又称课本，它是依据课程标准编制的、系统反映学科内容的教学用书。

（2）教材（教科书）编写的基本原则和要求

①科学性和思想性的统一

教科书要有时代性，要能反映最新的科学技术成果，并在科学性上准确无误；教科书要体现主流价值观和民族优秀传统文化，要能加强人文精神的教育；教科书要结合本学科特点和学习内容，渗透思想政治教育和道德品质教育。

②知识的内在序列和学生心理发展的统一

教科书不同于科学著作，也不是科学知识的通俗化或浓缩。教科书内容的安排和呈现要考虑学科知识的内在逻辑，也要符合学生生理、心理的发展顺序，要按照不同年龄阶段学生的发展水平组织知识和技能，还要注意文字、插图、练习、实验等各个组成部分的协调和统一。

③传授知识和培养能力的统一

教科书要处理好理论与事实、观点与材料、知识和能力之间的关系，要深入浅出地把一门学科的基本事实、概念和原理讲清楚；教材内容要贴近学生的生活。

④内容和形式的统一

教科书的内容叙述要层次分明、条理清楚、前后衔接；文字表述要简练精确、生动流畅，适合不同学生的阅读水平，使学生容易理解和接受，并对学习内容产生兴趣；封面、插图要美观，字体大小要适中，装订要牢固耐用，以方便学生使用。

⑤注意与其他学科教科书的联系

教科书应该以学生已掌握的知识为基础，注意前后衔接；要注意和并行学科的联系，避免不必要的重复，也要避免本学科教学内容与其他相关学科教学内容相脱节，导致学生学习困难。

真题邂逅

（2018 上半年·26）简述教材编写的基本要求。

【参考答案】

见上文。

第二节
课程组织过程

导航图

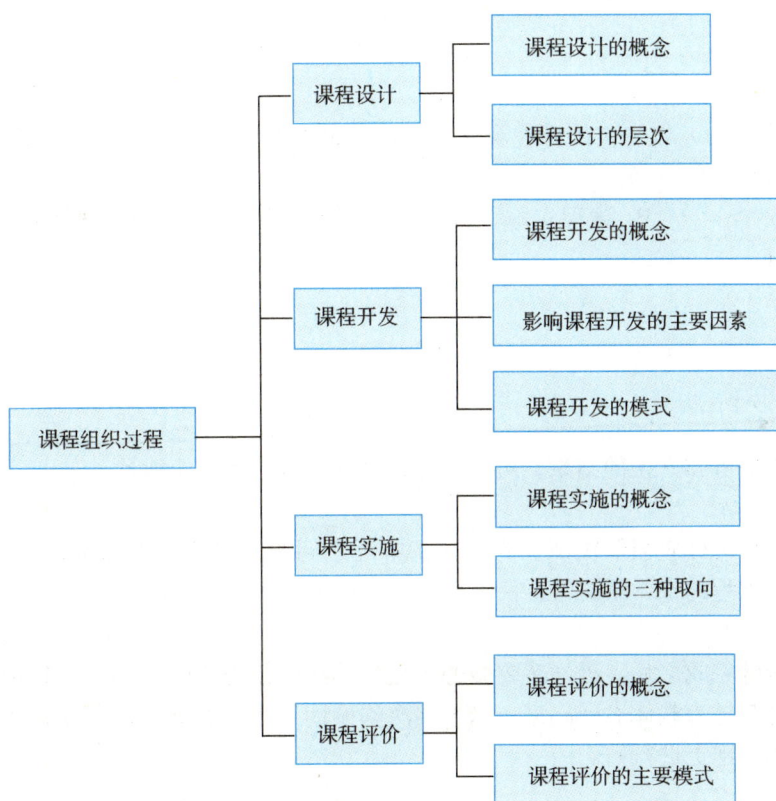

机要室

高频考点	考查频率（2013年以来）	考查题型
课程设计	1	单项选择题
课程开发	1	单项选择题

考点简析

考点一 课程设计

（一）课程设计的概念

课程设计是以一定的课程观为指导，制定课程标准，选择和组织课程内容，预设学习活动方式的活动，是对课程目标、教育经验和预设学习活动方式的具体化。

真题邂逅

（2018上半年·11）以一定的课程观为指导，制定课程标准，选择和组织课程内容，预设学习活动方式的过程是（   ）。

A. 课程评价　　　　B. 课程实施　　　　C. 课程组织　　　　D. 课程设计

【答案】D

（二）课程设计的层次

根据所承担的任务和产生的结果，可以将课程设计大致分为三个层次：

1. 宏观的课程设计

这一层次的课程设计应当解决课程的一些基本理念问题，包括课程的价值、课程的根本目的、课程的主要任务、课程的基本结构等。

2. 中观的课程设计

宏观的课程设计完成之后，进一步要做的便是将其具体化为各门课程的大纲或标准，并且以教科书或其他形式的教材为载体表现出来。这一层次的设计工作以宏观的课程设计为前提和基础，是在具体的课程门类基础上进行的。

3. 微观的课程设计

尽管中观的课程设计比较详细、比较概括，但在进入课程实施领域时，必然还要由教师进行再设计。在这种微观设计中一般不涉及课程的总体目标和学科目标，基本是在接受和认可现存目标的前提下进行的。影响微观设计的因素主要包括学生的已有基础及学习状态、教师的自身条件、可以运用的课程资源等。

考点二 课程开发

（一）课程开发的概念

课程开发是指通过对社会和学习者的需求进行分析，确定课程目标，再根据这一目标选择某一学科的教学内容和相关教学活动，进行计划、组织、实施、评价、修订，最终实现课程目标的整个工作过程。

（二）影响课程开发的主要因素

课程反映了一定的社会政治、经济的要求，受一定社会生产力、科学文化发展水平以及学生身心发展规律的制约。也就是说，社会、知识、儿童（学生）是影响学校课程开发的三大因素。

1. 社会政治经济制度和文化发展水平

第一，经济的发展影响学校课程的门类，政治经济制度的发展影响课程内容的深度和广度，阶级意识决定着课程的管理和课程的方向。

第二，科学技术的进步、学科知识的进步直接影响课程的内容、种类和结构，文化中的价值观、思维方式影响课程的内容及其表达方式。

2. 学科的特征和性质

学科的特征和性质决定学科知识的选择和组织，课程开发要体现学科的性质。课程内容应反映各门学科中具有高度科学价值和实践价值的基本理论、法则和基本要领。课程的编制应考虑学科体系的完整性、知识结构的内在逻辑性，反映现代科学技术的发展水平，以保证学校课程的科学性、系统性。

3. 学生的年龄特征，知识、能力基础及其可接受性

第一，学生的学习发展需要制约着课程开发的方向。

第二，课程的门类、深度和广度，编排形式等的设计和开发要考虑受教育者身心发展的程度和水平。

（三）课程开发的模式

1. 目标模式

目标模式是以目标为课程开发的基础和核心，围绕课程目标的确定、实现以及评价而进行课程开发的模式。课程开发目标模式的代表人物是美国课程论专家泰勒。

泰勒在《课程与教学的基本原理》一书中提出了课程开发的四个基本问题：第一，学校应该试图达到什么教育目标？第二，提供什么教育经验最有可能达到这些教育目标？第三，怎样有效组织这些教育经验？第四，我们如何确定这些目标正在得以实现？这四个基本问题——确定教育目标、选择教育经验（学习经验）、组织教育经验、评价教育计划构成了著名的"泰勒原理"。

真题邂逅

（2013上半年·6）1949年美国学者泰勒出版的《课程与教学的基本原理》中提出了课程编制的"四段论"，形成了著名的"泰勒原理"课程编制模式。这一模式被称为（　　）。

A. 实践模式　　　　B. 过程模式　　　　C. 环境模式　　　　D. 目标模式

【答案】D

2. 过程模式

斯腾豪斯在1975年出版的《课程研究与开发导论》中对目标模式的课程理论进行了分析与批

判，并以此为基础提出了课程开发的过程模式。

过程模式强调课程开发关注的应是过程，而不是目的。它不预先指定目标，而是详细说明内容和过程中的各种原理，然后在教育活动、经验中不断予以修正、改进。

3. 情境模式

情境模式被视为既能包含目标模式，又能包含过程模式的综合化课程开发模式，是一种灵活的、适应性较强的课程开发模式，该模式的理论基础是英国著名课程理论专家劳顿提出的"文化分析"理论。

情境模式典型的可操作性程序包括情境分析，目标表述，制订教学方案，阐明和实施，检查、反馈、评价和改进五个步骤。

考点三 课程实施

（一）课程实施的概念

课程实施是指把课程计划付诸实践的过程，它是达到预期的课程目标的基本途径。

（二）课程实施的三种取向

1. 忠实取向

忠实取向认为，课程实施过程是忠实地执行课程计划的过程。衡量课程实施成功与否的基本标准是课程实施过程实现预定课程计划的程度。实现程度高，则课程实施成功；实现程度低，则课程实施失败。

2. 相互适应（互相调适）取向

相互适应取向认为，课程实施过程是课程计划与班级或学校实践情境在课程目标、内容、方法、组织模式等方面相互调整、改变与适应的过程。

3. 创生取向

创生取向认为，真正的课程是教师与学生联合创造的教育经验，课程实施本质上是在具体的教育情境中创生新的教育经验的过程。

考点四 课程评价

（一）课程评价的概念

课程评价是指依据一定的评价标准，通过系统地收集有关信息，采用各种定性、定量的方法，对课程的计划、实施、结果等有关问题做出价值判断并寻求改进途径的一种活动。

（二）课程评价的主要模式

1. 目标评价模式

目标评价模式由"当代课程评价之父"泰勒提出，泰勒认为，教育的目的在于改变学生的行为，评价就是要衡量学生行为实际发生变化的程度。这一评价模式是以目标为中心展开的，是在泰勒的"评价原理"和课程原理的基础上形成的。

2. 目的游离评价模式

目的游离评价模式是美国教育家和心理学家斯克里文针对目标评价模式的弊端而提出来的。在他看来，目标评价模式只考虑到了预期效应，忽视了非预期的效应。斯克里文主张采用目的游离评价方式，即把评价的重点从"课程计划预期的结果"转向"课程计划实际的结果"上来。

3. CIPP 评价模式

背景—输入—过程—成果模式又称 CIPP 模式，是美国教育评价学家斯塔夫尔比姆倡导的课程评价模式。该模式包括以下四个步骤：

第一，背景评价（Context Evaluation），即要确定课程计划实施机构的背景；明确评价对象及其需要；明确满足需要的机会；诊断需要的基本问题；判断目标是否已反映了这些需要。

第二，输入评价（Input Evaluation），主要是为了帮助决策者选择达到目标的最佳手段而对各种可供选择的课程计划进行评价。

第三，过程评价（Process Evaluation），通过描述实际过程来确定或预测课程计划本身或实施过程中存在的问题，从而为决策者提供如何修正课程计划的有效信息。

第四，成果评价（Product Evaluation），即要测量、解释和评判课程计划的成绩，要收集与结果有关的各种描述与判断，把它们与目标以及背景、输入和过程方面的信息联系起来，并对它们的价值和优点做出解释。

第三节
我国基础教育课程改革

导航图

```
                              我国当前的课程改革

                              我国基础教育课程改革的核心理念

                                                        基础教育课程改革的总目标
我国基础教育课程改革          我国基础教育课程改革的目标
                                                        基础教育课程改革的具体目标

                                                        教育观念的变革

                                                        课程结构的改革
                              我国基础教育课程改革的实施状况
                                                        学习方式的改革

                                                        课程评价的改革
```

机要室

高频考点	考查频率（2013 年以来）	考查题型
基础教育课程改革的具体目标	2	单项选择题、简答题
课程结构的改革	8	单项选择题、简答题

考点简析

考点一　我国当前的课程改革

　　教育改革的核心是课程改革。2001 年，教育部颁布了《基础教育课程改革纲要（试行）》，规定了课程改革的目标、课程结构、课程评价和课程管理等内容，并陆续出台了各门课程的课程标准和指导纲要，这是中华人民共和国成立以来的第八次（2001 年开始至今）规模较大的课程改革。

新课程改革的理论基础包括人的全面发展理论、建构主义学习理论以及多元智能理论，其中主要的理论基础是建构主义学习理论和多元智能理论。

考点二 我国基础教育课程改革的核心理念

新课程改革的核心理念是教育要以人为本，即"一切为了每一位学生的发展"，具体体现在以下几个方面：关注每一位学生；关注学生的情绪生活和情感体验；关注学生的道德生活和人格养成。

考点三 我国基础教育课程改革的目标

（一）基础教育课程改革的总目标

新课程的培养目标应体现时代要求，要使学生具有爱国主义、集体主义精神，热爱社会主义，继承和发扬中华民族的优秀传统和革命传统；具有社会主义民主法治意识，遵守国家法律和社会公德；逐步形成正确的世界观、人生观和价值观；具有社会责任感，努力为人民服务；具有初步的创新精神、实践能力、科学和人文素养以及环境意识；具有适应终身学习的基础知识、基本技能和方法；具有健壮的体魄和良好的心理素质，养成良好的审美情趣和生活方式，成为有理想、有道德、有文化、有纪律的一代新人。

（二）基础教育课程改革的具体目标

1. 实现课程功能的转变

改变课程过于注重知识传授的倾向，强调形成积极主动的学习态度，使学生获得基础知识与基本技能的过程同时成为学生学会学习和形成正确价值观的过程。

2. 体现课程结构的均衡性、综合性和选择性

改变课程结构过于强调学科本位、科目过多和缺乏整合的现状，整体设置九年一贯的课程门类和课时比例，并设置综合课程，以适应不同地区和学生发展的需求。

3. 密切课程内容与生活和时代的联系

改变课程内容"难、繁、偏、旧"和过于注重书本知识的现状，加强课程内容与学生生活以及现代社会和科技发展的联系，关注学生的学习兴趣和经验，精选终身学习必备的基础知识和技能。

4. 改善学生的学习方式

改变课程实施过于强调接受学习、死记硬背、机械训练的现状，倡导学生主动参与、乐于探究、勤于动手，培养学生搜集和处理信息的能力、获取新知识的能力、分析和解决问题的能力以及交流与合作的能力。

5. 建立与素质教育理念相一致的评价与考试制度

改变课程评价过分强调甄别与选拔的功能，发挥评价促进学生发展、教师提高和改进教学实践的功能。

6．实行三级课程管理制度

改变课程管理过于集中的状况，实行国家、地方、学校三级课程管理，增强课程对地方、学校及学生的适应性。

真题邂逅

（2017上半年·27）我国新一轮基础教育课程改革的具体目标有哪些？

【参考答案】

见上文。

（2015上半年·7）我国新一轮基础教育课程改革中，课程评价功能更加强调的是（　　）。

A．甄别与鉴定　　B．选拔与淘汰　　C．促进学生分流　　D．促进学生发展与改进教学实践

【答案】D

考点四　我国基础教育课程改革的实施状况

（一）教育观念的变革

1．新课程倡导的学生观

（1）学生是发展的人

第一，学生的身心发展是有规律的，教师必须依据学生的身心发展规律和特点开展教育活动。

第二，学生具有巨大的发展潜能。

第三，学生是处于发展过程中的人。

（2）学生是独特的人

第一，学生是完整的人。

第二，每个学生都有其自身的独特性。

第三，学生与成人之间存在着巨大的差异。

（3）学生是具有独立意义的人

第一，每个学生都是独立的，是不以教师的意志为转移的客观存在。

第二，学生是学习的主体。

第三，学生是责权的主体。

2．新课程倡导的教学观

（1）教学是课程创生与开发的过程。

（2）教学是师生交往、积极互动、共同发展的过程。

（3）教学重过程甚于重结果。

（4）教学更为关注人而不只是学科。

简言之，可以把新课程改革带来的教学观的转变归纳为教学从"以教育者为中心"向"以学习者为中心"转变，教学从"教会学生知识"向"教会学生学习"转变，教学从"重结果轻过程"向

"重结果更重过程"转变，教学从"关注学科"向"关注人"转变。

3. 新课程倡导的教师观

(1) 教师角色的转变

①从教师与学生的关系看，新课程要求教师应该是学生学习的促进者。

②从教学与研究的关系看，新课程要求教师应该是教育教学的研究者。

③从教学与课程的关系看，新课程要求教师应该是课程的建设者和开发者。

④从学校与社区的关系看，新课程要求教师是社区型的开放的教师。

(2) 教师教学行为的转变

①新课程要求教师提高素质、更新观念、转变角色，必然也要求教师的教学行为产生相应的变化。

②在对待师生关系上，新课程强调尊重、赞赏。

③在对待教学关系上，新课程强调帮助、引导。

④在对待自我上，新课程强调反思。

⑤在对待与其他教育者的关系上，新课程强调合作。

(二) 课程结构的改革

1. 对课程类型的调整

(1) 整体设置九年一贯的义务教育课程：小学阶段以综合课程为主；初中阶段设置分科与综合相结合的课程。

(2) 高中以分科课程为主。

(3) 从小学至高中设置综合实践活动并将其作为必修课程。

(4) 农村中学课程要为当地社会经济的发展服务。

真题邂逅

（2017下半年·10）2001年，教育部颁布的《基础教育课程改革纲要（试行）》规定，我国普通高中阶段的课程设置方式是（　　）。

A. 以分科课程为主　　　　　B. 分科课程和综合课程结合

C. 以综合课程为主　　　　　D. 活动课程和学科课程结合

【答案】A

（2015下半年·6）在我国新一轮基础教育课程改革中，要求义务教育课程实行（　　）。

A. 六三分段设置　　　　　B. 五四分段设置

C. 九年整体设置　　　　　D. 多种形式设置并存

【答案】C

2. 综合实践活动课程的设置

综合实践活动课程是在教师引导下学生自主进行的综合性学习活动，是基于学生的经验，联系学生生活和社会实际，体现对知识综合应用的实践性课程。其内容主要包括：信息技术教育、研究性学习、社区服务与社会实践以及劳动与技术教育。小学阶段自三年级开始设置综合实践活动课程，每周平均 3 课时。

信息技术教育是旨在培养学生为了适应信息时代所需要的信息素养的学习领域，其目的是提高学生利用信息技术的意识和能力、对信息的反思和辨别能力，从而使学生形成信息伦理。

研究性学习是指学生基于自身的兴趣，在教师的指导下，从自然、社会和自身生活中选择和确定研究专题，主动地获取知识、应用知识、解决问题的学习活动。

社区服务与社会实践是指学生在教师的指导下，走出教室，进入社会，参与社区和社会实践活动，开展各种力所能及的社区服务性、公益性和体验性的学习活动，以获取直接经验、提高实践能力、增强社会责任感为主的学习领域。

劳动与技术教育是以学生获得积极的劳动体验、形成良好的技术素养为主的，以多方面发展为目标且以操作性学习为特征的学习领域。

真题邂逅

（2017 下半年·26）简述综合实践活动的主要领域。

【参考答案】

见上文。

（2016 上半年·6）《基础教育课程改革纲要（试行）》规定，我国中小学课程设置"综合实践活动"，开设的学段是（　　）。

A. 小学一年级至高中　　　　　　B. 小学三年级至高中

C. 小学五年级至高中　　　　　　D. 初中一年级至高中

【答案】B

（2014 下半年·8）从课程形态上看，当前我国中学实施的"研究性学习"属于（　　）。

A. 学科课程　　　　　　　　　　B. 拓展性学科课程

C. 辅助性学科课程　　　　　　　D. 综合实践活动课程

【答案】D

见多识广

综合实践活动的开设阶段的变化

根据 2001 年颁布的《义务教育课程设置实验方案》和 2003 年颁布的《普通高中课程方案（实验）》可知，"综合实践活动"开设的学段是小学三年级至高中。但 2017 年教育部颁布的《中小学综合实践活动课程指导纲要》对综合实践活动课程的性质做出了更明确的规定，即"综合实践活动是国家义务教育和普通高中课程方案规定的必修课程，与学科课程并列设置，是基础教育课程体系的重要组成部分。该课程由地方统筹管理和指导，具体内容以学校开发为主，自小学一年级至高中三年级全面实施"。

3. 课程结构的特征

《基础教育课程改革纲要（试行）》明确要求课程设置必须"体现课程结构的均衡性、综合性和选择性"。均衡性、综合性和选择性既是本次课程结构调整的三条基本原则，又是新课程结构区别于传统课程结构的三个基本特征。

（三）学习方式的改革

新课程倡导的学习方式有自主学习、合作学习和探究学习等。

1. 自主学习

自主学习是以学生作为学习的主体，学生通过独立地分析、探索、实践、质疑、创造等方法来实现学习目标，即主动地、自觉自愿地学习，而不是被动地或不情愿地学习。学习的"自主性"具体表现为"自立""自为""自律"三个特性，这三个特性构成了"自主学习"的三大支柱。

2. 合作学习

合作学习是指学生为了完成共同的任务，有明确责任分工的互助性学习。合作学习鼓励学生为集体利益和个人利益而工作，在完成共同任务的过程中实现自己的理想。合作学习的特点是互助性、互补性、自主性和互动性。

3. 探究学习

探究学习是学生在主动参与的前提下，根据自己的猜想或假设，在科学理论的指导下，运用科学的方法对问题进行研究，并在研究过程中获得创新实践能力，自主构建知识体系的一种学习方式。探究学习具有主动性、问题性、开放性、生成性和创造性的特点。

（四）课程评价的改革

新课程改革强调改变课程评价过分强调甄别和选拔的功能，发挥评价促进学生发展、教师提高和改进教学实践的功能。

1. 建立促进学生全面发展的体系

评价不仅要关注学生的学业成绩，而且要发现和发展学生多方面的潜能，了解学生发展中的需求，帮助学生认识自我，建立自信；同时要发挥评价的教育功能，促进学生在原有水平上发展。

2. 建立促进教师不断提高的评价体系

强调教师对自己教学行为的分析与反思，建立以教师自评为主，校长、教师、学生、家长共同参与的评价制度，使教师从多种渠道获得信息，不断提高教学水平。

3. 建立促进课程不断发展的评价体系

周期性地对学校课程的执行情况、课程实施中的问题进行分析评估，调整课程内容，改进教学管理，以形成课程不断革新的机制。

第 三 章

中 学 教 学

风向标

第一节 教学概述

导航图

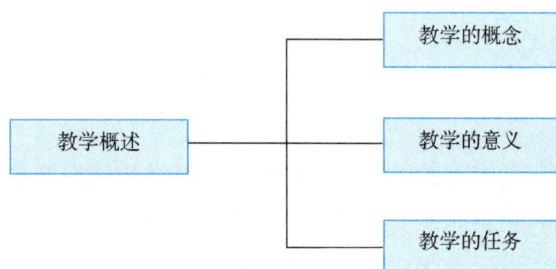

教学概述 ── 教学的概念
教学概述 ── 教学的意义
教学概述 ── 教学的任务

机要室

高频考点	考查频率（2013 年以来）	考查题型
教学的意义	2	辨析题
教学的任务	2	辨析题

考点简析

考点一 教学的概念

教学是在教育目的的规范下，由教师的教与学生的学共同组成的一种活动。在我国，教学是以知识的传授为基础的，通过教学，学生在教师有目的、有计划的指导下，积极主动地掌握系统的科学文化基础知识和基本技能，发展能力，增强体质，陶冶情操，培养美感，促进自身的全面发展与个性发展。

理解教学的概念应注意以下几点：第一，教学以培养全面发展的人为根本目的；第二，教学由教师的教与学生的学两方面活动组成；第三，教学具有多种形态，是共性与多样性的统一。

见多识广

教学与教育、智育的关系

教学与教育：二者是部分与整体的关系。教育包括教学，教学只是学校进行教育的一个基本途径，学校除教学外，还通过课外活动、生产劳动等途径对学生进行教育。

教学与智育：二者既有联系又有区别。智育是指向学生传授系统的科学文化知识、技能和发展他们的智力的教育，主要通过教学进行。但二者也有区别，一方面，教学也是实施德育、美育、体育、劳动技术教育的途径；另一方面，智育也需要通过课外活动等方式才能全面实现，把教学等同于智育将阻碍教学作用的全面发挥。

考点二　教学的意义

1. 教学是传授系统知识、促进学生发展的最有效的形式

教学是一种专门组织起来的有目的、有计划的活动，教学能较简捷地将人类积累起来的科学文化知识转化为学生个人的精神财富，从而促进学生的身心发展。

2. 教学是学校对学生进行全面发展教育，实现教育目的的基本途径

教学能够为个体的全面发展提供科学的理论基础和实践经验，能够有目的、有计划地将教育的各个组成部分包括德育、智育、体育、美育等的基本知识和基本技能传授给学生，促进学生向预期的方向发展，从而实现教育目的。

3. 教学是学校工作的中心工作，学校工作必须坚持以教学为主

学校工作应以教学为主，这是中华人民共和国成立以来教育工作经验的总结。学校坚持以教学为主的原则，教育质量就能提高；反之，教育质量就会下降。因此，要想办好学校，提高教育质量，培养优质人才，学校工作就必须坚持以教学为主。

真题邂逅

（2014下半年·23）教学是实现学校教育目的的基本途径。

【参考答案】

此说法是正确的。

教学能够为个体的全面发展提供科学的理论基础和实践经验，能够有目的、有计划地将教育的各个组成部分包括德育、智育、体育、美育等的基本知识和基本技能传授给学生，促进学生向预期的方向发展，从而实现教育目的。因此，教学是实现学校教育目的的基本途径。

考点三　教学的任务

我国现阶段的教学任务包括以下几个方面：

1. 传授系统的科学文化基础知识和基本技能，这是教学的首要任务。
2. 发展学生的智力，培养学生的创造能力和实践能力。
3. 发展学生的体力，提高学生的健康水平。
4. 培养学生的社会主义品德和审美情趣，为学生形成科学的世界观奠定基础。
5. 关注学生的个性发展。

真题邂逅

（2016下半年·23）教学任务就是向学生传授知识。

【参考答案】

此说法错误。

教学任务由人们追求的教学价值取向决定，它指明了各教育阶段、各科教学应实现的目标要求。教学的首要任务是引导学生掌握科学文化基础知识和基本技能。此外，教学任务还包括发展学生的智力、体力和创造才能；培养学生的社会主义品德和审美情趣，为学生形成科学的世界观奠定基础；关注学生的个性发展。

第二节 教学过程

导航图

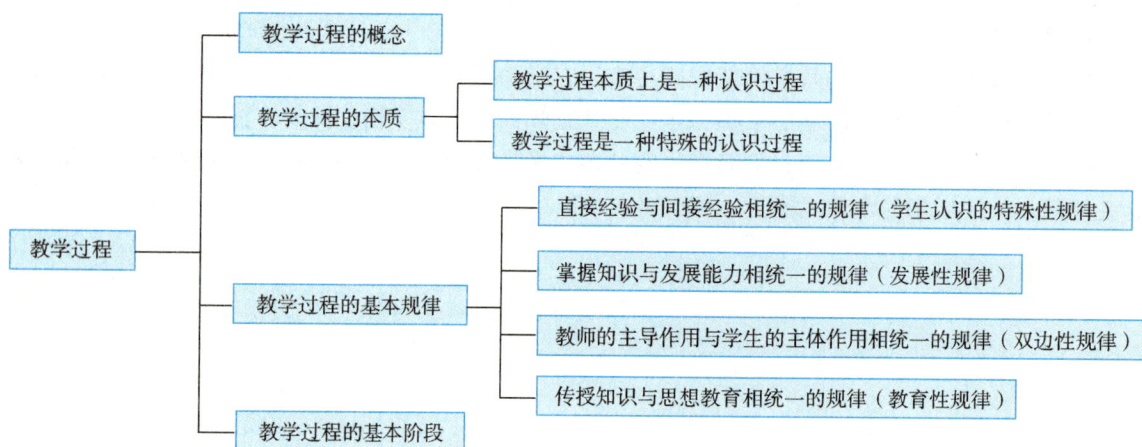

教学过程
- 教学过程的概念
- 教学过程的本质
  - 教学过程本质上是一种认识过程
  - 教学过程是一种特殊的认识过程
- 教学过程的基本规律
  - 直接经验与间接经验相统一的规律（学生认识的特殊性规律）
  - 掌握知识与发展能力相统一的规律（发展性规律）
  - 教师的主导作用与学生的主体作用相统一的规律（双边性规律）
  - 传授知识与思想教育相统一的规律（教育性规律）
- 教学过程的基本阶段

机要室

高频考点	考查频率（2013年以来）	考查题型
教学过程的本质	3	单项选择题
教学过程的基本规律	8	单项选择题、辨析题、简答题
教学过程的基本阶段	1	单项选择题

考点简析

考点一 教学过程的概念

　　教学过程是教师根据教学目的、任务和学生身心发展的特点，通过指导使学生有目的、有计划地掌握系统的科学文化基础知识和基本技能，同时使学生身心获得一定的发展，形成一定的思想品德的过程。

考点二 教学过程的本质

（一）教学过程本质上是一种认识过程

一般来讲，教学过程的主要矛盾是学生与其所学知识之间的矛盾，具体体现在教师提出的教学任务同学生完成这些任务的需要、实际水平之间的矛盾。这一矛盾实际上是学生认识过程的矛盾，因此，教学过程本质上是一种认识过程。

（二）教学过程是一种特殊的认识过程

教学过程是一种特殊的认识过程，它是学生个体的认识过程，具有不同于人类总体认识的显著特点。

第一，间接性。学生主要以学习人类积累的科学文化知识为中介，间接地认识现实世界。

第二，引导性。学生需要在教师的引导下进行认识，而不能独立完成。

第三，简捷性。学生走的是一条认识的捷径，正如马克思所说，再生产科学所必要的劳动时间，同最初生产科学所需要的劳动时间是无法相比的，例如学生在一个小时内就能学会二项式定理。

真题邂逅

（2018上半年·5）"再生产科学所必要的劳动时间，同最初生产科学所需要的劳动时间是无法相比的，例如学生在一小时内就能学会二项式定理。"这表明教学活动具有（　　）。

A. 引导性　　　　B. 简捷性　　　　C. 直接性　　　　D. 实践性

【答案】B

考点三 教学过程的基本规律

（一）直接经验与间接经验相统一的规律（学生认识的特殊性规律）

直接经验与间接经验相统一反映的是教学中传授系统的科学文化知识与丰富学生感性认识的关系。直接经验是指学生通过亲自探索、实践获得的经验；间接经验是指他人的认识成果，主要指人类在长期的认识过程中积累并整理而成的书本知识，此外还包括以各种现代技术形式表现的知识与信息，如电视和互联网上的知识与信息等。

1. 学生以学习间接经验为主

在教学过程中，学生的学习内容主要是间接经验，并且学生是间接地去体验。以间接经验为主组织学生进行学习是学校教育为学生精心设计的一条认识世界的捷径。

2. 学生学习间接经验要以直接经验为基础

要使人类的知识经验转化为学生真正理解并掌握的知识，必须以学生以往积累的或现时获得的感性经验为基础，原因在于学生学习的书本知识是以抽象的文字符号表示的，是前人生产实践和社会实践的认识和概括，而不是来自学生的实践与经验。所以，教师在教学中要充分利用学生已有的经验，以增加学生学习新知识所必需的感性认识，从而保证教学的顺利进行。

3. 坚持直接经验与间接经验相统一

在教学过程中要防止两种倾向：一是只重书本知识的传授，忽视引导学生通过亲身参与、独立探索去积累直接经验、获取知识；二是只强调学生通过自己的探索去发现、积累知识，忽视书本知识的学习和教师的系统传授。教师在教学中应该把引导学生获取直接经验和教授间接经验有机结合起来。

（二）掌握知识与发展能力相统一的规律（发展性规律）

在教学过程中，教师不仅要重视知识的传授，还要重视学生能力的发展，并将二者辩证统一于教学活动之中。正如我们平常所说的"授人以鱼不如授人以渔"，教师不能满足于"授人以鱼"，更要做到"授人以渔"。

1. 掌握知识是发展能力的基础

学生认识能力的发展有赖于知识的掌握。知识为能力的发展提供了广阔的领域，只有具备了某方面的知识，才有可能从事某方面的思维活动。同时，知识中也包含认识方法的启示，向学生介绍关于归纳、演绎等思维方法的知识就是把心智操作的方式教给学生。

2. 发展能力是掌握知识的重要条件

学生掌握知识的速度与质量依赖于学生原有的能力水平，教学中教师应启发学生运用自己的潜在能力，使学生在掌握知识的过程中发展认识能力。认识能力具有普遍的迁移价值，它不仅能有效地提高学生的学习效率，推动学生进一步掌握知识，而且有利于促使学生将知识应用于社会实践活动，从而获得完整的知识。

3. 掌握知识与发展能力具有相互转化的内在机制

知识与能力相互依存、相互促进，但知识不等同于智力或能力。知识掌握的多少并不一定都与智力发展水平成正比。有的人掌握的知识较多，但能力较差；有的人掌握的知识较少，能力却较强。从掌握知识到发展能力是一个非常复杂的过程，它不仅与知识掌握的多少有关，而且与掌握知识的质量、获得知识的方法和思维方式的运用等有密切的关系，二者不是同步进行的。

一般来说，知识与能力的相互转化应注意以下条件：第一，传授给学生的知识应该是科学的、规律性的；第二，必须科学地组织教学过程；第三，重视教学中学生的操作与活动，培养学生的参与意识和能力，提供学生积极参与实践的时间和空间；第四，培养学生良好的个性品质，重视学生的个别差异。

🌐 见多识广

形式教育论与实质教育论

教学中应该防止两种倾向：形式教育论与实质教育论。

形式教育论起源于古希腊，主要代表人物是洛克和裴斯泰洛齐。形式教育论认为，教育的目的在于发展学生的各种官能或能力，形式学科（如希腊文、拉丁文、数学、逻辑学等）或古典人文课程最有发展价值，教学原则与方法以学生心理官能的内在发展秩序为依据。

实质教育论起源于古希腊和古罗马，主要代表人物是赫尔巴特和斯宾塞。实质教育论认为，教育的目的是向学生传授与生活相关的广泛知识内容、与人类的世俗生活密切相关的实质学科（如物理、化学、天文、地理、法律）或实质课程，教学原则与方法应适应儿童的身心发展规律，应是愉快的、有效的。

以上观点均是片面的，在教学中，只有把二者有机地结合起来，才能提高教学质量。

真题邂逅

（2017上半年·23）知识越多，能力越强。

【参考答案】

此说法错误。

1. 掌握知识是发展能力的基础，学生认识能力的发展有赖于知识的掌握；2. 发展能力是掌握知识的重要条件，学生掌握知识的速度与质量依赖于学生原有的能力水平；3. 知识与能力相互依存、相互促进，但知识不等同于智力或能力，知识掌握的多少并不一定都与能力发展水平成正比。有的人掌握的知识较多，但能力较差；有的人掌握的知识较少，能力却较强。从掌握知识到发展智力是一个非常复杂的过程，它不仅与知识掌握的多少有关，而且与掌握知识的质量、获得知识的方法和思维方式的运用等有密切的关系，二者不是同步发展的。

（2015上半年·26）简述传授知识和发展能力之间的辩证关系。

【参考答案】

见上文。

（2015上半年·9）教师不能只满足于"授之以鱼"，更要做到"授人以渔"，这强调教学应重视（   ）。

A. 传授知识   B. 发展能力   C. 培养个性   D. 形成品德

【答案】B

（2013上半年·9）在教学过程中，强调知识传授而忽视能力培养的理论是（   ）。

A. 形式教育论   B. 实质教育论   C. 传统教育论   D. 现代教育论

【答案】B

（三）教师的主导作用与学生的主体作用相统一的规律（双边性规律）

在教学过程中既要充分注重教师的教，也要充分调动学生学的积极性，使教师的主导作用与学生的主体作用有机结合，从而取得良好的教学效果。

1. 发挥教师的主导作用是引导学生学习知识、发展身心的必要条件

教师是教学过程的组织者和领导者，对教学内容已经知晓，肩负着社会的委托，按照一定的社会要求培养和教育人。因此，教学任务的确定、教学内容的安排、教学方法的选择等都要由教师决定。可以说，教师主导作用的性质和程度决定着教学过程的思想方向和活动的进程，决定着教学的质量。可见，在教学过程中，教师为了学生的学习要发挥主导作用，学生在教师的主导作用下要发挥学习的积极性。教师的主导作用发挥得越深刻、越好，学生学习的积极性、主动性就会越高。学生的主动性、积极性调动得怎样、学习的效果怎样是衡量教师主导作用发挥得好坏的主要标志。

2. 充分注重学生的地位，调动学生学习的积极性和主动性是使教学得以顺利进行的另一个必要条件

在教学过程中，学生不仅是教师施教的客体，也是认识和发展的主体。学生在教师的主导作用下进行的学习并不是一种消极被动的过程，而是随着教师的教做出积极的自我调整和控制的过程。学生学习的过程决定着教学内容内化的可能性和程度，学生这种学习的积极性不仅有利于知识的吸收、消化和掌握，而且能激发教师教学的热情、责任心、积极性和创造性，促进教师主导作用的充分发挥。同时，教师要想更好地发挥主导作用，必须主动地适应学生的学情，充分调动学生学习的主观能动性。

3. 教师的主导作用和学生学习的能动性是辩证统一的，教与学要相长

只有通过教师的组织、调节和指导，学生才能迅速有效地掌握知识并获得发展；同时，也只有在学生积极主动地参与教学活动时，教师的指导、调节才能起到应有的作用。在教学过程中，教师的教影响着学生的学，学生的学也在不断促进并检验着教师的教，教学彼此相长。因此，在教学实践中，我们要批判和纠正过于强调教师的主导作用而忽视学生的学习积极主动性或片面强调学生的学习积极主动性而忽视教师的主导作用的倾向，把教师的主导作用与学生学习的积极主动性辩证统一起来。

◎ 真题邂逅

（2018 下半年 · 10）在教学过程中，教师主导作用发挥的主要标志是（　　　）。

A. 确保学生的独立地位　　　　　　　B. 维持正常课程秩序

C. 维护教师的中心地位　　　　　　　D. 调动学生的积极性

　　【答案】D

（2015 上半年 · 23）强调学生的主体地位必然削弱教师的主导作用。

　　【参考答案】

此说法错误。

在教学活动中，只有通过教师的组织、调节和指导，学生才能迅速有效地掌握知识并获得发展；同时，也只有在学生积极主动地参与教学活动时，教师的指导、调节才能起到应有的作用。在教学过程中，教师的教影响着学生的学，学生的学也在不断促进并检验着教师的教，教学彼此相长。因此，强调学生的主体地位不会必然削弱教师的主导作用。

（四）传授知识与思想教育相统一的规律（教育性规律）

在教学过程中，教师在传授知识的同时一定要注重对学生进行思想品德教育，并使二者有机结合起来，使学生在知识能力和思想品德等方面都获得发展与进步。

1. 知识是思想品德形成的基础

学生思想品德的提高有赖于其对科学文化知识的掌握。首先，科学的世界观和先进的思想都要有一定的科学文化知识作为基础；其次，知识学习本身是艰苦的劳动，可以培养学生的优秀道德品质。

2. 学生思想品德的提高又为他们积极地学习知识奠定基础

掌握科学文化知识的过程是一个能动的认识过程，学生的思想品德状况对学习的积极性有着重要作用。

3.传授知识和思想品德教育有机结合

在教学过程中，应将知识传授与思想品德教育有机结合起来，因为教学具有教育性，这是一条必然规律。教学具有教育性是指教学在传授知识的同时，总有某种思想、观点和道德精神影响学生。这里的"教育"指的是道德教育、思想品德教育。赫尔巴特曾说过，我想不到任何"无教学的教育"，正如在相反的方面，我不承认有任何"无教育的教学"。教学具有教育性揭示了教学过程中教书与育人两个方面之间的内在的必然联系。

所以，在教学中要防止两种倾向：一是脱离知识进行思想品德教育的倾向；二是只强调传授知识而忽视思想品德教育的倾向。

真题邂逅

（2017下半年·23）教学具有教育性。

【参考答案】

此说法正确。

教学具有教育性是指教学在传授知识的同时，总有某种思想、观点和道德精神影响学生。它不是一种暂时的偶然的现象，而是一条必然规律。

考点四 教学过程的基本阶段

1.激发学习动机

学生的学习兴趣和求知欲是直接推动学生学习的动力，具有浓厚的学习兴趣和较好的学习愿望是学生进行学习的基本条件和心理起点。

2.领会知识

领会知识是教学过程的中心环节，包括使学生感知教材和理解教材。

第一，感知教材，形成表象。教师要引导学生通过感知形成清晰的表象和鲜明的观点，为理解抽象概念提供感性知识的基础并发展学生相应的能力。感知的来源包括学生已有的知识经验，直观教具的演示，参观或实验，教师形象而生动的语言描述，学生的再造想象以及社会生产、生活实践等。

第二，理解教材，形成概念。教师要引导学生在感知的基础上，通过分析、比较、抽象概括以及归纳演绎等思维方法，形成概念、原理，真正认识事物的本质和规律。理解教材是学生掌握知识的中心环节。

真题邂逅

（2015上半年·8）教学过程中学生掌握知识的中心环节是（　　）。
A.感知教材　　　　B.理解教材　　　　C.巩固知识　　　　D.运用知识
【答案】B

3. 巩固知识

巩固所学的知识是教学过程的一个必要环节。巩固知识的必要性在于以下两个方面：第一，学生在课堂上所获得的知识是间接知识，容易遗忘，必须通过复习来加以巩固；第二，学生只有掌握了知识，才能为下一步学习奠定基础，才能顺利地学习新知识、新材料。

4. 运用知识

掌握知识是为了运用知识。在教学中，运用知识、形成技能技巧主要是通过教学实践来实现的，如完成各种书面或口头作业、实验等。学生从掌握知识到形成技能，再把技能发展成为技巧，需要经过反复的练习。此外，运用知识还应包括对知识的迁移和创造等。

5. 检查知识

检查知识是指教师通过作业、提问、测验等方式对学生的学习效果进行考查的过程。检查学习效果的目的在于教师能够及时获得关于教学效果的反馈信息，以调整教学进程与要求；帮助学生了解自己对知识技能的掌握情况，发现自身学习上的问题，从而及时调整自己的学习方式，改进学习方法，提高学习效率。

第三节
教学工作的基本环节

导航图

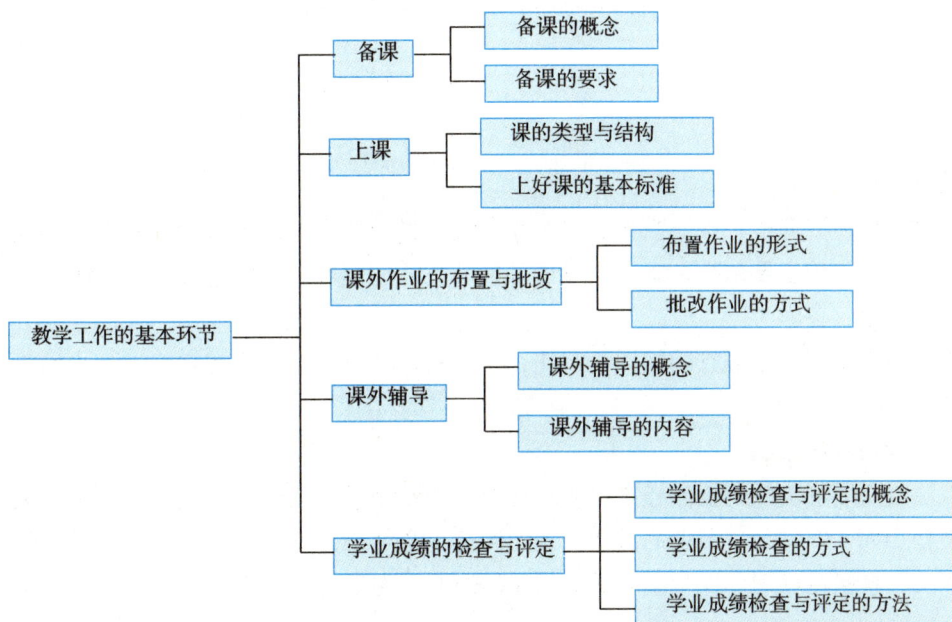

教学工作的基本环节
- 备课
  - 备课的概念
  - 备课的要求
- 上课
  - 课的类型与结构
  - 上好课的基本标准
- 课外作业的布置与批改
  - 布置作业的形式
  - 批改作业的方式
- 课外辅导
  - 课外辅导的概念
  - 课外辅导的内容
- 学业成绩的检查与评定
  - 学业成绩检查与评定的概念
  - 学业成绩检查的方式
  - 学业成绩检查与评定的方法

机要室

高频考点	考查频率（2013年以来）	考查题型
备课	2	单项选择题、简答题
上课	2	单项选择题
学业成绩的检查与评定	1	单项选择题

考点简析

　　教师的教学工作包括五个基本环节：备课、上课、课外作业的布置与批改、课外辅导、学业成绩的检查与评定。

考点简析

考点一 备课

（一）备课的概念

备课是指教师根据学科课程标准的要求和本门课程的特点，结合学生的具体情况，选择最合适的表达方法和顺序对课堂教学进行设计，以保证学生有效地学习。

备课是教师教学工作的起始环节，教师备好课是上好课的先决条件。

（二）备课的要求

1. 做好三方面的工作（三备）

（1）钻研教材（备教材）

钻研教材包括研究课程标准、教科书和有关参考资料。课程标准是教师备课的指导文件，教科书是教师备课和上课的主要依据，参考资料可以帮助教师理解教材，拓宽教师的视野。

（2）了解学生（备学生）

了解学生包括了解学生原有的知识、技能，学生的兴趣、需要与思想状况，学生的学习方法和学习习惯等。

（3）设计教法（备教法）

设计教法就是要解决如何把已经掌握的教材内容传授给学生的问题，包括如何组织教材、如何确定课的类型、如何安排每一节课的活动以及如何运用各种方法开展教学活动。此外，教师也要考虑学生的学法，包括在预习、课堂学习活动与课外作业中使用的学法等。

2. 写好三个计划

（1）学期教学进度计划

学期教学进度计划又称学年教学进度计划，是对一学期的教学工作所做的总的准备和制订的总体计划，它应在学期开始前编制出来。

（2）课题计划

课题计划又称单元计划，一个课题教学开始前，教师必须对这个课题的教学做全面的考虑和准备，并制订出课题计划。它的内容包括：课题名称、课题教学目的、课时划分、每一课时的教学任务与内容、课的类型及采用的主要方法等。

（3）课时计划

课时计划即教案，一个完整的课时计划一般包括以下项目：班级、学科名称、授课时间、课题、教学目标、课的类型、教学方法、教具、教学过程、板书设计、教学反思等。其中，教学过程是教案的主要部分，教师要详细设计和安排教学内容、教学方法的运用和时间的分配等。

真题邂逅

（2015下半年·27）教师备课的基本要求有哪些？

【参考答案】

见上文。

考点二 上 课

上课是教学工作诸环节中的中心环节，是教师教和学生学的最直接的体现，是提高教学质量的关键。

（一）课的类型与结构

1. 课的类型

课一般按以下两种标准来划分：

一种是根据教学任务来划分，可分为传授新知识课（新授课）、巩固知识课（巩固课）、培养技能技巧课（技能课）和检查知识课（检查课）。但在实际的教学中，有时一节课只需完成一项任务，有时一节课则需完成多项任务，所以根据一节课所完成的任务的数量又可将课分为单一课和综合课。

另一种是根据使用的主要教学方法来划分，可分为讲授课、演示课（演示实验或放映幻灯片、录像）、练习课、实验课和复习课。

2. 课的结构

课的结构是指一节课包含哪些组成部分以及各组成部分的顺序、时限和相互关系。课的结构是由课的类型决定的，不同类型的课有不同的结构。

（1）常见单一课的结构

新授课的结构：组织教学，检查或复习，提出新课的目的、内容要点与学习要求，讲授新课（主要部分），小结，布置作业。

技能课的结构：组织教学，提出培养技能技巧的目的要求，教师讲解原理、范例或做示范操作，在教师指导下学生独立进行练习（主要部分），小结，布置作业。

复习课的结构：组织教学，提出复习目的与要求，引导学生复习（主要部分），小结，布置作业。

（2）综合课的结构

综合课的结构：组织教学，检查与复习，提出教学目的并讲授新课，巩固新课，布置作业。

真题邂逅

（2017上半年·8）李老师在语文课上，按照组织教学、检查复习、讲授新教材、巩固新教材、布置课外作业的程序进行教学。这体现了哪一类型课的结构？

A. 单一课　　　　B. 综合课　　　　C. 练习课　　　　D. 复习课

【答案】B

（二）上好课的基本标准

1. 目标明确

一是教学目标制定得当，符合课程标准的要求及学生的实际；二是课堂上的一切教学活动都应该围绕教学目标来进行。

2. 内容正确

教师要保证教学内容的科学性和思想性。在进行教学时，教师既要突出教材的重点、难点和关键点，又要考虑教材的整体性和连贯性；教师既要注重新旧知识之间的联系，又要注重理论与实践的结合。在讲授时，教师对概念、定理等的表述要准确无误，对原理、定律的论证应确切无疑，对学生回答问题时所反映出来的思想和观点要仔细分析。

3. 方法得当

教师应根据教学任务、内容和学生的特点选择较好的方法进行教学。教学有法，但教无定法，教师要善于选择方法，创造性地加以运用，力求使教学取得较好效果。

4. 结构合理

一堂课要有严密的计划性和组织性，课的进程要次序分明、有条不紊，课程进行要紧凑，不同任务变换时要过渡自然，课堂秩序要良好。

5. 语言艺术

教师应讲普通话，教学语言要简洁、明快、生动、有条理、有逻辑性，语调要抑扬顿挫。

6. 板书有序

板书在形式上应该字迹规范、清楚、位置适宜；板书在内容上应该突出重点，条理清晰。

7. 态度从容

教师应充满自信，并适当运用肢体语言。

8. 充分发挥学生的主体性

充分发挥学生的主体性是上好课的最根本的要求，离开了这一点，以上的所有要求就都失去了意义。

考点三　课外作业的布置与批改

课外作业是课堂教学的延续和补充，是教学过程的有机组成部分。组织学生做作业的目的在于加深和加强学生对教材的理解，使学生进一步掌握相关的技能、技巧，提高学生独立学习的能力，发展学生的智力和创造力。

（一）布置作业的形式

课外作业按内容和形式可分为以下几类：1. 口头作业，如朗读、阅读、背诵、复述、答问、口头解释和分析等；2. 书面作业，如书面练习、书面答问、演算习题、作文、绘制图表等；3. 实践活动作业，如实验、测量、各种技能的训练、社会调查等。

（二）批改作业的方式

批改作业的方式有全批全改、重点批改、轮流批改、当面批改等，还可采取学生互相批改、教师检查与典型问题师生共同批改的方法，以培养学生发现问题、解决问题的能力。

考点四 课外辅导

（一）课外辅导的概念

课外辅导是指教师在课堂教学以外的时间帮助和指导学生的学习活动，其目的在于因材施教以及对学生进行学习目的、学习态度和学习方法等方面的个别教育和指导。课外辅导是上课的必要补充，是适应学生个别差异、贯彻因材施教原则的重要措施，课外辅导一般有个别辅导、小组辅导和集体辅导三种形式。

（二）课外辅导的内容

课外辅导的内容主要包括给学生解答疑难问题，指导学生做好作业；为学习有困难或因事、因病缺课的学生补课；给成绩特别优异的学生做个别辅导；给予学生学习方法上的辅导；对学生进行学习目的和学习态度的教育；为有学科兴趣的学生提供课外研究帮助；开展课外辅助教学活动；指导学生的实践性和社会服务性活动。

考点五 学业成绩的检查与评定

（一）学业成绩检查与评定的概念

学业成绩的检查与评定俗称测验或考试，是指以测验的形式定量地评定学生的个人能力而得到结果。学校通过对学生的学业成绩的测量和评价可以检查教学的完成情况，从检查中获得的反馈信息可以用来指导、调节教学过程和学习过程，从而改善教学，提高质量。

（二）学业成绩检查的方式

学生学业成绩的检查主要包括考查和考试两种方式。

1. 考查

考查是指对学生的学习情况和成绩进行的一种经常性的小规模的检查与评定，它是学校工作的一个组成部分，也是提高教学效率和质量的一种手段。考查一般分为日常性考查、阶段性考查和总结性考查三种，考查的方式主要有以下几种：（1）口头提问；（2）书面作业；（3）书面测验。

2. 考试

考试一般是指对学生的学业成绩进行的阶段性或总结性的检查与评定。考试一般有学期考试、学年考试和毕业考试，考试的方式很多，有口试、笔试和具体的实践性考试等。

（三）学业成绩检查与评定的方法

1. 观察法

观察法适用于在教学中评价那些不易量化的行为表现（如兴趣、爱好、态度、习惯、性格）和技能性的成绩（如唱歌、绘画、体育技巧和手工制作）。

2. 测验法

测验主要以笔试的方式进行，是考核、测定学生成绩最基本的方法。

测验的质量指标主要有信度、效度、难度与区分度。

信度是指测验结果的稳定性或可靠性，即某一测验在多次施测后所得到的分数的稳定性、一致性程度。如果一个测验在反复使用或以不同方式使用时都能得出大致相同的结果，那么这个测验的信度就较高，否则，信度就较低。

效度是指测量的有效性，即一个测验能够测量出其所要测量的东西的程度。信度和效度的关系：信度高是效度高的必要而非充分条件，效度高的测验，信度一定高，反之，信度高的测验，效度不一定高。

难度是指测验包含的试题的难易程度。试题过难或过易都不能准确测出学生的真实成绩，所以，总的来说，一张试卷中的试题既要包括较难的题，又要包括较易的题，要做到难易适中。

区分度是指测验对考生的不同水平能够区分的程度，即测验具有的区分不同水平考生的能力。区分度与难度有关，只有在试卷中包含不同难度的试题，才能提高区分度，拉开考生得分的差距。

真题邂逅

（2014 上半年·8）通过检测来评定学生的学业成绩是中学常用的评价方法。在一个测验中，衡量是否达到测验目的的程度，即是否测出了所要测量的东西的指标是（   ）。

A. 信度　　　　　B. 效度　　　　　C. 难易度　　　　　D. 区分度

【答案】B

3. 调查法

调查法是了解学生的学习情况，为进行学生成绩评定而收集资料的一种方法，它一般通过问卷、交谈的方法来进行。

4. 自我评价法

自我评价法就是自己对自己进行评价，它的主要方法有运用标准答案，运用核对表，运用录音机、录像机等。

真题邂逅

（2014 上半年·26）简述学校教学工作的基本环节。

【参考答案】

学校教学工作包括五个基本环节，一是备课，这是上课前的准备工作，是教好课的前提；二是上课，这是教学工作的中心环节；三是课外作业的布置与批改；四是课外辅导，有个别辅导，小组辅导和集体辅导三种；五是学业成绩的检查与评定。

第四节
教学原则

导航图

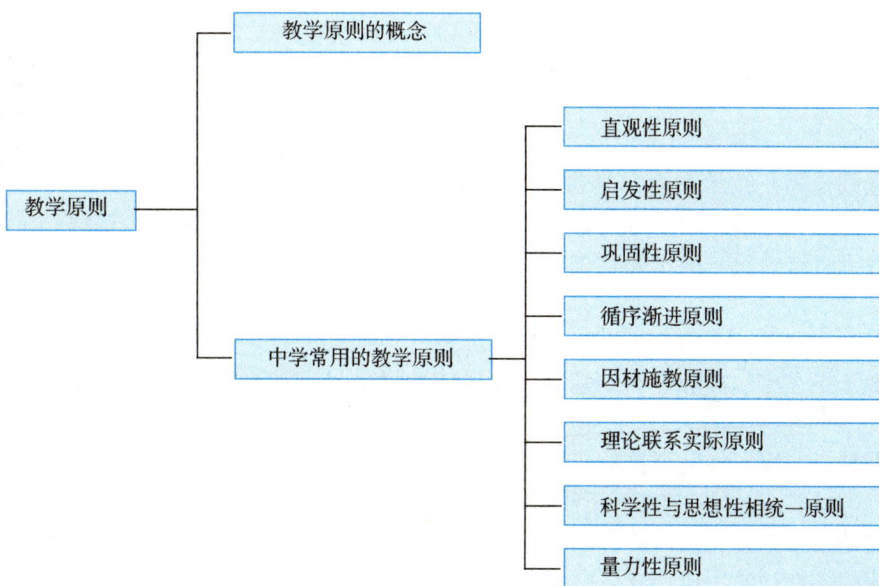

机要室

高频考点		考查频率（2013 年以来）	考查题型
中学常用的教学原则	直观性原则	4	单项选择题、辨析题、材料分析题
	启发性原则	2	材料分析题
	因材施教原则	1	单项选择题
	循序渐进原则	1	材料分析题
	理论联系实际原则	1	材料分析题
	科学性与思想性相统一原则	4	单项选择题、简答题

考点简析

考点一 教学原则的概念

教学原则是根据一定的教学目的和对教学过程规律的认识而制定的指导教学工作的基本准则和要求，教学原则贯穿于各项教学活动之中，它的灵活运用是提高教学质量的重要保证。

考点二 中学常用的教学原则

（一）直观性原则

1. 直观性原则的概念

直观性原则是指在教学中引导学生通过观察所学事物或图像，聆听教师用语言对所学对象的形象描绘，形成有关事物具体而清晰的表象，以便理解所学知识。这一原则是根据直接经验与间接经验相统一的教学规律而提出的。

直观性原则

2. 直观手段

直观手段种类繁多，一般分为实物直观、模象直观和言语直观三大类。

实物直观是指在感知实际事物的基础上提供感性材料的直观方式，如观察各种实物、标本，实地观测、现场参观等。

模象直观是指在感知实际事物的模拟性形象的基础上提供感性材料的直观方式，如观看图片、图表、模型、幻灯片、录像、电影、多媒体演示等。

言语直观是指在形象化语言的作用下，学生通过对语言的物质形式的感知及对语义的理解而进行的一种直观的、能动的反应形式。

3. 贯彻直观性原则的要求

（1）正确选择直观教具和教学手段。教师在直观手段的使用上要有明确的目的性和必要性，使用的直观材料要有典型性，在教学中教师要根据学生的年龄特征、知识水平，教学目的和内容正确选用直观教具。值得注意的是，直观是教学的一种手段而不是目的。一般来说，当教学内容对于学生来说比较生疏或学生在理解和掌握教学内容上遇到困难或障碍时，才需要教师运用直观手段，过多的直观不仅会浪费教学时间，分散学生的注意，还会阻碍学生抽象思维能力的发展。

（2）直观教具的演示要与语言讲解相结合。教学中的直观并不是让学生随意地看，而是要在教师的指导下有目的地进行。

（3）重视运用语言直观。在教学中，教师用生动的语言进行讲解能够给学生以感性的认识，唤起学生的想象，使学生形成表象。

真题邂逅

（2015 下半年·9）罗老师讲解"观潮"这篇课文时，通过播放视频，让学生真切感受到钱塘江大潮的雄伟壮观。他在教学中贯彻了（   ）。

A. 直观性原则　　B. 科学性和思想性相结合原则　　C. 循序渐进原则　　D. 巩固性原则

【答案】A

（2014上半年·23）直观教学既是手段，也是目的。

【参考答案】

此说法错误。

直观教学是指根据教学活动的需要，让学生直接感知学习对象，直观教学提供给学生直接经验或利用学生已有经验，目的在于帮助学生理解所学知识，所以直观教学是一种教学手段而不是目的，不能为了直观而直观。一般来说，当教学内容对于学生来说比较生疏或学生在理解和掌握教学内容上遇到困难或障碍时，才需要教师运用直观手段。

（二）启发性原则

1. 启发性原则的概念

启发性原则是指在教学中，教师要主动承认学生是学习的主体，并注意调动他们的学习主动性，引导他们独立思考，积极探索，生动活泼地学习，自觉地掌握科学知识，提高分析问题、解决问题的能力。

2. 贯彻启发性原则的要求

第一，调动学生学习的主动性，这是启发的首要问题。

第二，启发学生独立思考，发展学生的逻辑思维能力。

第三，鼓励学生动手，培养他们独立解决问题的能力。

第四，发扬教学民主。

3. 相关教育阐释

"不愤不启，不悱不发"——孔子

"道而弗牵，强而弗抑，开而弗达"——《学记》

"产婆术"——苏格拉底

"一个坏的教师奉送真理，一个好的教师则教人发现真理"——第斯多惠

（三）巩固性原则

1. 巩固性原则的概念

巩固性原则是指教学要引导学生在理解的基础上牢固地掌握知识和技能，长久地将知识和技能保持在记忆中，以便根据需要迅速再现出来，卓有成效地运用。这一原则是为了处理好获取新知识与保持旧知识之间的矛盾而提出的。

2. 贯彻巩固性原则的要求

（1）在理解的基础上巩固知识

（2）重视组织各种复习

（3）在扩充、改组和运用知识中积极巩固知识

（四）循序渐进原则

1. 循序渐进原则的概念

循序渐进原则又叫系统性原则，是指教师要严格按照科学知识的内在逻辑体系和学生认识能力

的发展顺序进行教学，使学生系统掌握基础知识和基本技能，形成严密的逻辑思维能力。这一原则是为了处理好教学活动的顺序、学科课程的体系和科学理论的体系与学生发展规律之间的复杂关系而提出的。

2. 贯彻循序渐进原则的要求

第一，按教材的系统性进行教学。

第二，注意主要矛盾，解决好重点与难点的教学。

第三，由浅入深，由易到难，由简到繁地进行教学。

3. 相关教育阐释

"学不躐等""不陵节而施""杂施而不孙，则坏乱而不修"——《学记》

"盈科而后进"——孟子

（五）因材施教原则

1. 因材施教原则的概念

因材施教原则是指教师要从课程计划、学科课程标准的统一要求出发，面向全体学生，同时要根据学生的个别差异，有的放矢地进行教学，使每个学生都能扬长避短，获得最佳发展，这一原则是为了处理好集体教学与个别教学、统一要求与尊重学生个别差异的问题而提出的。

2. 贯彻因材施教原则的要求

（1）教师要坚持课程计划和学科课程标准的统一。

（2）教师要了解学生，从学生实际出发进行教学。

（3）教师要善于发现每个学生的兴趣、爱好并创造条件，要尽可能地使每个学生的不同特长都得以发挥。

真题邂逅

（2013 下半年·8）"西邻有五子，一子朴，一子敏，一子盲，一子偻，一子跛，乃使朴者农，敏者贾，盲者卜，偻者绩，跛者纺。"这体现的教学原则是（   ）。

A. 启发性原则   B. 因材施教原则

C. 循序渐进原则   D. 直观性原则

【答案】B

（六）理论联系实际原则

1. 理论联系实际原则的概念

理论联系实际原则是指教学要以学习基础知识为主导，教师要引导学生从理论与实际的联系上去理解知识并让学生注意运用知识去分析问题和解决问题，达到学懂会用、学以致用。

2. 贯彻理论联系实际原则的要求

第一，书本知识的教学要注重联系实际。

第二，重视培养学生运用知识的能力。

第三，正确处理知识教学与技能训练的关系。

第四，补充必要的乡土教材。

（七）科学性与思想性相统一原则

1. 科学性与思想性相统一原则的概念

科学性与思想性相统一原则又称科学性与教育性相结合原则，是指教学要以马克思主义为指导，授予学生科学知识，并结合知识教学对学生进行社会主义品德和正确的价值观与世界观的教育。

2. 贯彻科学性与思想性相统一原则的要求

（1）确保教学的科学性。

（2）发掘教材的思想性，注意在教学中对学生进行品德教育。

（3）重视补充有价值的资料、事例或录像。

（4）不断提高教师的业务素质和思想品德素质。

真题邂逅

（2018 下半年·27）简述贯彻科学性和思想性相统一教学原则的基本要求。

【参考答案】

见上文。

（2016 上半年·8）王老师在化学课上讲到元素周期表中的"镭"元素时，向同学们介绍了"镭"的发现者居里夫人献身科学的事迹，同学们深受教育。这体现了哪一教学原则？

A. 理论联系实际的原则　　　　　　B. 科学性和思想性统一的原则

C. 启发性原则　　　　　　　　　　D. 发展性原则

【答案】B

（八）量力性原则

1. 量力性原则的概念

量力性原则又叫可接受性原则、发展性原则，是指教学内容、方法和进度要适合学生的发展水平，但又要有一定的难度，需要他们经过努力才能掌握，以便有效地促进学生的身心发展。

2. 贯彻量力性原则的要求

第一，要具体研究所教学生的一般年龄特点和个别特点，了解他们的生活经验和现有知识、能力水平，以此作为知识教授和方法选择的出发点。

第二，教师教给学生的知识应该是具有一定分量的内容，应具有学生经过努力才能克服的难度，不可过难和过易，要使学生"跳起来摘果子"。

第三，教师对学生既要有统一的要求，又要因材施教，并针对不同的情况提出个别要求。

第五节
教学方法

导航图

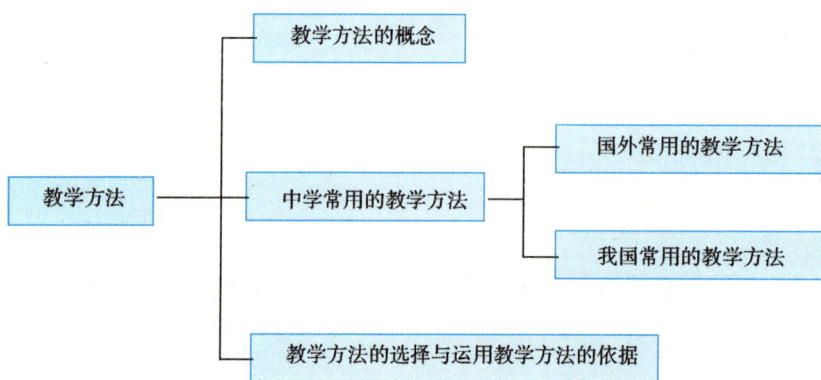

机要室

高频考点		考查频率 (2013 年以来)	考查题型
我国常用的 教学方法	谈话法	2	单项选择题、材料分析题
	讨论法	1	材料分析题
	演示法	3	单项选择题、材料分析题
	实验法	1	材料分析题
	实习作业法	1	单项选择题

考点简析

考点一 教学方法的概念

教学方法是为完成教学任务而采用的办法，包括教师教的方法和学生学的方法，是教师引导学生掌握知识技能，使学生获得身心发展的方法。

考点二 中学常用的教学方法

（一）国外常用的教学方法

范例教学法

范例教学法是由德国教育家瓦·根舍因等人提出的，它是一种教师将事实范例作为教学内容，使学生掌握一定的知识，培养学生形成独立和主动学习的能力，帮助学生形成独立批判能力和判断能力的教学方法。范例教学目的在于使学生通过学习典型事例掌握一般的知识、观念，在发展学生能力的同时使学生学到知识，而不是让学生复述式地掌握知识。

（二）我国常用的教学方法

1. 以语言传递为主的教学方法

教学方法

（1）讲授法

①讲授法的概念及方式

讲授法是教师通过语言系统连贯地向学生传授科学文化知识、思想理念，促进他们的智能与品德发展的方法。

讲授法主要有讲述、讲解、讲读、讲演四种方式。讲述是教师运用具体生动的语言对教学内容做系统叙述和形象描绘的一种讲授方式，这种方式一般在人文学科教学中运用得比较多，讲述又分为科学性讲述和艺术性讲述。讲解是指教师运用通俗易懂的语言对教材内容进行解释、说明、论证的一种讲授方式，这种方式一般在自然学科教学中运用得较多。讲读是指教师把讲述、讲解同阅读教材有机地结合起来，是讲、读、练、思相结合的一种讲授方式，这种方式一般用于语文、外语的教学中，也可用于数、理、化学科的教学中。讲演是指教师以报告或者其他形式在较长的时间里系统地讲授教材内容，条分缕析，旁征博引，科学论证，从而得出科学结论的一种讲授方式。

②讲授法的优缺点

讲授法的优点：有利于发挥教师的主导作用，使学生在短时间内获得大量的系统的科学知识；有利于发展学生的智力，系统地对学生进行思想品德教育；有利于教学活动有目的、有计划地进行。

讲授法的缺点：容易束缚学生，没有充分的机会让学生对所学内容进行及时的反馈；不利于学生主动、自觉地学习，不利于学生主动性的发挥；对教师的个人语言表达能力依赖较强。

③运用讲授法的基本要求

第一，教师要注意启发诱导学生。

第二，教师要认真组织教学内容。

第三，教师要讲究语言艺术。

第四，教师要组织学生听讲。

（2）谈话法

①谈话法的概念

谈话法亦叫问答法，是教师按照一定的教学要求向学生提出问题并让学生回答，通过问答、对

话的形式来引导学生思考、探究，获取或巩固知识，促进学生智能发展的方法。

②谈话法的优缺点

谈话法的优点：能充分激发学生的主动思维，促进学生独立思考；对学生智力的发展有积极的作用；有利于学生语言表达能力的锻炼和提高。

谈话法的缺点：完成相同的教学任务需要较多的时间；学生人数较多时很难照顾到每一个人。

③运用谈话法的基本要求

第一，教师要准备好问题和谈话计划。

第二，教师提出的问题要明确、具体，要能引起学生的思维兴奋，即提问要富有挑战性和启发性。问题的难易要因人而异，要符合学生已有的知识程度和经验。

第三，教师要善于启发、诱导学生进行思考。

第四，教师要做好归纳、小结，使学生的知识系统化、科学化，并注意纠正学生的一些错误认识，帮助学生准确地掌握知识。

真题邂逅

（2017上半年·9）古希腊哲学家苏格拉底创立了"产婆术"。它体现的主要教学方法是(   )。

A. 讲授法　　　　B. 讨论法　　　　C. 谈话法　　　　D. 演示法

【答案】C

（3）讨论法

①讨论法的概念

讨论法是学生在教师的指导下，为解决某个问题进行探讨，辨明是非真伪，以获取知识的方法。

②讨论法的优缺点

讨论法的优点：容易激发学生的兴趣、活跃他们的思维；有助于学生集思广益、互相启发、加深理解，并在此基础上独立思考；有利于促进学生思维能力的发展；能调动学生的学习积极性；能有效促进学生口头语言表达能力的发展。

讨论法的缺点：受学生知识基础、经验水平和理解能力的限制；讨论容易脱离主题，流于形式。

③运用讨论法的基本要求

第一，教师要选择有吸引力的讨论题目，并做好充分的准备。

第二，教师要善于在讨论中启发、引导学生，让学生围绕中心议题发言，切勿偏离主题。

第三，讨论结束后教师要做好讨论小结，概括、总结正确的观点和系统的知识，纠正错误、片面或模糊的认识，肯定学生各种意见的价值。

（4）读书指导法

①读书指导法的概念

读书指导法是教师指导学生通过阅读教科书和参考书以获取或巩固知识的方法。教师通过读书指导法教给学生读书的方法，组织学生交流心得，让他们学会自己按照一定的方法来读懂课文。

②运用读书指导法的基本要求

第一，教师要提出明确的目的、要求和思考题。

第二，教师要教给学生读书的方法，让学生学会使用工具书，学会做读书笔记等。

第三，教师要善于在读书中发现问题和解决问题。

第四，教师要适当组织学生交流读书心得。

2.以直观感知为主的教学方法

（1）演示法

①演示法的概念及类型

演示法是教师通过展示实物、模型、图片等直观教具进行示范性实验或利用现代化视听手段指导学生获得知识或巩固知识的教学方法，演示法的特点在于加强教学的直观性。

演示的资料可以分为图片、图表、挂图和地图的演示，实物、标本和模型的演示，幻灯片、录音、录像和教学电影的演示，实验演示四种。

②运用演示法的基本要求

第一，教师要做好演示前的准备。

第二，教师要尽可能地调动学生的所有感官，使学生全面立体地观察演示。

第三，教师要让学生明确演示的目的、要求和过程。

第四，教师要讲究演示的方法，及时辅以讲解。

真题邂逅

（2016下半年·9）在一堂化学课上，张老师运用分子模型和柱图帮助学生认识乙醛的分子结构。张老师采用的教学方法是（   ）。

A. 实验法　　　　B. 练习法　　　　C. 作业法　　　　D. 演示法

【答案】D

（2015下半年·10）陈老师在讲"二氧化碳性质"时，讲台上放着两瓶没有标签的无色气体，其中一瓶是二氧化碳，一瓶是空气。怎么区分它们呢？陈老师边说边将燃烧的木条分别伸入两个集气瓶中，告诉学生使木条熄灭的是二氧化碳，使木条继续燃烧的是空气。这种教学方法是（   ）。

A. 实验法　　　　B. 讲授法　　　　C. 演示法　　　　D. 练习法

【答案】C

（2）参观法

①参观法的概念

参观法是教师根据教学目的和要求，组织学生对实物进行实地观察、研究，使学生在实际中获得新知识或巩固、验证已学知识的方法。

②运用参观法的基本要求

第一，教师要做好参观的准备。

第二，教师要在参观过程中及时指导学生。

第三，教师要帮助学生总结参观的收获。

3. 以实际训练为主的教学方法

（1）练习法

①练习法的概念

练习法是学生在教师的指导下，运用所学知识反复地完成一定的操作，以形成技能、技巧的方法。练习法是中小学各科教学普遍使用的教学方法。

②运用练习法的基本要求

第一，教师要使学生明确练习的目的与要求，掌握练习的原理和方法。

第二，教师要精选练习材料，适当分配练习的分量、次数和时间，练习的方式要多样化，练习要循序渐进，逐步提高。

第三，进行练习时，教师要严格要求学生，并及时向学生反馈练习的情况。

（2）实验法

①实验法的概念

实验法是学生在教师的指导下运用一定的仪器设备进行独立作业，观察事物以及过程的发生和变化，探求事物的规律，以获得知识和技能的方法。实验法一般在物理、化学、生物等自然科学的教学中运用得较多，实验法不仅有利于学生掌握知识，而且有利于培养学生的动手能力和科学、严谨的学习态度。

②运用实验法的基本要求

第一，教师要做好实验前的准备。教师在实验前应制订好实验计划，备好实验用品，分好实验小组，让学生做好预习。

第二，教师要使学生明确实验目的、要求与做法；让学生懂得实验原理、过程、方法和注意事项；提醒学生注意安全和爱护仪器；提高学生实验的自觉性。

第三，教师在实验中要注意指导实验过程。实验中教师要随时对学生进行指导，对错误的做法要及时给予纠正，对学生不理解、不清楚的地方要及时讲解。

第四，教师要引导学生做好实验小结。教师要指出实验的优缺点，分析问题产生的原因，提出改进意见，要求学生按照规定写出实验报告。

（3）实习作业法

①实习作业法的概念

实习作业法又称实习法，是教师依据学科课程标准的要求，指导学生运用所学的知识从事一定的工作与操作，使学生将书本知识运用于实践的教学方法。实习作业法在自然科学和职业教育中占有重要地位，如数学课的测量练习、生物课的植物栽培等。

②运用实习作业法的基本要求

第一，做好实习准备。教师要制订实习计划，选好地点或仪器，并向学生指明实习的目的和任务，编好小组，加强劳动纪律等的教育。

第二，实习中要具体指导。教师要全面了解、掌握情况，发现问题及时解决；学生一旦有经验体会要及时沟通、交流；教师要鼓励学生发挥创造精神。

第三，实习后及时总结。学生要对实习活动进行总结，教师要评定实习作业的优劣。

（4）实践活动法

实践活动法是让学生参加社会实践活动，培养学生解决实际问题的能力和多方面实践能力的教学方法。在实践活动中，学生是中心，教师是学生的参谋或顾问，教师要保证学生的主动参与，不能越俎代庖。

4. 以情感陶冶为主的教学方法

（1）欣赏教学法

欣赏教学法是指教师在教学过程中指导学生体验客观事物的真、善、美的一种教学方法，它寓教学内容于各种具体的、生动的、形象的、有趣的活动之中，以唤起学生的想象，加深他们对事物的认识和情感上的体验。欣赏一般包括对自然的欣赏、对人生的欣赏和对艺术的欣赏。

（2）情境教学法

情境教学法是指在教学过程中，教师有目的地引入或创设以形象为主体的具有一定情绪色彩的生动具体的场景，以引起学生一定的情感体验，从而帮助学生理解教材，并使学生的心理机能得到发展的教学方法。

5. 以探究为主的教学方法

以探究为主的教学方法是指教师组织和引导学生通过独立的探索和研究活动而掌握知识、形成研究意识和探究精神的方法。这类方法的特点：学生具有较大的活动自由，由学生积极主动地研究问题、探索解决问题的方法，学生的主体性得到充分彰显，学生的独立性得到高度发挥，美国教育学家布鲁纳倡导的"发现法"就是这类方法。

发现法又称探索法、研究法，是指教师不直接将学习内容提供给学生，而是为学生创设问题情境，引导学生探讨和发现新知识和问题的方法。

考点三 教学方法的选择与运用教学方法的依据

1. 教学目标和教学任务的要求

教学目标是教学任务的具体化，如果教学任务主要是让学生获得新知识，那么选择讲授法、发现法等较为合适；如果教学任务要以培养学生的技能、技巧为主，那么选择练习法、讨论法等较为合适；如果教学任务是要让学生掌握一些现象、观念，获取感性认识，那么选择演示法、参观法、谈话法等较为合适。

2. 课程性质和特点（教学内容）

课程的性质和教材的特点不同，选择的教学方法也不同。如在物理、化学、生物等课程中，教师会经常采用演示法和实验法；在语文、英语、思想政治等课程中，教师多采用讲授法。

3. 学生的年龄特征

教师在选择教学方法时还要考虑到学生的实际情况，主要是学生的心理特征和知识基础情况。低年级学生的形象思维占优势，教学中就要较多地运用演示直观手段；中、高年级学生的抽象思维有了一定的发展，教学中就可以较多地运用语言描述，运用讲解法或谈话法。

4. 教学时间、设备、条件

有些方法需要较长时间，有些方法对教学设备的要求较高，教师在选择教学方法时要充分考虑这些因素。

5. 教师的业务水平、实际经验和个性特点

教师要选择适合自己特点的教学方法，充分发挥自己的特长，确保教学过程的最优化。

此外，教学方法的选择还要考虑教学手段、教学环境、教学原则、学校的实际情况等因素。

第六节
教学模式

导航图

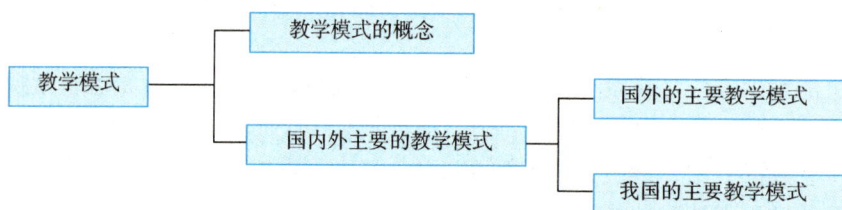

机要室

高频考点	考查频率（2013 年以来）	考查题型
国外的主要教学模式	1	单项选择题

考点简析

考点一　教学模式的概念

教学模式是在一定的教学思想或教学理论的指导下建立起来的、较为稳定的教学活动结构框架和活动程序。

考点二　国内外主要的教学模式

（一）国外的主要教学模式

1. 探究式教学模式

探究式教学依据皮亚杰和布鲁纳的建构主义理论，以问题解决为中心，注重学生独立活动的开展，注重学生的前认知，注重体验式教学，有利于培养学生的探究能力和思维能力。探究式教学的优点是有利于提高学生的创新能力、思维能力和自主学习能力，有利于培养学生的民主和合作精神；它的缺点是教学需要的时间比较长，需要较好的教学支持系统。

2. 抛锚式教学模式

抛锚式教学要求建立在有感染力的真实事件或真实问题的基础上，所以有时也被称为"实例式教学""基于问题的教学""情境性教学"。抛锚式教学的理论基础是建构主义，抛锚式教学要求情境的设置与产生的问题一致，问题要难易适中且要具有一定的真实性，在教学中要充分发挥学生的主体性。抛锚式教学有利于培养学生的创新能力、解决问题的能力、独立思考的能力及合作能力。

3. 掌握学习教学模式

美国教育家、心理学家布卢姆在20世纪70年代创立的"掌握学习"教学理论对教学有很大的影响，"掌握学习"教学模式采取班级教学和个别辅导相结合的方式，以班级教学为基础，辅之以经常、及时的反馈，为学生提供其需要的个别帮助和额外的学习时间。

4. 非指导性教学模式

非指导性教学模式又称"以学习者为中心"模式，是由美国著名的人本主义心理学家罗杰斯提出的。他认为，人具有先天的优良潜能，教育的作用就在于使这种先天潜能得以实现，人的成长是在一个安全的心理气氛中先天潜能不断实现的过程。在该模式中，教师的角色不是权威者，而是"助产士"和"催化剂"。

5. 程序教学模式

程序教学模式是斯金纳根据行为主义学习理论提出来的，程序教学模式指根据程序编制者对学习过程的设想，把教材分解成许多小项目，并按一定顺序将其排列出来，每一项目都提出问题，通过教学机器和程序教材及时呈现，要求学生做出反应（填空、答案、选择），然后给予正确的答案，进行核对。

▶ 真题邂逅

（2018上半年·9）美国学者罗杰斯认为，人皆具有先天的优良潜能，教育的作用在于使之实现。由此，他提出了"以学生为中心""让学生自发学习"的教学模式。该模式称为（　　）。

A. 指导性教学　　　　B. 情景教学　　　　C. 非指导性教学　　　　D. 程序教学

【答案】C

（二）我国的主要教学模式

1. 传递—接受式

在我国中小学教学实践中，传递—接受式是使用最广泛、历史最悠久、影响最大的教学模式，这一模式主要用于系统知识、技能的传授和学习。传递—接受式教学模式的最大特点是能够使学习者比较迅速、有效地在单位时间内掌握较多的信息，有利于学生掌握完整的、系统的科学文化知识和技能技巧，充分发挥教师的主导作用。

2. 自学—辅导式

自学—辅导式是一种以学生自学为主，教师的指导贯穿于学生自学过程始终的教学模式。这种模式主要是针对传递—接受式的弊端提出来的。自学—辅导式教学模式有利于培养学生自觉学习的习惯，提高学生学习的主动性和积极性，加速学生创造性思维的发展，适应学生的个别差异，并针对学生不同的知识基础、能力水平、性格特征进行个别指导。

3. 引导—发现式

引导—发现式是教育工作者根据杜威、布鲁纳等人倡导的问题—假设—推理—验证等程序，在教学实践中总结的教学模式。它以问题解决为中心，注重学生的独立活动，着眼于培养学生的创造性思维能力和意志力。以问题解决为中心的教学要求教师所提供的言语引导是最精炼的。

4. 情境—陶冶式

情境—陶冶式是吸取了国外洛扎诺夫暗示教学的理论并参照我国教学工作者积累的有效经验概括而成的教学模式。情境—陶冶式教学模式从人的认识是有意识心理活动和无意识心理活动的统一、是理性活动和情感活动的统一的观念出发，强调个性发展，它强调不仅要重视理性活动，而且要通过情感的陶冶充分激发学生无意识的心理活动潜能，使他们在思想高度集中、精神完全放松的情况下进行学习。

5. 示范—模仿式

示范—模仿式是最古老也是教学中最基本的模式之一，它多用于以训练行为技能为目的的教学。通过这种教学模式所掌握的一些基本技能，如读、写、算以及各项运动技能对人的一生都是十分有用的。

第七节 教学组织形式

导航图

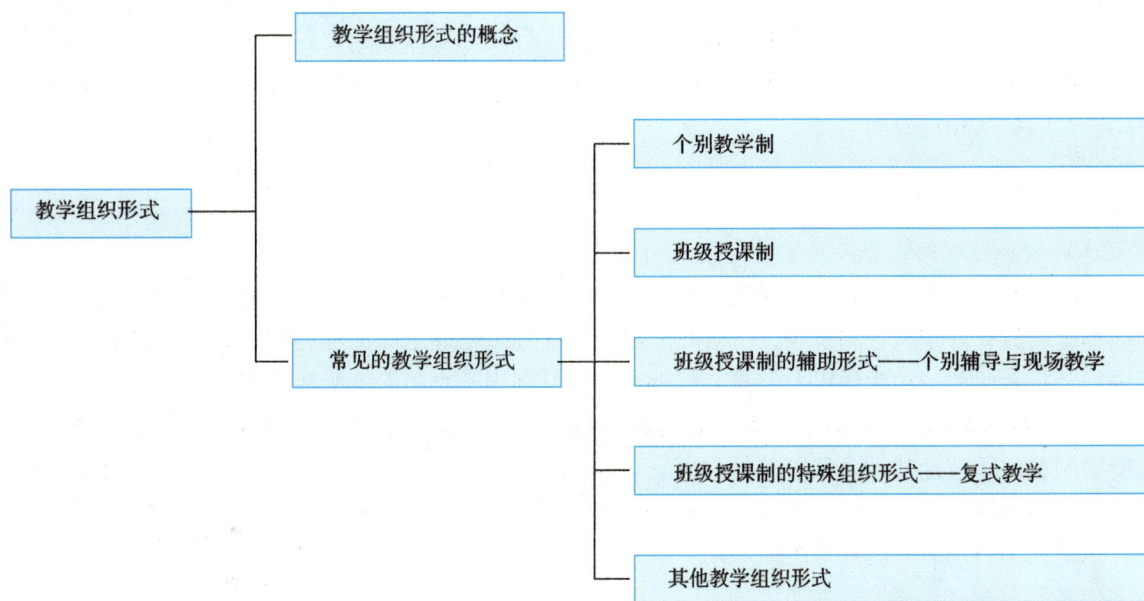

机要室

高频考点	考查频率（2013 年以来）	考查题型
常见的教学组织形式（特朗普制）	1	单项选择题

考点简析

考点一 教学组织形式的概念

教学组织形式是指为完成特定的教学任务，教师和学生按照一定要求组合起来进行活动的结构。

教学组织形式所要解决的问题包括教师以什么样的形式将学生组织起来，通过什么样的形式与学生发生联系，教学活动按照什么样的程序展开，教学时间如何分配和安排等。

考点二　常见的教学组织形式

（一）个别教学制

个别教学制是在同一时空内，教师只与单个学生发生教学关系的一种组织形式。在个别教学制中，教师向学生传授知识，布置、检查和批改作业都是个别进行的，即教师对学生一个一个轮流地教，教师在教某个学生时，其余学生均按教师要求进行复习或作业。古代中国、古埃及和古希腊的学校大都采用个别教学形式。这种个别教学形式在古代学校中普遍推行是与当时社会生产力发展水平比较低的状况相适应的。

（二）班级授课制

1. 班级授课制的概念及其发展

班级授课制又称班级教学、课堂教学，是一种集体教学形式。班级授课制是指将学生按年龄和文化程度编成有固定人数的班级，由教师按照课程计划统一规定的课程内容和教学时数，根据课程表进行分科教学的一种教学组织形式。班级授课制可以用三个字简单概括，即"班""课""时"。

1632年，捷克教育家夸美纽斯在《大教学论》中首次从理论上对班级授课制进行了论述，为班级授课制奠定了理论基础。我国最早采用班级授课制的学校是1862年清政府在北京设立的京师同文馆。班级授课制是与现代化大生产相适应的集体教学形式，是当今世界普遍采用的教学组织形式，也是我国目前教学的基本组织形式。

2. 班级授课制的基本特征

第一，学生固定。学校把学生按照年龄和知识水平编成固定人数的班级，即在同一个教学班中，学生的年龄、知识水平和认识能力大致相同，并且人数固定。

第二，内容固定。教师向学生传授的教学内容是统一的，安排的课表进度也是统一的，教学采取多学科并进、交错授课的形式。

第三，教师固定。学校按照教师的业务专长和工作能力分配教学任务，每个班级的每个科目由固定的教师讲授。

第四，时间固定。学年、学期和学日课业的始末时间相同，全校有固定的作息时间表。

第五，场所固定。各班的教室相对固定，学生的座次也是相对固定的。

3. 班级授课制的优缺点

（1）班级授课制的优点

第一，有利于经济有效地大面积培养人才。

第二，有利于发挥教师的主导作用。

第三，有利于发挥学生集体的作用。

第四，有利于学生多方面的发展。

（2）班级授课制的缺点

第一，强调系统的书本知识的学习，容易产生理论与实际相脱节的问题。

第二，强调教学过程的标准同步、统一，难以完全适应学生的个别差异，不利于因材施教。

第三，教学活动多由教师直接做主，学生的主体地位或独立性受到一定的限制。

（三）班级授课制的辅助形式——个别辅导与现场教学

1. 个别辅导

个别辅导是教师在课堂教学的基础上针对不同学生的具体情况进行个别辅导的教学组织形式。个别辅导一般是指学生在已有的学习基础上，通过复习、预习和对自己感兴趣的问题的深入学习，发现自己还不明白的问题，然后向教师请教，教师针对学生的具体情况进行个别辅导。

个别辅导主要是通过个别答疑、对个别学生的课外作业和课外阅读进行指导等方式来进行的，它既可以在课内实施，也可以在课外进行。

2. 现场教学

现场教学是指教师根据一定的教学任务与教学内容，将学生带领到与生产或生活相关的场所进行教学的一种辅助性教学组织形式。现场教学不仅是课堂教学的必要补充，也是课堂教学的继续和发展，是与课堂教学相联系的一种教学形式。

（四）班级授课制的特殊组织形式——复式教学

复式教学是把两个或两个以上年级的学生编在同一个班里，由一位教师分别用不同的教材，在同一节课里针对不同年级的学生，采取直接教学和学生自学或做作业交替的办法进行教学的组织形式。复式教学适用于学生少、教师少、校舍和教学设备较差的农村以及偏远地区，有利于普及教育。

复式教学的特点：直接教学和学生自学或做作业交替进行。由于学科种类多、讲课时间少、教学任务重、备课复杂等限制条件的存在，复式教学对教学过程的组织、教学时间的分配和教学秩序的处理等有更多的要求。

（五）其他教学组织形式

1. 分组教学

分组教学是按照学生能力或学生成绩把他们分成水平不同的组来进行教学的组织形式。

分组教学大致可分为两大类：外部分组和内部分组。外部分组是指打乱传统的按年龄编班的做法，按学生的能力或学习成绩编班；内部分组是指在传统的按年龄编班的班级内，按学生的能力或学习成绩编组。

分组教学最显著的优点在于它比班级授课更切合学生个人的水平和特点，便于因材施教，有利于人才的培养。

分组教学的缺点：（1）很难科学地鉴别学生的能力和水平；（2）在对待分组教学上，学生、家长和教师的意愿常常与学校的要求相矛盾；（3）分组后造成的副作用很大，往往使高水平组的学生容易产生骄傲心理，使低水平组的学生的学习积极性普遍降低。

2. 设计教学法

设计教学法是美国教育家克伯屈于 1918 年创立的一种教学组织形式，主张废除班级授课制和教科书，打破传统的学科界限，在教师的指导下，由学生自己决定学习目的和内容，使学生在自己设计、自己负责任的单元活动中获得有关的知识和能力。

3. 道尔顿制

道尔顿制是美国教育家帕克赫斯特于 1920 年提出的，指教师不再上课向学生系统讲授教材，而只为学生分别指定自学参考书、布置作业，由学生自学和独立作业，有疑难时才请教师辅导，学生完成一定阶段的学习任务后向教师汇报学习情况和接受考查。

它的优点在于有利于调动学生学习的主动性，培养他们的学习能力和创造才能，缺点是不利于系统知识的掌握，且对教学设施和条件要求较高。

4. 文纳特卡制

文纳特卡制是美国人华虚朋于 1919 年在芝加哥市文纳特卡镇公立学校实行的教学组织形式。按照这种教学组织形式，课程一般分两部分进行，一部分按学科进行，由学生个人自学读、写、算和历史、地理等方面的知识和技能；另一部分是通过音乐、艺术、运动、集会以及开办商店、组织自治会等活动来进行的，旨在培养学生的"社会意识"。

5. 特朗普制

特朗普制又称"灵活的课程表"，它是美国教育学教授劳伊德·特朗普于 20 世纪 50 年代提出的一种教学组织形式，这种教学形式把大班上课、小班研究和个人独立研究三种教学形式结合起来，并采用灵活的时间单位来代替固定划一的上课时间，以大约 20 分钟为计算课时的单位。

(1) 大班上课，把两个或两个以上的平行班结合在一起上课，讲课时应用现代化的教学手段，由出类拔萃的教师担任。

(2) 小班讨论，每个班有 20 个人左右，由教师或优秀学生领导，研究、讨论大班的授课材料。

(3) 个人独立研究，主要由学生独立作业，部分作业指定，部分作业自选，以促进学生个性的发展。

在教学活动中，把大班上课、小班讨论和个人独立研究穿插在一起，各自所占的教学时间为大班上课占 40%，小班讨论占 20%，个人独立研究占 40%。

真题邂逅

(2013 下半年·9) 把大班上课、小班讨论、个人独立研究结合在一起，并采用灵活的时间单位代替固定划一的上课时间，以大约 20 分钟为一个课时。这种出现于美国 20 世纪 50 年代的教学组织形式是（　　）。

A. 文纳特卡制　　　　B. 活动课时制　　　　C. 道尔顿制　　　　D. 特朗普制

【答案】D

第八节
教 学 评 价

导航图

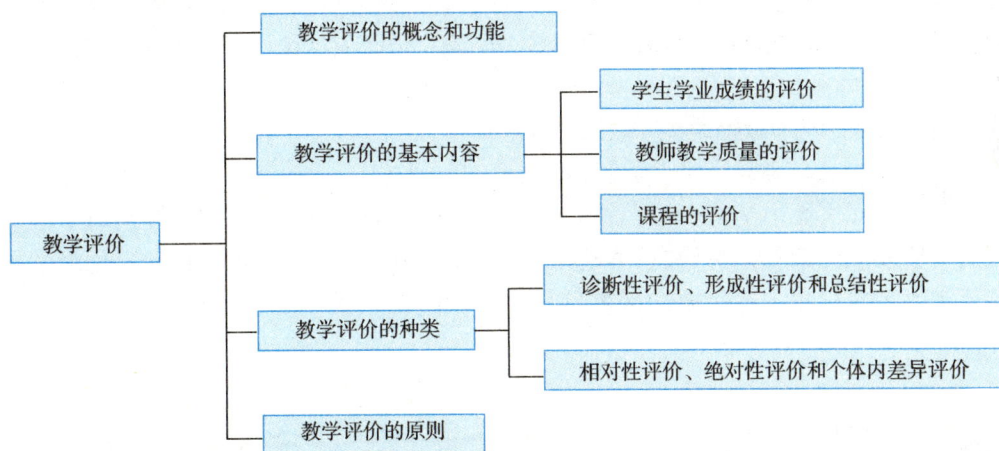

机要室

高频考点	考查频率（2013 年以来）	考查题型
教学评价的基本内容	1	辨析题
教学评价的种类	3	单项选择题

考点简析

考点一 教学评价的概念和功能

　　教学评价是指以教学目标为依据，通过一定的标准和手段，对教学活动及其结果给予价值上的判断，即对教学活动及其结果进行测量、分析和评定的过程。

　　教学评价有诊断功能、反馈功能、导向功能、激励功能和鉴定功能等。

考点二 教学评价的基本内容

（一）学生学业成绩的评价

学生学业成绩评价的领域主要包括知识领域、智能领域和情感态度领域。知识领域包括基础知识、基本概念和原理以及基本技能；智能领域包括领会、转换、表述、分析、综合、概括、评价和判断等能力；情感态度领域包括兴趣、志向、价值观、态度和性格等品质。

（二）教师教学质量的评价

教师教学质量的评价即教师教学活动效果的评价，是对教师的教学行为及其成效所进行的评价，主要包括六个方面的内容：一是教学目标是否明确、全面和具体；二是教学内容的组织和安排是否合理；三是教学方法的运用是否得当；四是教学环节或教学程序是否优化；五是教师的教学基本功是否扎实；六是教学所取得的实际效果怎样。

（三）课程的评价

课程是学校教学改革的基础。在教学过程中，教师可以开展微观的课程评价，如教学内容是否适当，是否考虑了农村或少数民族地区的特殊性，教师在教学中遇到的问题都可以成为评价的议题。

考点三 教学评价的种类

（一）诊断性评价、形成性评价和总结性评价

根据评价的功能，教学评价可分为诊断性评价、形成性评价和总结性评价。

1. 诊断性评价

诊断性评价是指在学期教学或单元教学开始时，对学生现有的知识水平和能力发展的评价，如各种摸底考试，其目的是为了弄清学生现有知识和能力发展的情况，优点与不足之处，以便更好地改进教学，因材施教，因势利导。

2. 形成性评价

形成性评价是指在教学进程中，对学生的知识掌握和能力发展所做的比较经常而及时的测评，包括对学生的提问、书面测验、作业批改等。其目的不注重于成绩的评定，而是注重使教师与学生都能及时获得反馈信息，以便更好地改进教与学，促进教师和学生的发展、提高。

3. 总结性评价

总结性评价也称终结性评价，是指在一个大的学习阶段，对学生学习的成果进行的较正规的、制度化的考查、考试及对成绩的评定。其目的是评定学生一定阶段的学习成绩。

真题邂逅

（2018下半年·9）为了更好地因材施教，新学期伊始，高一化学课李老师对所教班级学生的学习情况进行了摸底考试，初步了解学生已有的知识基础和有关能力。这种考试属于（   ）。

A. 形成性评价　　　　　　　　　　B. 诊断性评价

C. 总结性评价　　　　　　　　　　D. 相对性评价

【答案】B

（2016上半年·9）陈老师在教学中经常通过口头提问、课堂作业和书面测验等形式对学生的知识和能力进行及时测评与反馈。这种教学评价被称为（   ）。

A. 诊断性评价　　　　　　　　　　B. 相对性评价

C. 终结性评价　　　　　　　　　　D. 形成性评价

【答案】D

（二）相对性评价、绝对性评价和个体内差异评价

根据评价的标准，教学评价可分为相对性评价、绝对性评价和个体内差异评价。

1. 相对性评价

相对性评价又称常模参照性评价，是运用常模参照性测验对学生的学习成绩进行的评价。它主要依据学生个人的学习成绩在该班学生成绩的序列或常模中所处的位置来评价和判定他的成绩的优劣，而不考虑他是否达到教学目标的要求。

相对性评价具有甄选性强的特点，因而可以作为选拔人才、分类排队的依据。它的缺点是不能明确表示学生的真正水平，不能表明他在学业上是否达到了特定的标准，对于个人的努力状况和进步的程度也不够重视。

2. 绝对性评价

绝对性评价又称目标参照性评价，是运用目标参照性测验对学生的学习成绩进行的评价。它主要依据教学目标和教材编制试题来测量学生的学业成绩，将评价结果与评价的客观标准相比较，判断学生是否达到了教学目标的要求，而不以评定学生之间的差异为目的。

绝对性评价可以衡量学生的实际水平，了解学生对知识、技能的掌握情况，它关心的是学生掌握了什么、能做什么或没掌握什么、不能做什么，适用于毕业考试和合格考试，它的缺点是不适用于选拔人才。

3. 个体内差异评价

个体内差异评价是指把评价对象过去和现在的成绩进行比较，或把个体的有关侧面进行相互比较、判断的评价。

真题邂逅

（2016下半年·10）依据学生个人的成绩在该班学生成绩序列中所处的位置来判断其成绩的优劣，而不考虑其是否达到了教学目标的要求。这种教学评价属于（   ）。

A. 诊断性评价　　　　　B. 绝对性评价　　　　　C. 总结性评价　　　　　D. 相对性评价

【答案】D

考点四　教学评价的原则

1. 客观性原则

客观性是教学评价的基本要求。贯彻客观性原则，首先要做到评价标准客观，不带随意性；其次要做到评价方法客观，不带偶然性；最后要做到评价态度客观，不带主观性。

2. 发展性原则

教学评价应着眼于学生的学习进步、动态发展，着眼于教师的教学改进和能力提高，以调动师生的积极性，提高教学质量。因此，教学评价应是鼓励师生、促进教学的手段。

3. 整体性原则

教学评价应树立全面的观点，从教学工作的整体出发，进行多方面的检查和评定，防止以偏概全，以局部代替整体。

4. 指导性原则

教学评价应在指出教师和学生的长处、不足的基础上，提出建设性意见，使被评价者能够发扬优点，克服缺点，不断前进。

第 四 章

中学生学习心理

风向标

第一节
学习与学习理论

导航图

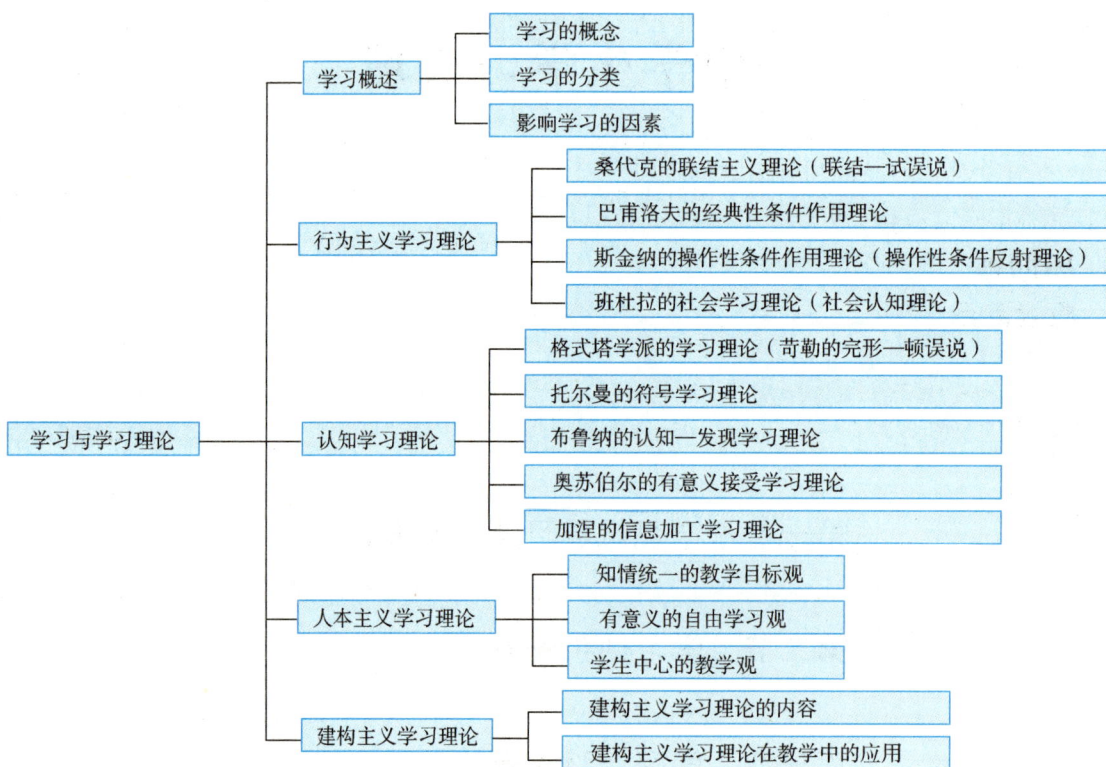

学习与学习理论
- 学习概述
  - 学习的概念
  - 学习的分类
  - 影响学习的因素
- 行为主义学习理论
  - 桑代克的联结主义理论（联结—试误说）
  - 巴甫洛夫的经典性条件作用理论
  - 斯金纳的操作性条件作用理论（操作性条件反射理论）
  - 班杜拉的社会学习理论（社会认知理论）
- 认知学习理论
  - 格式塔学派的学习理论（苟勒的完形—顿误说）
  - 托尔曼的符号学习理论
  - 布鲁纳的认知—发现学习理论
  - 奥苏伯尔的有意义接受学习理论
  - 加涅的信息加工学习理论
- 人本主义学习理论
  - 知情统一的教学目标观
  - 有意义的自由学习观
  - 学生中心的教学观
- 建构主义学习理论
  - 建构主义学习理论的内容
  - 建构主义学习理论在教学中的应用

机要室

高频考点	考查频率（2013 年以来）	考查题型
学习概述	5	单项选择题、辨析题、简答题
行为主义学习理论	6	单项选择题、辨析题
认知学习理论	2	辨析题
人本主义学习理论	1	简答题
建构主义学习理论	1	简答题

考点简析

考点一 学习概述

(一) 学习的概念

学习是个体在特定的情境下由于练习或反复经验而产生的行为或行为潜能比较持久的改变。

第一，学习不仅指学习后所表现的结果，还包括行为变化的过程。

第二，这里所说的"行为"既包括可观察的外显行为，也包括不能直接观察的内潜行为。

第三，学习的行为变化是由经验引起的。这里所说的"经验"是个体在后天活动中获得的，那些由遗传、成熟或机体损伤等导致的行为变化，比如吞咽、身体发育、残疾行为等不能称为学习。

第四，学习的行为变化是比较持久的。适应、疲劳、药物等亦能引起行为变化，如运动员服用兴奋剂后成绩会暂时提高，但这样的行为变化是比较短暂的，不能称为学习。

第五，这里所说的"行为变化"既包括由坏向好的变化，也包括由好向坏的变化，养成好习惯与养成坏习惯同样都是学习。

真题邂逅

（2014 下半年·25）学习所引起的行为或行为潜能的变化是短暂的。

【参考答案】

此说法错误。

学习是个体在特定情境下由于练习或反复经验而产生的行为或行为潜能比较持久的变化。适应、疲劳、药物等亦能引起行为变化，如运动员服用兴奋剂后，成绩暂时提高，但这样的行为变化是比较短暂的，不能称为学习。

(二) 学习的分类

学习是一种复杂的现象，心理学家们依据不同的标准提出了多种学习分类学说。

1. 加涅的学习层次分类

加涅根据学习情境由简单到复杂、学习水平由低级到高级的顺序，把学习分成八类，构成了一个完整的学习层级结构。这八类学习依次如下：

（1）信号学习，即经典性条件作用，指学习对某种信号刺激做出某种反应。其过程是刺激—强化—反应。

（2）刺激—反应学习，即操作性条件作用，指学习使一定的情境或刺激与一定的反应相联结，并得到强化。其过程是情境—反应—强化。

（3）连锁学习，指学习联合两个或两个以上的刺激—反应动作，以形成一系列刺激—反应动作的联结。各种动作技能的形成都离不开这类学习。

（4）言语联想学习，也是一系列刺激—反应的联合，但它是由语言单位所联结的连锁化。

（5）辨别学习，指学会识别多种刺激的异同并对之做出不同的反应。

（6）概念学习，指学会认识一类事物的共同属性，并对同类事物的抽象特征做出反应。例如，将猫、狗、鼠等概括为"动物"。

（7）规则或原理学习，指学习两个或两个以上概念之间的关系。例如，物理学中的"功＝力×距离"这一规则的学习。

（8）解决问题学习，指学会在不同的条件下，运用规则或原理解决问题，以达到最终的目的。

2. 加涅的学习结果分类

为了更好地与教学实际相结合，加涅在学习层次中的八类学习的基础上，进一步提出了五种学习结果，并把它们看作是五种学习类型。

（1）言语信息的学习

言语信息的学习是指学生掌握的是以言语信息传递（通过言语交往或印刷物的形式）的内容，或者学生的学习结果是以言语信息表达出来的。这一类的学习通常是有组织的，学习者得到的不是个别的事实，而是系统的知识，比如，学习时钟的识别、天体的运行、四季的形成等知识。有组织、有联系的言语信息可以为思维提供工具。

加涅的学习结果分类

（2）智慧技能的学习

言语信息的学习帮助学生解决"是什么"的问题，而智慧技能的学习则解决"怎么做"的问题，故又称"过程知识"。每种水平的学习中都包含着不同的智慧技能，如怎样把分数转换成小数，怎样使动词和句子的主语一致等。

（3）认知策略的学习

认知策略是学习者用以支配自己的注意、学习、记忆和思维的有内在组织的才能，这种才能使得学习过程的执行与控制成为可能。因此，从学习过程的模式图来看，认知策略就是控制过程，它能激活和改变其他学习过程。认知策略与智慧技能的不同在于智慧技能定向于学习者的外部环境，而认知策略则支配着学习者在适应环境时的行为。

（4）运动技能的学习

运动技能又称动作技能，是一种习得的能力，其行为结果表现在身体动作的敏捷、准确、灵活和连贯等方面，如体操技能、写字技能、作图技能、操作仪器技能等，运动技能也是能力的组成部分。

（5）态度的学习

态度即通过学习获得的内部状态，这种状态影响着个体对事物、人物及事件所采取的行动。态度不同，个体所采取的行动也就不同，学校的教育目标应该包括态度的培养。

这五种学习类型分别属于三个领域，前三种属于认知领域，第四种属于动作技能领域，第五种属于情感领域。

🎯 真题邂逅

（2018 上半年·29）加涅将学习结果分为哪几类？

【参考答案】

见上文。

3. 奥苏伯尔的学习分类

就学习的性质与形式来说，奥苏伯尔从以下两个维度对认知领域的学习进行了分类。一个维度是学习进行的方式，由此可将学习分为接受学习和发现学习；另一个维度是学习材料与学习者原有知识的关系，由此可将学习分为机械学习和有意义学习。（关于奥苏伯尔的学习分类在本节后文有详细的讲解）

4. 布卢姆的学习分类

美国著名教育心理学家布卢姆认为，教育目标即学生的学习结果，应该包括认知学习、情感学习和动作技能学习三大领域。

5. 我国学者的学习分类

依据学习的内容，我国学者一般把学习分为知识的学习、技能的学习、社会规范的学习；有些学者根据教育工作的实际需要将学习分为知识的学习、技能的学习、策略的学习、道德品质的学习等。

（三）影响学习的因素

学生的学习效果受多方面因素的制约，概括起来主要包括智力因素、非智力因素、环境因素和教师的指导四个方面。以下主要介绍智力因素和非智力因素对学生学习的影响。

1. 智力因素

智力因素又称认知因素，它是保证人们有效进行认识活动的稳定心理特点的有机结合。许多研究表明，智力与学生的学习成绩存在着中等程度的相关，智力不仅影响着学生的学业成就，更重要的是影响着学生掌握知识和技能的速度、深度和灵活性，并在很大程度上决定着学生的准备状态，决定着学生学习的可教育性程度。智力对学业成就并不具有决定作用。

2. 非智力因素

非智力因素又称非认知因素，是指那些不直接参与认识过程，但对认识过程起直接制约作用的心理因素。大多数心理学家认为，非智力因素的主要内容有：兴趣与爱好、良好的情绪、对事业的热情、对挫折的忍受性、活泼的性格、宽阔的胸怀、焦虑、自信心与好强心、远大的理想与目标、高抱负。以下主要介绍焦虑与学习的关系。

焦虑是指个体对某种预期会对他的自尊心构成潜在威胁的情境所产生的不安、忧虑、紧张甚至恐惧的情绪状态。研究表明，焦虑水平与学习效果之间呈倒 U 形关系。中等水平的焦虑有利于学习效率的提高，而过低或过高的焦虑水平对学习都会产生不利的影响。此外，就学习情境压力与焦虑的关系来看，一般是低焦虑者在压力大的学习情境下学习效果较好，而高焦虑者则适合在压力小的学习情境下学习。从学习难度与焦虑水平的关系来看，难度大的学习，焦虑水平低比较好；难度小的学习，焦虑水平高比较好。

真题邂逅

（2016 下半年·25）焦虑不利于学生的学习。

【参考答案】

此说法错误。

焦虑是指个体对某种预期会对他的自尊心构成潜在威胁的情境所产生的不安、忧虑、紧张甚至恐惧的情绪状态。研究表明，焦虑水平与学习效果之间呈倒 U 形关系。中等水平的焦虑有利于学习效率的提高，而过低或过高的焦虑水平对学习都会产生不利的影响。

考点二 行为主义学习理论

行为主义学习理论的主要代表人物是桑代克、华生、巴甫洛夫和斯金纳等，该学习理论的核心观点为学习过程是有机体在一定条件下形成刺激与反应的联结从而获得新的经验的过程。由于行为主义强调刺激－反应的联结，故而属于联结派学习理论。

（一）桑代克的联结主义理论（联结—试误说）

1. 桑代克的联结主义理论的基本观点

桑代克的联结主义理论集中在对学习实质、学习过程和学习规律的认识上，他通过饿猫打开迷笼的实验提出了学习的联结—试误说，联结公式为 S-R。桑代克的联结主义理论是教育心理学史上第一个较为完整的学习理论。桑代克的联结主义理论的主要观点如下：

（1）学习的实质就在于形成情境与反应之间的联结。刺激与反应之间的联结是直接的，并不需要中介的作用。

（2）学习的过程是一种渐进的、盲目的、尝试错误的过程。在此过程中错误反应逐渐减少，正确反应逐渐增加，最终在刺激与反应之间形成牢固的联结。后人也称这种理论为尝试错误论，简称"试误说"。

2. 尝试—错误学习的规律

桑代克提出了学习的主律和副律。其中，学习的主律有三条：准备律、练习律、效果律。

准备律是指在试误学习的过程中，当刺激与反应之间的联结事前处于某种准备状态时，实现则感到满意，不实现则感到烦恼；当此联结不准备实现时，实现则感到烦恼。

练习律是指在试误学习的过程中，任何刺激与反应的联结，如果经常练习和运用则联结的力量就会逐渐增大，如果不练习和运用则联结的力量就会逐渐减小，直至消退。

效果律是指在试误学习的过程中，如果其他条件相等，在学习者对刺激情境做出特定的反应之后，如果得到满意的结果则其联结就会增强，如果得到烦恼的结果则其联结就会削弱。

（二）巴甫洛夫的经典性条件作用理论

1. 巴甫洛夫的经典性条件作用理论的基本内容

巴甫洛夫最早通过精确的实验对条件反射做了研究，在研究狗的消化腺中唾液的分泌时，他发现唾液分泌的多少与外在刺激的性质和出现的时间有密切关系，并且当铃声和喂食反复多次配对呈现后，只给狗听铃声，不呈现食物，狗也会分泌唾液。其中食物被称为无条件刺激，由食物引起的唾液分泌称为无条件作用；铃声原来是一种中性刺激，和食物在时间上多次结合后，成了条件刺激，铃声和唾液分泌之间建立了一种新的联系，称为条件作用。一个原是中性的刺激与一个非条件刺激相结合，使动物学会对那个中性刺激做出反应，这就是经典性条件作用的基本内容。

2. 经典性条件反射的基本规律

（1）获得与消退

条件反射的获得是条件刺激（如铃声）反复与无条件刺激（如食物）相匹配，使条件刺激获得信号意义的过程，即条件反射建立的过程。

条件反射的消退是指在条件反射形成后，如果条件刺激重复出现多次而没有无条件刺激相伴随，则条件反应会变得越来越弱，并最终消失。

（2）刺激泛化与刺激分化

刺激泛化指的是人和动物一旦学会对某一特定的条件刺激做出条件反应，其他与该条件刺激相类似的刺激也能诱发条件反应。例如，曾经被一条大狗咬过的人，看见非常小的狗也可能产生恐惧感。

刺激分化指的是通过选择性强化和消退使有机体学会对条件刺激和与条件刺激相类似的刺激做出不同的反应。例如，为了使狗能够区分开圆形和椭圆形光圈，只在圆形光圈出现时才给予食物强化，而在呈现椭圆形光圈时不给予强化，那么狗便可以学会只对圆形光圈做出反应而不理会椭圆形光圈。

真题邂逅

（2018 上半年·16）在心理学实验中，为了使小狗能够区分开圆形光圈和椭圆形光圈，研究者只在圆形光圈出现时才给予食物强化，而在呈现椭圆形光圈时不给予强化，那么小狗便可以学会只对圆形光圈做出反应而不理会椭圆形光圈。该过程称为（　　　）。

　　A. 刺激分化　　　　B. 刺激泛化　　　　C. 刺激获得　　　　D. 刺激消退

　　【答案】A

（三）斯金纳的操作性条件作用理论（操作性条件反射理论）

1. 操作性条件作用理论的主要观点

斯金纳在桑代克联结主义学习理论的基础上，用自己发明的一种学习装置"斯金纳箱"进行实验，提出了操作性条件作用理论。

斯金纳通过白鼠按压杠杆的实验发现，有机体做出的反应与随后出现的刺激条件之间的关系对行为起着控制作用，它能影响以后反应发生的概率。他认为，学习实质上是一种反应概率上的变化，而强化是提高反应概率的手段。如果一个操作（自发反应）出现以后，后面伴随强化刺激，则该操作出现的概率就会提高；已经通过条件作用强化了的操作，如果出现后不再伴随强化刺激，则该操作出现的概率就会降低，甚至消失。

2. 操作性条件作用的主要原理

（1）强化

强化是一种操作，强化的作用在于改变同类反应在将来发生的概率，而强化物则是一些刺激物，它们的呈现或撤除能够提高反应发生的概率。

①正强化与负强化。正强化是指个体在做出某种反应之后，给他一个愉快的刺激（给予奖励），从而增加其类似行为出现的概率。负强化是指个体在做出某种反应之后，令其摆脱厌恶刺激（撤销惩罚），从而增加其类似行为出现的概率。

②普雷马克原则。该理论由普雷马克最早提出，普雷马克原则是指利用频率较高的活动来强化频率较低的活动，从而促进低频活动的发生。

（2）逃避条件作用与回避条件作用

逃避条件作用与回避条件作用都是负强化的条件作用类型。

当厌恶刺激出现时，有机体做出某种反应，从而逃避了厌恶刺激，则该反应在以后的类似情境中发生的概率也会提高，这类条件作用被称为逃避条件作用。如看见路上的垃圾后绕道走开，感觉屋内人声嘈杂时暂时离开房间等。

当预示厌恶刺激即将出现的刺激信号出现时，有机体也可以自发地做出某种反应，从而避免厌恶刺激的出现，则该反应在以后的类似情境中发生的概率也会提高，这类条件作用被称为回避条件作用。如过马路时听到汽车喇叭声迅速躲避，违章骑车时遇到警察赶快下车等。

（3）消退

消退是一种无强化的过程，其作用在于降低某种反应在将来发生的概率，以达到消除某种行为的目的。消退是减少不良行为、消除坏习惯的有效方法。

真题邂逅

（2014 下半年·14）小伟为获得老师和同学的关注，在课堂上总扮鬼脸，老师和同学都不予理睬，于是他扮鬼脸的行为逐渐减少。这体现了哪种强化原理？（   ）

A. 消退　　　　B. 负强化　　　　C. 惩罚　　　　D. 正强化

【答案】A

（4）惩罚

当有机体做出某种反应以后，呈现一个厌恶刺激，以消除或抑制此类反应的过程称作惩罚。惩罚包括正惩罚（Ⅰ型惩罚）和负惩罚（Ⅱ型惩罚）两种形式。正惩罚是指通过呈现厌恶刺激来降低反应频率，如言语斥责、批评、罚款等；负惩罚是指通过消除愉快刺激来降低反应频率，例如减少儿童的零花钱，取消儿童周末看电影的权利等。

表 1　强化、惩罚、消退的区别

规　律		刺激物	行为发生的频率	例　子
强化	正强化	给予一个愉快的刺激	提高	给予表扬
	负强化	摆脱一个厌恶的刺激	提高	免做家务，取消限制玩游戏的禁令
惩罚	正惩罚	呈现一个厌恶刺激	降低	关禁闭
	负惩罚	撤销一个愉快刺激	降低	禁吃 KFC
	消退	无任何强化物	降低	不予理会

真题邂逅

（2017 下半年·25）负强化和惩罚在本质上是相同的。

【参考答案】

此说法错误。

负强化是指个体在做出某种反应之后，令其摆脱厌恶刺激（撤销惩罚），从而增加其类似行为出现的概率。而惩罚是指当有机体做出某种反应以后，呈现一个厌恶刺激，以消除或抑制此类反应的过程。因此，负强化和惩罚在本质上是不同的。

3. 程序教学

程序教学是个别化教学的典型代表，所谓程序教学是一种能让学生以自己的速度和水平学习自我教学性材料（以特定顺序和小步子安排的材料）的个别化教学方法。其始创者通常被认为是教学机器的发明人普莱西，但对程序教学贡献最大的是斯金纳。

程序教学的基本做法是把教材内容细分成很多的小单元，并按照这些单元的逻辑关系排列起来，构成由易到难的许多层次或小步子，让学生循序渐进，依次进行学习。程序教学的主要原则有五条：一是小步子原则；二是积极反应原则，即要求学生对所学内容做出积极的反应；三是及时强化原则；四是自定步调原则；五是低错误率原则。

▶ 真题邂逅

（2015 下半年·24）程序教学是合作学习的一种重要形式。

【参考答案】

此说法错误。

程序教学是个别化教学的典型代表，所谓程序教学是一种能让学生以自己的速度和水平学习自我教学性材料（以特定顺序和小步子安排的材料）的个别化教学方法。

（四）班杜拉的社会学习理论（社会认知理论）

班杜拉是社会学习理论和社会认知理论的奠基人。班杜拉以儿童的社会行为习得为研究对象，形成了他关于学习的基本思路，即观察学习是人学习的最重要的形式。

观察学习包括注意、保持、动作再现和动机四个子过程。注意过程调节着观察者对示范活动的探索和知觉；保持过程使得学习者把瞬间的经验转变为符号概念，形成示范活动的内部表征；动作再现过程以内部表征为指导，做出反应；动机过程则决定哪种经由观察习得的行为得以表现。动机的发生与强化有直接关系。

班杜拉认为强化有直接强化、替代强化和自我强化三种形式。直接强化是指个体做出反应并体验自己的反应后果而受到的强化；替代强化是指个体因看到榜样的行为被强化而受到的强化；自我强化是指个体能观察自己的行为，并根据自己的标准进行判断，由此强化自己。

▶ 真题邂逅

（2018 下半年·12）陈冬看到自己最好的朋友因为学习成绩优异受到校长的亲自嘉奖后，也开始加倍努力学习，力争取得优异成绩。这种强化属于（　　）。

A. 直接强化　　　　B. 替代强化　　　　C. 自我强化　　　　D. 内部强化

【答案】B

考点三 认知学习理论

认知学习理论认为，有机体获得经验的过程不是在外部环境的支配下被动地形成刺激—反应的联结，而是通过积极主动的内部信息加工活动形成新的认知结构的过程。

（一）格式塔学派的学习理论（苛勒的完形—顿悟说）

格式塔心理学家苛勒曾在 1913—1917 年间对黑猩猩的问题解决行为进行了一系列的实验研究，从而提出了与当时盛行的桑代克的联结—试误学习理论相对立的完形—顿悟说。完形—顿悟说是最早的认知学习理论，其基本内容如下：

1. 学习的过程——顿悟

苛勒认为学习是个体利用本身的智慧与理解力对情境及情境与自身的关系的顿悟，而不是动作的累积或盲目的尝试。

2. 学习的实质——主体内部构造完形

完形是一种心理结构，是对事物关系的认知。苛勒认为学习过程中问题的解决都是通过对情境中事物关系进行理解而构成的一种"完形"来实现的。

（二）托尔曼的符号学习理论

托尔曼从白鼠方位学习实验中提出了符号学习理论。其基本观点如下：

1. 学习的实质——期望的获得

学习是整体性和有目的性的行为，整体行为总是坚持指向一定的目标或对象，学习的目的性是人类学习区别于其他动物学习的主要标志。期望是个体依据已有经验建立的一种内部准备状态，是通过学习而形成的关于目标的认识和期待。

2. 学习的过程——形成认知地图的过程

托尔曼最有说服力的动物学习实验有位置学习实验和潜伏学习实验等。根据潜伏学习实验，托尔曼提出外在的强化并不是学习产生的必要因素，不强化也会出现学习。在此实验中，动物在未获得强化前学习行为已出现，只不过未表现出来，托尔曼将其称为潜伏学习。

（三）布鲁纳的认知—发现学习理论

布鲁纳是美国著名的认知教育心理学家，他主张学习的目的在于发现学习的方式，使学科的基本结构转变为学生头脑中的认知结构。因此，他的理论常被称为认知—结构论或认知—发现说。

1. 学习观

（1）学习的实质是主动地形成认知结构

布鲁纳认为，学习的本质不是被动地形成刺激—反应的联结，而是主动地形成认知结构。认知结构是一种反映事物之间稳定联系或关系的内部编码系统，或者说，是某一学习者的观念的全部内容与组织。学习者不是被动地接受知识，而是主动地获取知识，并通过把新获得的知识和已有的认知结构联系起来，积极地建构新的知识体系。由此，布鲁纳十分强调认知结构在学习过程中的作用。

（2）学习包括获得、转化和评价三个过程

布鲁纳认为，学习活动首先是新知识的获得。获得了新知识以后，还要对它进行转化，我们可以超越给定的信息，运用各种方法将它们变成另外的形式，以适合新任务，并获得更多的知识。评价是对知识转化的一种检查，通过评价可以核对我们处理知识的方法是否适合新的任务，或者运用得是否正确。

2. 教学观

（1）教学的目的在于理解学科的基本结构

由于布鲁纳强调学习的主动性和认知结构的重要性，所以他主张教学的最终目标是促进学生对学科结构进行一般的理解。所谓的学科基本结构是指学科的基本概念、基本原理、基本态度和方法。

（2）提倡发现学习

发现学习就是指教师创设问题情境，让学生独立思考，改组材料，自行发现知识，掌握原理、原则。所谓发现，不只局限于发现人类尚未知晓的事物的行动，还包括用自己的头脑亲自获得知识的一切形式。

（3）掌握学科基本结构的教学原则

①动机原则。所有学生都有内在的学习愿望，内在动机是维持学习的基本动力。学生具有三种最基本的内在动机，分别是好奇内驱力（即求知欲）、胜任内驱力（即成功的欲望）和互惠内驱力（即人与人之间和睦共处的需要）。

②结构原则。任何知识结构都可以用动作、图像和符号三种表象形式来呈现。

③程序原则。教学就是引导学习者通过一系列活动，有条不紊地陈述一个问题或大量知识的结构，以提高他们对所学知识的掌握、转化和迁移的能力。

④强化原则。教学规定合适的强化时间和步调是学习成功的重要一环。

（四）奥苏伯尔的有意义接受学习理论

奥苏伯尔从以下两个维度对认知领域的学习进行了分类。

1. 奥苏伯尔的学习分类

表 2　奥苏伯尔的学习分类

分类依据	学习类型	含　义
学习材料与学习者原有知识的关系	机械学习	学习者并未理解符号所代表的知识，只是依据字面上的联系，记住某些符号的词句或组合，死记硬背
	有意义学习	符号所代表的新知识与学习者认知结构中已有的适当观念建立起非人为的和实质性的联系
学习进行的方式	接受学习	教师把学习内容以定论的形式传授给学生，对学生来讲，学习不包括任何的发现，只是需要把学习内容与自己已有的知识相联系
	发现学习	学习的内容不是以定论的形式教给学生的，而是由学生自己先从事某些心理活动，发现学习内容，然后再把这些内容与已有知识相联系

2. 有意义学习

（1）有意义学习的实质

奥苏伯尔认为有意义学习就是将符号所代表的新观念与学习者认知结构中已有的适当观念建立起非人为（内在）的和实质性（非字面）的联系的过程。他认为学生的学习主要是有意义的接受学习。

（2）有意义学习的条件

有意义学习的产生既受学习材料本身性质（客观条件）的影响，也受学习者自身因素（主观条件）的影响。

从客观条件来看，有意义学习的材料本身必须具有逻辑意义。一般来说，学生所学的教材是人类认识世界的概括，具有逻辑意义。

从主观条件来看，实现有意义学习的条件主要有以下几个方面：①学习者认知结构中必须具有能够同化新知识的适当的认知结构；②学习者必须具有有意义学习的心向，有意义学习的心向指学习者具有积极主动地将符号所代表的新知识与认知结构中的适当知识加以联系的倾向性；③学习者必须积极主动地使这种具有潜在意义的新知识与认知结构中有关的旧知识发生相互作用，使认知结构或旧知识得到改善，使新知识获得实际意义即心理意义。有意义学习的目的是使符号所代表的新知识获得心理意义。

（3）有意义学习的类型

有意义学习可分为三种类型：表征学习（符号学习）、概念学习和命题学习。这一知识的详细讲解见本章第六节的相关内容。

3. 接受学习

接受学习是指教师把学习内容以定论的形式传授给学生。与布鲁纳的发现学习观点相反，奥苏伯尔认为，学习应该通过接受发生，而不是通过发现发生。接受学习绝非被动学习，学习者仍然是主动的，在学习一种新知识时，学生在教师的引导下，尝试运用其既有的知识，从不同的角度去吸收新知识，最后纳入他的认知结构中，成为他自己的知识。接受学习可以使学生在相对短的时间内掌握大量系统的、结构化程度高的科学文化知识，适合年龄较大的学习者学习较为复杂抽象的概念和规则。

奥苏伯尔强调，无论是接受学习还是发现学习，都有可能是机械的，也都有可能是有意义的。如果教师教法得当，并不一定会导致学生机械接受学习，同样发现学习也并不一定是有意义学习。

奥苏伯尔提出了贯彻讲授教学原则的具体应用技术：设计先行组织者，这也是奥苏伯尔提出的一种重要的教学策略。所谓先行组织者是先于学习任务本身呈现的一种引导性材料，它要比学习任务本身有较高的抽象、概括和综合水平，并且能清晰地与认知结构中原有的观念和新的学习任务关联起来。设计"组织者"的目的是为新的学习任务提供观念上的固定点，增加新旧知识之间的可辨别性，以促进类属性的学习。

真题邂逅

（2017 上半年·24）接受学习一定是有意义学习。

【参考答案】

此说法错误。

美国著名认知教育心理学家奥苏伯尔曾根据学习进行的方式把学习分为接受学习与发现学习，又根据学习材料与学习者原有知识结构的关系把学习分为机械学习与有意义学习。所谓有意义学习就是将符号所代表的新知识与学习者认知结构中已有的适当观念建立起非人为的和实质性的联系。接受学习既可能是有意义学习，也可能是机械学习，关键看新旧知识之间能否建立起非人为的和实质性的联系。

（2016 下半年·16）如果学生要学习的知识内容比较复杂、结构化程度很高，又必须在短时间内加以掌握，他们最宜采用的学习形式是（   ）。

A. 发现学习　　　　B. 接受学习　　　　C. 合作学习　　　　D. 互动学习

【答案】B

（五）加涅的信息加工学习理论

加涅认为，学习是神经系统中发生的各种过程的复合，不是刺激与反应间的一种简单联结。

加涅根据信息加工理论提出了学习过程的基本模式。他认为学习过程就是一个信息加工的过程，即学习者对来自环境刺激的信息进行内在的认知加工的过程。根据信息加工的流程，加涅进一步认为学习包括外部条件和内部条件，学习过程实际上就是学习者头脑中的内部活动。他把学习过程划分为八个阶段：动机阶段、了解阶段、获得阶段、保持阶段、回忆阶段、概括阶段、操作阶段和反馈阶段。

考点四 人本主义学习理论

人本主义心理学的主要代表人物是马斯洛和罗杰斯。人本主义心理学家认为，人性的本质是善的，只要后天环境适当，人就会自然地成长。他们强调尊重人的价值和主观能动性，认为心理学应该研究人的价值、创造性和自我实现。下面主要介绍罗杰斯的学习理论。

（一）知情统一的教学目标观

罗杰斯的教育理想就是要培养"躯体、心灵、情感、心理融汇一体"的人，也就是既用情感的方式也用认知的方式行事的情知合一的人。他称这种情知合一的人为"全人"或"功能完善者"。要实现这一教育理想，应该有一个现实的教学目标，就是"促进变化和学习，培养能够适应变化和知道如何学习的人"。人本主义重视的是教学的过程而不是教学的内容，重视的是教学的方法而不是教学的结果。

（二）有意义的自由学习观

罗杰斯认为，学生学习主要有认知学习和经验学习两种类型，学习方式有无意义学习和有意义学习两种。有意义学习关注的是学习内容和个人之间的关系，有意义学习不仅是一种增长知识的学习，而且是一种与每个人各部分经验都融合在一起的学习，是一种对个体的行为、态度、个性以及个体在未来选择行动方针时有重大影响的学习。例如，当一个儿童触到一个取暖器时，他就可以学到"烫"这个字的意义，同时学会了以后对所有取暖器都要当心，迅速学到的这些内容和意义会长期保留在儿童的记忆中。罗杰斯所倡导的学习原则的核心就是让学生自由学习。

（三）学生中心的教学观

人本主义的教学观是建立在其学习观的基础之上的。罗杰斯从人本主义学习观出发，认为凡是可以教给别人的知识，相对来说都是无用的；能够影响个体行为的知识只能是他自己发现并加以同化的知识。教师的任务是为学生提供各种学习资源，提供一种促进学习的氛围，让学生自己决定如何学习。该教学观主张废除"教师"这一角色，代之以"学习的促进者"。

罗杰斯认为促进学生学习的关键不在于教师的教学技巧、专业知识、课程计划等，而在于特定的心理氛围因素。这些因素存在于"促进者"与"学习者"的人际关系之中。罗杰斯认为，促进学习的心理氛围因素同心理治疗领域中的心理氛围因素是一致的，包括以下几点：1. 真诚一致；2. 无条件积极关注（尊重、关注和接纳）；3. 同理心（共情）。

从这一角度来看，增进师生有效沟通的心理学原则包括以下方面：

（1）同理心。在师生关系中，如果沟通双方能够从同理心的角度去理解对方的感受、信念和态度，并有效地将这些感受传递给对方，对方会感到得到了理解和尊重，从而产生温暖感和舒畅的满足感。

（2）真诚。教师要自由地表达真正的自己，表现出开放和诚实，让学生觉得他是一个表里如一、真实可靠的人。教师对学生真情流露的关爱以及基于尊重和信任的坦诚往往可以使对方逐渐摘下面具，勇敢地学习以真实的自我与他人相处。

（3）尊重与接纳。尊重与接纳学生是教师对学生爱的表现，也是教师对学生爱的能力的体现。当一个教师真正地爱一个学生的时候，也是他对学生无限发展的可能性持有最大信心的时候。教师对学生的爱与教师对学生的接纳是紧密相连的，然而，教师对学生的尊重与接纳并不是指对学生无理性的溺爱和迁就。

真题邂逅

（2014下半年·29）简述增进师生沟通的心理学原则。

【参考答案】

见上文。

考点五 建构主义学习理论

建构主义心理学被视为"教育心理学的一场革命"，是心理学发展史中行为主义发展到认知主义后的进一步发展。建构主义心理学的创始人为瑞士著名心理学家皮亚杰，后来在维果茨基、奥苏伯尔、布鲁纳等人的推动下，这一理论得到充分的发展并形成了较为完整的体系。

（一）建构主义学习理论的内容

1. 建构主义知识观

在知识观上，建构主义在一定程度上对知识的客观性和确定性提出了质疑，它强调知识的动态性。建构主义者一般强调以下几点：

（1）知识并不是对现实的准确表征，它只是一种解释、一种假设，不是最终答案。

（2）知识并不能精确地概括世界的法则，在具体问题中，并不是拿来便用，一用就灵的，而是需要针对具体情境进行再创造的。

（3）知识不可能以实体的形式存在于具体的个体之外，尽管我们通过语言符号赋予了知识一定的外在形式，甚至这些命题还得到了较普遍的认可，但这并不意味着学习者会对这些命题有同样的理解。因为这些理解只能由个体基于自己的经验背景而建构起来，取决于特定情境下的学习历程。

2. 建构主义学生观

建构主义者强调学生经验世界的丰富性，强调学生的巨大潜能，指出学生并不是空着脑袋走进教室的。

建构主义强调学生经验世界的差异性，每个人在自己的活动和交往中都形成了自己个性化的、独特的经验，每个人都有自己的兴趣和认知风格，所以，在具体问题面前，每个人都会基于自己的经验背景形成自己的理解。因此，教学不能无视学生的这些经验而另起炉灶，而是要把学生现有的知识经验作为新知识的生长点，引导学生从原有的知识经验中"生长"出新的知识经验。

3. 建构主义学习观

建构主义在学习观上强调学习的主动建构性、社会互动性和情境性三方面。

（1）学习的主动建构性

建构主义认为，学习不是由教师向学生传递知识的过程，学习者不是被动的信息吸收者，而是主动的信息建构者。学习者通过综合、重组、转换、改造头脑中已有的知识经验来解释新信息、新事物、新现象，或者解决新问题，最终生成个人的意义。

（2）学习的社会互动性

建构主义强调，学习是通过参与某种社会文化而内化相关的知识和技能、掌握有关的工具的过程，这一过程常常需要通过一个学习共同体的合作互动来完成。

（3）学习的情境性

建构主义者提出了情境性认知的观点。他们强调学习、知识和技能的情境性，认为知识是不可能脱离活动情境而抽象存在的，学习应该与情境化的社会实践活动结合起来。知识存在于具体的、情境的、可感知的活动中，只有通过实际活动才能真正被人所了解。

4. 建构主义的教学观

由于知识的动态性和相对性，教学不再是传递客观而确定的现成知识，而是要激发出学生原有的相关知识经验，促进知识经验的"生长"，促进学生的知识建构活动，以促成学生知识经验的重新组织、转换和改造。教学要为学生创设理想的学习情境，激发学生的推理、分析、鉴别等高级思维，同时要给学生提供丰富的信息资源，处理信息的工具以及适当的帮助和支持。教师是学生意义建构的帮助者、促进者，而不是知识的传授者与灌输者。

真题邂逅

（2017下半年·28）简述建构主义学习理论的知识观、学习观、学生观。

【参考答案】

见上文。

（二）建构主义学习理论在教学中的应用

1. 随机通达教学（随机进入教学、随机访问教学）

斯皮诺的认知弹性理论（认知灵活理论）把学习分为两种：初级学习和高级学习。建构主义者在探讨高级学习的基础上提出了适合高级学习阶段的教学模式——随机通达教学。

随机通达教学的基本原理是对于同一教学内容，要在不同时间、在重新安排的情境下，带着不同的目的、从不同的角度多次进行学习，以此来实现获得高级知识的目标。建构主义者认为，学习的关键在于建构起围绕关键概念组成的网络结构，包括事实、概念、策略以及概括化的知识，从而形成随机通达的状态。

随机通达教学的具体操作如下：（1）呈现情境；（2）随机进入教学；（3）思维发散训练；（4）协作学习；（5）效果评价。

2. 支架式教学

建构主义者提出，当学生面对新的学习任务时，教师应该用直观的教学方法给学生做出示范。一旦学生的能力有所增强，就应当逐渐减少指导的次数。教师在学习中的作用就像"脚手架"在建筑、修桥中所起的作用一样，当学生需要时脚手架就会提供支持，当项目展开时便需要适时地调整或去除脚手架，教师不要对学生自己能做好的事情给予过多的帮助。

支架式教学的具体操作如下：（1）进入情境；（2）搭建支架；（3）引导探索；（4）独立探索。

3. 抛锚式教学（情境性教学）

抛锚式教学要求建立在有感染力的真实事件或真实问题的基础上，所以有时也被称为"实例式教学""基于问题的教学""情境性教学"。抛锚式教学的理论基础是建构主义。抛锚式教学要求情境的设置要与产生的问题一致，问题要难易适中且要具有一定的真实性，在教学中要充分发挥学生的主体性。抛锚式教学有利于培养学生的创新能力、解决问题的能力、独立思考能力及合作能力。

组成抛锚式教学的基本环节有：创设情境—确定问题—自主学习—协作学习—效果评价。

4. 认知学徒式教学

认知学徒式教学是指让学习者像手工艺行业中徒弟跟随师傅那样，在实践中进行学习，从多个角度观察、模仿专家在解决真实性问题时所外化出来的认知过程，从而获得可应用的知识，提高解决问题的能力。在认知学徒式教学中，教师应经常给学生示范；然后，教师或者有经验的同辈支持学生努力地完成学习任务；最终，鼓励学生独立完成任务。

5. 探究学习

探究学习是基于问题解决活动来建构知识的过程，它通过有意义的问题情境让学生通过不断地发现问题和解决问题来学习与所探究的问题有关的知识，形成解决问题的技能以及自主学习的能力。

6. 合作学习

合作学习主要以互动合作（师生之间、学生之间）为教学活动取向，以学习小组为基本组织形式，来共同达成教学目标。

第二节
学 习 动 机

 导航图

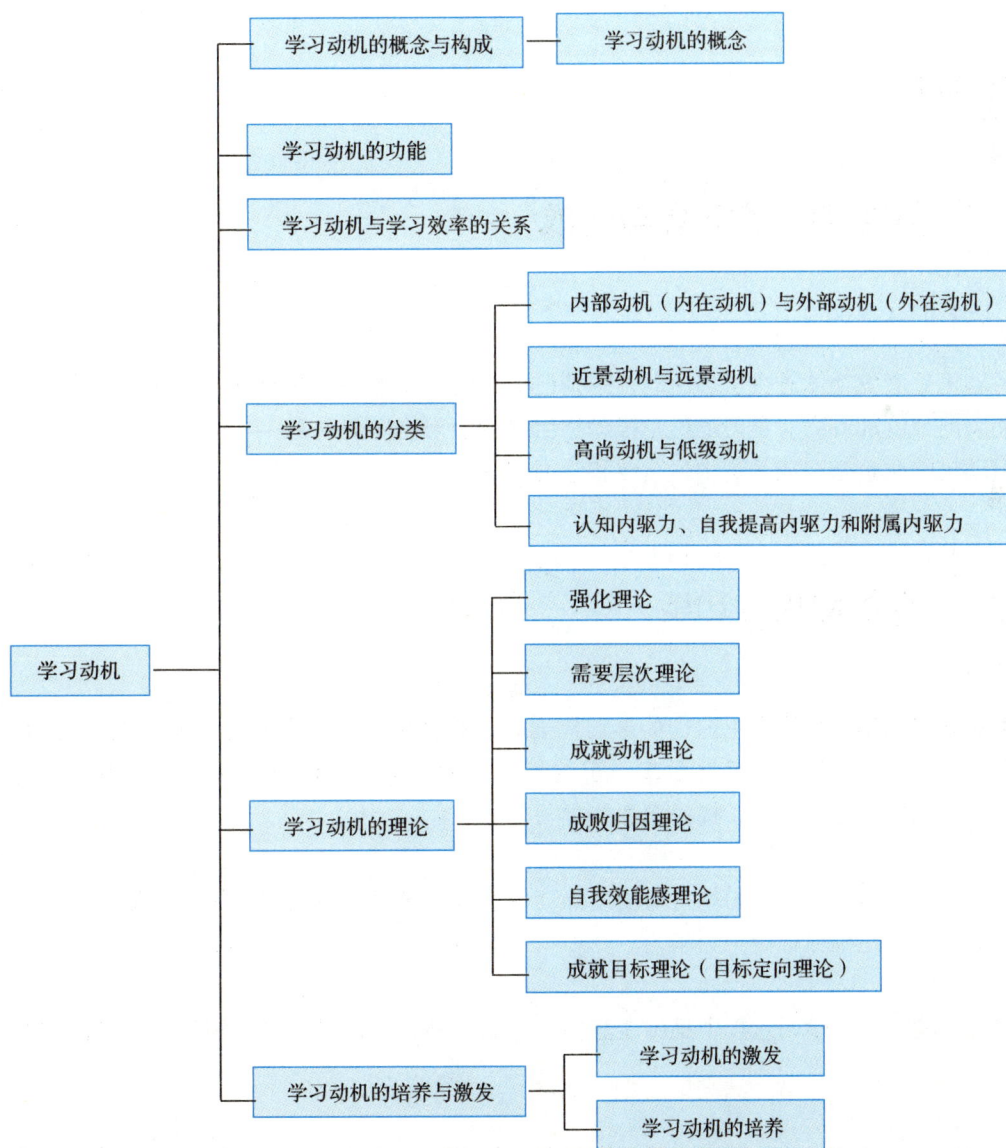

机要室

高频考点	考查频率（2013 年以来）	考查题型
学习动机的功能	1	简答题
学习动机与学习效率的关系	3	单项选择题、辨析题、材料分析题
学习动机的分类	3	单项选择题
学习动机的理论	3	简答题
学习动机的培养与激发	1	简答题、材料分析题

考点简析

考点一 学习动机的概念与构成

学习动机的概念

学习动机是激发个体进行学习活动，维持已引起的学习活动，并使行为朝向一定的学习目标的一种心理倾向或内部动力。学习动机是推动学生进行学习的内部动力。

学习动机的两个基本成分是学习需要和学习期待。

考点二 学习动机的功能

1. 激发功能（引发作用）

学生对某些知识或技能产生迫切的学习需要时，就会引发学习内驱力，唤起内部的激动状态，产生焦急、渴求等心理体验，最终激起一定的学习行为。学习动机还能够增强学生学习的准备状态，激活学生相关的背景知识，提高学生的学习效率。

2. 指向功能（定向作用）

学习动机以学习需要和学习期待为出发点，使学生的学习行为在初始状态时就指向一定的学习目标，推动学生为达到目标而努力学习。

3. 维持功能（维持作用）

学习动机使学生在学习过程中集中注意力，克服不利影响，提高努力程度，遇到困难时坚持不懈，直达学习目的。

4. 调节功能（调节作用）

学习动机调节学习行为的强度、时间和方向。如果行为活动未达到既定目标，动机还将驱使学生转换行为活动方向以达到既定目标。

真题邂逅

（2018 上半年·28）学习动机的定义与功能是什么？
【参考答案】
见上文。

考点三 学习动机与学习效率的关系

研究表明，高动机水平的学生成就高；反之，高成就水平也能导致高的动机水平。但是，动机强度与学习效率并不完全成正比，学习动机存在一个最佳水平，即在一定范围内，学习效率随学习动机强度的增大而提高，直至达到学习动机最佳强度而获最佳，之后则随着学习动机强度的进一步增大而下降。一般来说，中等程度的动机水平最有利于学习效率的提高。学习动机强度与学习效率之间的这种关系因学习者的个性、课题性质、课题材料的难易程度等因素而异。动机强度的最佳水平会随着学习活动的难易程度而有所变

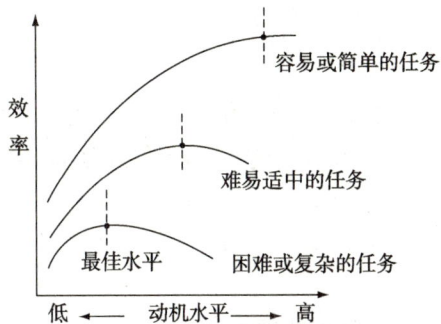

图 1 耶克斯-多德森定律

化，任务较容易，最佳动机水平较高；任务难度中等，最佳动机水平也适中；任务越困难，最佳动机水平越低。这便是有名的耶克斯-多德森定律，简称倒"U"形曲线。

真题邂逅

（2015 上半年·25）学习动机是学生进行学习活动的内部动力，学习动机越强，学习效率越好。
【参考答案】
此说法错误。
动机强度与学习效果之间的关系是倒 U 型曲线关系。一般来说，中等程度的动机水平最有利于学习效率的提高。

（2014 上半年·15）心理学研究表明，动机强度与问题解决效果的关系可以绘成（　　）。
A. 波浪线　　　　　　　　　　　B. 斜线
C. U 型曲线　　　　　　　　　　D. 倒 U 型曲线
【答案】D

考点四 学习动机的分类

（一）内部动机（内在动机）与外部动机（外在动机）

根据动机产生的诱因来源可将学习动机分为内部动机和外部动机。

内部动机也称内在动机，是指人们对学习本身的兴趣所引起的动机，具有内部动机的学生不需要外部的诱因来使行为指向目标，动机的满足在活动之内，不在活动之外。如有的学生喜爱数学，他便在课上认真听讲，课下刻苦钻研。

学习动机的分类

外部动机也称外在动机，是指由外部诱因所引起的动机，动机的满足不在活动之内，而在活动之外。这时学生不是对学习本身感兴趣，而是对学习所带来的结果感兴趣，如有的学生学习是为了得到奖励，避免惩罚，取悦老师等。

（二）近景动机与远景动机

根据动机行为与目标远近的关系可将学习动机分为近景动机和远景动机。

近景动机是指与近期目标相联系的动机，远景动机是指与远期目标相联系的动机。例如，有的学生努力学习，其目标是期末考试取得好成绩；有的学生努力学习，其目标是今后能从事教育工作，前者为近景动机，后者为远景动机。

真题邂逅

（2013 下半年·13）最近，王华为了通过下个月的出国考试而刻苦学习外语，这种学习动机是（   ）。

A. 外在远景动机　　　B. 内在远景动机　　　C. 外在近景动机　　　D. 内在近景动机

【答案】C

（三）高尚动机与低级动机

根据学习动机的社会意义可将学习动机分为高尚动机和低级动机。

高尚动机的核心是利他主义，指学生把当前的学习同国家和社会的利益联系在一起，如学生把学习看成是对社会应做的贡献和应尽的义务。低级动机的核心是利己主义，学习动机只来源于自己眼前的利益，如学生把学习看成获取个人名利的手段。

（四）认知内驱力、自我提高内驱力和附属内驱力

奥苏伯尔认为，在学校情境中，促进学生学习的成就动机主要包括三个方面的内驱力，即认知内驱力、自我提高内驱力和附属内驱力。

认知内驱力是一种要求了解和理解的需要，要求掌握知识的需要，以及系统地阐述问题并解决问题的需要。简言之，认知内驱力是一种求知的需要。在有意义学习中，认知内驱力是最重要和最

稳定的动机。认知内驱力指向学习任务本身，满足认知内驱力的奖励是由学习本身提供的，因而认知内驱力也被称为内部动机。

自我提高内驱力是指通过自身努力，胜任一定的工作，取得一定的成就，从而赢得一定的社会地位的需要。自我提高内驱力属于外部动机。

附属内驱力是指个人为了获得长者（如家长、教师等）的赞许或认可和同伴的接纳而表现出来的把学习或工作做好的一种需要。

真题邂逅

（2018上半年·17）初一学生许明努力学习就是想获得亲朋好友的赞扬。根据奥苏伯尔的相关理论，驱动许明行为的是（　　）。

A. 认识内驱力　　　　　　　　B. 附属内驱力

C. 自我提高内驱力　　　　　　D. 成就内驱力

【答案】B

（2015上半年·14）进入初中后，小磊为了赢得在班级的地位和满足自尊需要而刻苦学习。根据奥苏伯尔的理论，小磊的学习动机属于（　　）。

A. 认知内驱力　　　　　　　　B. 自我提高内驱力

C. 附属内驱力　　　　　　　　D. 生理内驱力

【答案】B

考点五　学习动机的理论

（一）强化理论

1. 强化理论的基本观点

学习动机的强化理论是行为主义心理学家提出的。根据行为主义者的观点可知，任何学习行为都是为了获得某种补偿。因此，在学习活动中，采取奖赏、赞扬、评分、竞赛等外部手段可以激发学生的学习动机，引起其相应的学习行为。人们之所以具有某种行为倾向，完全取决于先前这种行为和刺激因强化而建立的牢固联系。对学生而言，如果学习行为受到强化，就会产生强烈的学习动机；如果学习行为没有受到强化，就会缺乏学习动机；如果学习行为受到了惩罚，就会产生逃避学习的动机。

2. 强化理论的教育启示

在学习活动中，学校可以采用奖励（赞许、奖品、给予权利、高分数等）与惩罚（训斥、剥夺权利、低分数等）的办法来督促学生学习。但在实践过程中，应注意以下几点：（1）根据个体的具体情况正确选择强化物；（2）慎重使用惩罚；（3）恰当使用表扬与批评。

（二）需要层次理论

1. 需要层次理论的基本观点

需要层次理论是人本主义心理学理论在动机领域中的体现。美国人本主义心理学家马斯洛是需要层次理论的提出者和代表人物，需要层次理论被心理学界誉为最完整、最系统的动机理论。

马斯洛将人的主要需要分为生理需要、安全需要、社交需要（爱和归属的需要）、尊重需要和自我实现需要五个层次，而后马斯洛又在尊重需要和自我实现需要之间增加了认知需要（求知需要）和审美需要，将人的主要需要发展为七个层次。这七种需要又分为两种水平：缺失性需要和生长性需要。前四种为缺失性需要，后三种为生长性需要。

2. 需要层次理论的教育启示

需要层次理论说明，在某种程度上学生缺乏学习动机可能是由于某种缺失性需要没有得到充分满足。比如家境清贫使得生理需要得不到满足；父母离异使得爱和归属的需要得不到满足；教师过于严厉和苛刻使得安全需要和尊重需要得不到满足等。这些需要的缺失会成为学生学习和自我实现的障碍。因此，在教育过程中，教师应该考虑学生不同层次的需要是否已经得到满足，使学生的内在潜能得到充分发挥，从而使学生在学习过程中感受自我实现带来的高峰体验，成为一个真正的自我实现者。

（三）成就动机理论

1. 成就动机理论的基本观点

成就动机是一种通过练习和使用某种力量克服障碍，完成某种任务的愿望或倾向，它是人类所独有的动机，是后天获得的具有社会意义的动机，是学习活动中的一种主要的学习动机。

成就动机理论认为，个体的成就动机可以分成两部分：趋向成功的倾向和避免失败的倾向。趋向成功的倾向指力求克服障碍，施展才能，从而尽快地解决某一难题的心理倾向；避免失败的倾向指为了避免因失败而在他人心目中形象受损时带来的不良情绪，如因失败而体验到的羞愧感。

阿特金森认为，完成某项具体的学习任务所需要的时间与对该项任务的动机水平成正相关关系；个体的成就动机是影响个体成就行为的重要方面，它与志向水平、行为任务的选择、行为的坚持性密切相关。根据成就动机理论可知，力求成功者最有可能选择的是成功概率约为50%的任务，因为这种任务最富有现实的挑战性；避免失败者则往往通过各种活动防止其自尊心受到伤害，他们倾向于选择非常容易或非常困难的任务。

2. 成就动机理论的教育启示

对于力求成功者，应通过给予其新颖且有一定难度的任务，适当安排竞争，严格评定分数等方式激发其学习动机。对于避免失败者，应给予其竞争较少或竞争性不强的任务，并在其取得成功时及时表扬，尽量避免在公共场合下指责其错误，同时可稍稍放宽评定分数的要求。教师要增加学生趋向成功的倾向，使他们不以避免失败为满足，而以获得成功为快乐，真正调动其积极性。

（四）成败归因理论

1. 成败归因理论的基本观点

归因是人们对自己或他人的活动及其结果的原因的解释和评价。在学习和工作中，人人都会体验到成功与失败，同时还会去寻找成功与失败的原因，这就是对成就行为的归因。美国心理学家维纳（韦纳）对行为结果的归因进行了系统的探讨。

维纳认为人们倾向于将活动成败的原因归结为以下六个因素，即能力、努力程度、任务难度、运气（机遇）、身心状态和外界环境。同时，维纳认为这六个因素可归为三个维度，内在性（内部归因和外部归因）、稳定性（稳定性归因和非稳定性归因）、可控性（可控归因和不可控归因）。最后，维纳将这三个维度和六个因素结合起来，组成了归因模式。

表3 韦纳三维度六因素归因表

维度 因素	成败归因维度					
	稳定性		控制源		可控性	
	稳 定	非稳定	内 部	外 部	可 控	不可控
能力	+		+			+
努力程度		+	+		+	
任务难度	+			+		+
运气（机遇）		+		+		+
身心状态		+	+			+
外界环境		+		+		+

2. 成败归因理论的教育启示

根据以上的归因理论，维纳得出三个基本结论：（1）学生将成败归因于努力会比归因于能力产生更强烈的情绪体验。努力而成功的学生，体验到愉快；不努力而失败的学生，体验到羞愧；努力而失败的学生，也应受到鼓励；（2）在学生付出同样的努力时，对能力低的学生应给予更多的奖励；（3）对能力低而努力的学生给予最高的评价，对能力高而不努力的学生给予最低的评价。因此，教师可通过归因训练改变学生消极的自我认识，提高其学习动机水平。教师在给予奖励时，不仅要考虑学生的学习结果，还要考虑学生的学习进步与努力程度，要强调内部、稳定和可控制的因素，以此引导学生进行正确的归因。

真题邂逅

（2016下半年·19）在归因训练中，老师要求学生尽量尝试"努力归因"，以增强他们的自信心。因为在维纳的成败归因理论中，努力属于（　　）。

A. 内部的、不稳定的、可控的因素

B. 内部的、不稳定的、不可控的因素

C. 内部的、稳定的、可控的因素

D. 内部的、稳定的、不可控的因素

【答案】A

3. 习得性无助感（习得性无力感）

习得性无助感也称习得性无力感，这一概念最早由美国学者塞利格曼提出。我们一般认为，习得性无助感是指由于连续的失败体验而导致的个体对行为结果感到无力控制、无能为力的心理状态。总是把失败归因于内部的、稳定的、不可控的因素的学生会形成一种习得性无助的自我感觉。因此，教师要善于引导学生进行积极的归因，引导学生将成功归于自己的能力和努力，将失败归于努力的缺乏，从而增强学生的成功期望，提高学生的自信心，增加学生行为的坚持性。

（五）自我效能感理论

1. 自我效能感理论的基本观点

自我效能感指人们对自己是否能够成功地从事某一成就行为的主观判断，这一概念由班杜拉最早提出。班杜拉在他的动机理论中指出，人的行为受行为的结果因素与先行因素的影响。行为的结果因素就是通常所说的强化，但他对强化的看法与传统的行为主义不同。他认为，行为的出现不是由于随后的强化，而是由于个体认识了行为与强化之间的依赖关系后形成的对下一强化的期望，这种期望包括结果期望和效能期望。结果期望是指个体对自己的某种行为会导致某一结果的推测；效能期望是指个体对自己能否实施某种成就行为的判断。当个体确信自己有能力进行某一活动时，他就会产生高度的"自我效能感"，并会去实施那一活动。

2. 自我效能感的功能

自我效能感的功能主要体现在以下四个方面：（1）决定人们对活动的选择及对该活动的坚持性；（2）影响人们在困难面前的态度；（3）影响新行为的获得和习得行为的表现；（4）影响活动时的情绪。

真题邂逅

（2016下半年·28）简述自我效能感及其功能。
【参考答案】
见上文。

3. 影响自我效能感形成的因素

（1）学习的成败经验（直接经验）。影响自我效能感最主要的因素是个体学习的成败经验。一般来说，成功的学习经验会提高学生的自我效能感，失败的学习经验会降低学生的自我效能感。不过，成败经验对自我效能感的影响还要取决于个体对成败的归因方式。如果个体把成功归因为外部的不可控的因素，就不会增强效能感；如果个体把失败归因为外部的不可控的因素，就不会降低效能感。

（2）替代性经验（间接经验）。一个人的自我效能感是个人在与环境互动的过程中形成的。当学生看见替代者成功时，就会增强自我效能感；相反，则会降低自我效能感。替代者对自我效能感的影响主要受自我与替代者之间相似程度的影响，相似性越大，替代者成败的经验越具有说服力。

（3）言语劝说（言语说服）。这是试图凭借说服性的建议、劝告、解释和自我引导来改变人们自我效能感的一种方法，然而，靠这种方法形成的自我效能感不易持久。

（4）情绪唤醒（情绪的唤起）。班杜拉认为情绪和生理状态也影响自我效能感的形成。在充满紧张、危险的场合或负荷较大的情况下，情绪易于唤起，高度的情绪唤起和紧张的生理状态会妨碍行为操作，降低对成功的预期水准；而当人们不为厌恶的刺激所困扰时更能期望成功。

4. 自我效能感理论的教育启示

教师应注重培养学生的自我效能感，促使学生设定合理的、能够实现的目标，以增强学生的成功体验。教师也要帮助学生选择恰当的比较对象（相似的榜样），用其成功的案例激励学生，教师和家长要经常鼓励学生，使他们相信自己具有完成给定任务的能力。

（六）成就目标理论（目标定向理论）

德韦克最早将成就目标划分为两类：一种是掌握目标，具有此类目标的个体重视掌握知识和提高能力，认为达到上述目标就意味着成功；另一种是成绩目标，具有此类目标的学生将学习视为一种手段，通过成绩来表现自己的能力，认为只有取得好成绩和好名次才算成功。两种目标定向的个体的本质区别就在于能力观的差异，掌握目标个体持能力增长观，他们认为能力是不稳定的，是可以控制的，是可以随着知识的学习、技能的培养而增强的；成绩目标个体持能力实体观，他们认为能力是稳定的、不可改变的。

埃利奥特等人将成绩目标进一步区分为成绩趋近目标和成绩回避目标，前一种目标旨在获得积极的活动结果，是一种趋近的目标状态；后一种目标旨在避免消极的活动结果，是一种回避的目标状态。平特里奇将掌握目标划分为掌握趋近目标及掌握回避目标两种，从而形成了四种类型的成就目标。

表4 成就目标的四分法

	趋　近	回　避
掌握目标	关注知识的掌握和能力的提高，评判成功的标准是自身的进步以及对知识的理解程度	关注如何避免不能完成任务的情况，判断成功的标准是在任务中不出错
成绩目标	力求在考试中取得好成绩、好名次来显示自己的聪明才智，不太关注对知识的深入理解，只要超过团体中的其他人就感到满意	力图避免因在考试中分数低或排名靠后而显得愚笨，只要在团体中不是最差的就感到满意

📍 真题邂逅

（2016上半年·17）小黄在学习时关注的是知识的内容和价值，而不是为了获得分数和奖励。根据成就目标理论，小黄的目标导向属于（　　）。

A. 成绩趋近　　　　B. 成绩回避　　　　C. 掌握趋近　　　　D. 掌握回避

【答案】C

考点六　学习动机的培养与激发

对于学习动机的培养和激发，不同学者提出了不同的观点。综合较为权威的学者的观点，我们认为，学习动机的培养和激发的具体措施如下：

（一）学习动机的激发

1. 创设问题情境，实施启发式教学（激发兴趣和维持好奇心）

兴趣和好奇心是内部动机最为核心的成分，它们是激发和培养学生内部学习动机的基础。创设问题情境是激发学生的求知欲和好奇心的一种有效的方法，创设问题情境是指提供能使学生产生疑问、渴望从事活动、探究问题的情境。

2. 设置合适的目标

当目标由个体自己设定，而不是由他人设定时，个体通常会为目标付出更多的努力，比如，让学生自己设定在下次考试中起码要得到多少分。在设定目标时，教师可以与学生讨论过去设定的目标的实现情况，并以此为参考设定一个新的目标。教师要帮助学生设定一个既具有挑战性，又具有现实性的目标，这种目标确立策略能够提高学生的学习成绩和自我效能感。

3. 表达明确的期望

教师的期望对学生具有深刻的影响，只有老师把学生看作渴望学习的人，学生才能更有可能成为渴望学习的人。因此，在学校活动中，教师要把学生看作积极的、有强烈的成长动机的学习者。他们喜欢学习，而且努力带着理解的态度学习。

4. 根据作业难度，恰当控制动机水平

教师在教学时要根据学习任务的不同难度，恰当地控制学生的学习动机的激起程度。在学习较容易、较简单的课题时，教师应使学生尽量集中注意力，尽量紧张一点；在学习较复杂、较困难的课题时，教师应尽量创造轻松自由的课堂气氛；在学生遇到困难或出现问题时，教师要尽量心平气和地引导，避免学生过度紧张和焦虑。

5. 充分利用反馈信息，妥善进行奖惩

（1）提供明确的、及时的、经常性的反馈

通过反馈，学生可以及时了解自己学习的结果，包括运用所学知识解决问题的成效、作业的正误、考试成绩的优劣等。看到自己的成功、进步，学生会增强信心，提高学习兴趣；知道自己的缺点和错误，学生可以及时改正，并加倍努力，力求获得成功。反馈必须明确、具体，从而帮助学生形成有动机效应的努力归因；反馈必须及时，紧随学生的学习结果，避免学生延续类似的错误；反馈必须是经常性的，使学生能够付出最大的努力。

（2）合理运用外部奖赏

虽然外部奖赏对学习具有促进作用，但使用过多或使用不当会产生消极作用。对已有内部动机的活动不要轻易运用物质奖励，只有对缺乏内部动机的活动运用外部奖励才可能产生积极的激励作用。

（3）有效地运用表扬

在课堂教学中，表扬的作用主要是强化学生适当的行为，对他们表现出的期望行为提供反馈。表扬应注意：表扬的方式比表扬的次数更重要，表扬应针对优于常规水平的行为，表扬的有效性取决于它的具体性、可靠性以及行为结果的依随性。

（4）进行适当的批评

适当的批评，尤其是对成绩好的学生的批评能起到一定好的效果。所以，要想激发学习动机，就要妥善地进行适当的批评。

运用奖励和惩罚时应注意：第一，要使学生树立正确的奖惩观；第二，奖励和惩罚一定要公平；第三，奖励应注意学生的年龄特点、个性特点和性别差异。

6. 正确指导结果归因，促使学生继续努力

使学生改变不正确的归因、提高学习动机可以从以下两方面入手：

一是"努力归因"，无论成功或失败都将其归因于努力与否。因为学生将自己的成败归因于努力与否会提高学生学习的积极性，当学生学习遇到困难或成绩不佳时，一般不会因一时的失败而降低将来会取得成功的期望。

二是"现实归因"，对于一些具体问题采用现实归因可以提高学生克服困难的能力，增强学生的自信心。这种归因训练的好处在于学生在做"努力归因"时又联系现实，在做"现实归因"时又强调努力。

7. 适当开展学习竞争

竞争可在一定程度上激发学习动机，但也会有许多负面影响，在学习活动中要少用慎用，一般可采用按能力分组竞争以及鼓励自己和自己比赛等多种形式让赢家更多一些，以调动大部分人的积极性。

⊙ 真题邂逅

（2014 上半年·28）简述激发学生学习动机的基本方法。

【参考答案】

见上文。

（二）学习动机的培养

1. 了解和满足学生的需要，促使学习动机的产生

学生的学习动机产生于需要，需要是学生学习积极性的源泉。教师应该通过多种方法了解学生的学习需要，通过采取一些强化和训练手段使学习的要求内化为学生自己的学习需要。

2. 重视立志教育，对学生进行成就动机训练

通过立志教育可以增强学生的责任感与使命感，启发学生自觉、勤奋地学习。

3. 帮助学生确立正确的自我概念，获得自我效能感

自我效能感是一种主观判断，它与个体的自我概念有密切的关系，要培养学生的自我效能感应从培养正确的自我概念入手，方法包括以下两种：（1）创造条件使学生获得成功的体验；（2）为学生树立成功的榜样。

4. 培养学生努力导致成功的归因观

相信成功与努力之间有必然的联系，人就不容易表现出消极行为，不容易产生无力感，也有助于培养学生的学习动机。教师训练学生的步骤如下：（1）了解学生的归因倾向；（2）让学生进行某种活动，并获得成功体验；（3）让学生对自己的成败归因；（4）引导学生进行积极归因。

第三节
学习迁移

导航图

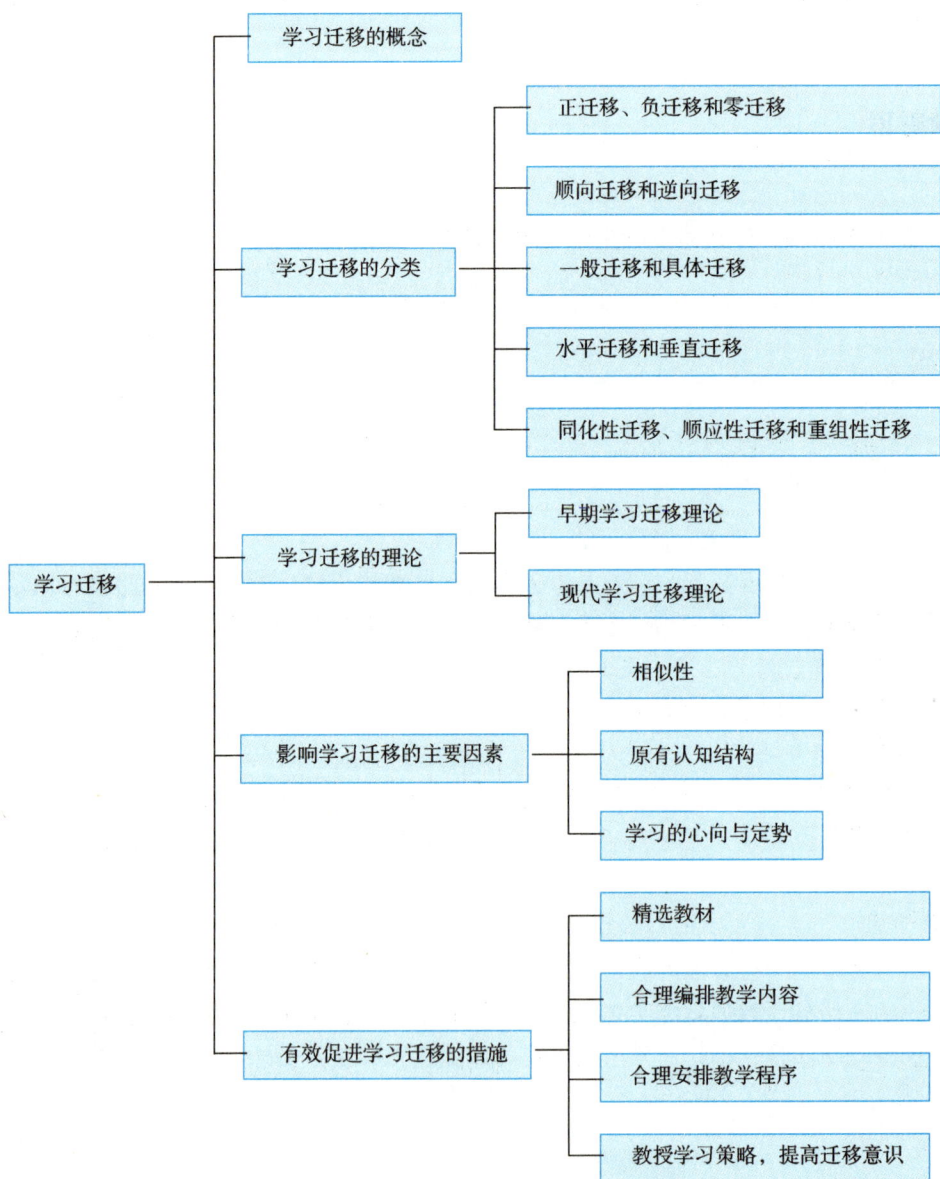

学习迁移
- 学习迁移的概念
- 学习迁移的分类
  - 正迁移、负迁移和零迁移
  - 顺向迁移和逆向迁移
  - 一般迁移和具体迁移
  - 水平迁移和垂直迁移
  - 同化性迁移、顺应性迁移和重组性迁移
- 学习迁移的理论
  - 早期学习迁移理论
  - 现代学习迁移理论
- 影响学习迁移的主要因素
  - 相似性
  - 原有认知结构
  - 学习的心向与定势
- 有效促进学习迁移的措施
  - 精选教材
  - 合理编排教学内容
  - 合理安排教学程序
  - 教授学习策略，提高迁移意识

机要室

高频考点	考查频率（2013 年以来）	考查题型
学习迁移的分类	5	单项选择题、辨析题、材料分析题
学习迁移的理论	1	材料分析题
影响学习迁移的主要因素	2	辨析题
有效促进学习迁移的措施	1	材料分析题

考点简析

考点一 学习迁移的概念

学习迁移即一种学习对另一种学习的影响，也就是已获得的知识、技能、学习方法或学习态度与新学习的知识、技能、学习方法或学习态度间的相互影响。举一反三、触类旁通等都可以用迁移加以解释。

考点二 学习迁移的分类

（一）正迁移、负迁移和零迁移

根据迁移的性质的不同可将学习迁移分为正迁移、负迁移和零迁移。

正迁移也称助长性迁移、积极迁移，是指一种学习对另一种学习产生积极的促进作用，如阅读技能的掌握有助于写作技能的提高。

负迁移也称抑制性迁移、消极迁移，是指一种学习对另一种学习产生消极的阻碍作用，如数学学习中的十进制对计算机学习中的二进制产生干扰。

零迁移是迁移的一种特殊形式，是指两种学习之间不存在直接的相互影响。

真题邂逅

（2018 上半年·15）学习了三角形和长方形的面积公式之后，学习梯形的面积公式就比较顺利。这种迁移属于（　　）。

A. 零迁移　　　　B. 逆向迁移　　　　C. 负迁移　　　　D. 正迁移

【答案】D

（二）顺向迁移和逆向迁移

根据迁移发生的方向的不同可将学习迁移分为顺向迁移和逆向迁移。

顺向迁移是指先前学习对后继学习产生的影响，如在物理中学习了"平衡"的概念后，就会对以后学习化学平衡、生态平衡、经济平衡产生影响。

逆向迁移是指后继学习对先前学习产生的影响，如学习了微生物后会对先前学习的动物、植物的概念产生影响。

真题邂逅

（2015上半年·13）学生小辉由于会打羽毛球，很快就学会了打网球。这种现象为（   ）。

A. 顺向正迁移　　　B. 逆向正迁移　　　C. 顺向负迁移　　　D. 逆向负迁移

【答案】A

（三）一般迁移和具体迁移

根据迁移发生的方式或迁移内容的普遍性与特殊性可将学习迁移分为一般迁移和具体迁移。

一般迁移也称非特殊迁移、普遍迁移，是指在一种学习中所习得的一般原理、方法、策略和态度对另一种具体学习内容的影响，即将原理、策略和态度具体化，运用到具体的事例中去。如学生在学习中获得的一些基本的运算技能、阅读技能可以广泛运用到各种具体的数学或语文学习中去。

具体迁移也称特殊迁移，是指学习迁移发生时，学习者原有的经验组成要素及其结构没有变化，只是将一种学习中习得的经验要素重新组合并迁移到另一种学习之中。如学会写"石"这个字有助于学习写"磊"；又如学生在学完整数的加减乘除之后有助于四则混合运算的学习。

（四）水平迁移和垂直迁移

根据迁移内容抽象和概括水平的不同可将学习迁移分为水平迁移和垂直迁移。

水平迁移也称横向迁移、侧向迁移，指先行学习内容与后继学习内容在难度、复杂程度和概括程度上处于同一水平的学习活动之间产生的影响。如通过加、减、乘法学习后获得的一些运算技能会促进除法运算的学习；又如直角、钝角、锐角、平角等概念之间的关系是并列的，都处于同一抽象和概括水平，这些概念的学习相互之间会产生影响。

垂直迁移也称纵向迁移，指先行学习内容与后续学习内容是不同水平的学习活动之间产生的影响。垂直迁移表现在两个方面：一是自下而上的迁移，即下位的较低层次的经验影响上位的较高层次的经验的学习；二是自上而下的迁移，即上位的较高层次的经验影响下位的较低层次的经验的学习。如学了"角"的概念后，再学习"直角""锐角"等概念。

真题邂逅

（2017 上半年·13）小军由于"锐角三角形"知识掌握不好而影响了"钝角三角形"知识的掌握。这种现象属于（　　）。

　　A. 纵向迁移　　　　B. 横向迁移　　　　C. 顺应迁移　　　　D. 重组迁移

　　【答案】B

（五）同化性迁移、顺应性迁移和重组性迁移

根据迁移过程中所需的内在心理机制的不同可将学习迁移分为同化性迁移、顺应性迁移和重组性迁移。

同化性迁移是指不改变原有的认知结构，直接将原有的认知经验应用到本质特征相同的一类事物中。原有认知结构在迁移过程中不发生实质性的改变，只是得到某种充实。平时我们所说的举一反三、闻一知十都属于同化性迁移。

顺应性迁移是指将原有认知经验应用于新情境中时，需调整原有经验或对新旧经验加以概括，形成一种能包容新旧经验的更高一级的认知结构，以适应外界的变化。

重组性迁移是指重新组合原有认知系统中某些构成要素或成分，调整各成分间的关系或建立新的联系，从而将其应用于新情境中。在重组过程中，基本经验成分不变，但各成分间的结合关系发生了变化，即进行了调整或重新组合。如将已掌握的字母进行重新组合，形成新的单词；对一些原有舞蹈或体操动作进行调整或重新组合，编排出新的舞蹈或体操动作。

考点三　学习迁移的理论

（一）早期学习迁移理论

早期学习迁移理论主要包括形式训练说、相同要素说、概括化理论与关系转换说等。

1. 形式训练说

形式训练说是最早的关于迁移的理论，其心理学基础是官能心理学，其代表人物是德国心理学家沃尔夫。

形式训练说认为人类的心理由许多不同的心理官能，如观察、注意、记忆、想象、思维等组成。这些心理官能只有通过训练才能发挥作用，知识的迁移就是心理官能得到训练的结果。因此，这种理论认为，在学校教育中，传递知识远不如训练官能来得重要。掌握知识是次要的，官能的发展才是最重要的，知识的价值在于它是训练官能的材料。赞成该理论的学者把训练和改进心理官能作为教学的重要目标，忽视了学习的内容。这种理论运用到教育上造成的直接后果就是题海战术，偏重所学内容的难度和训练价值。

形式训练说重视能力的培养和学习的迁移，强调对有效的记忆方法、工作方式、学习习惯以及

一般的有效工作技术进行特殊训练，这些都是有积极意义的。但形式训练说缺乏科学的依据，引起了一些研究者的怀疑和反对。

2. 相同要素说（共同要素说、共同成分说）

桑代克提出迁移的相同要素说，后来被伍德沃斯修改为共同成分说。当两种学习活动有共同成分时，迁移才能发生。

相同要素说认为只有当原先的学习情境与新的学习情境有相同要素时，原先的学习才有可能迁移到新的学习中去。而且，迁移的程度取决于这两种情境相同要素的多少，相同要素越多，迁移的程度越高；相同要素越少，迁移的程度越低。

相同要素说虽然对学习迁移的研究和实际教学起到了积极的作用，但它只看到学习情境的作用，完全忽略了主体因素对学习迁移的影响，否认了迁移过程中复杂的认知活动。简而言之，共同要素是学习迁移产生的客观必要条件，但不是唯一条件。

3. 概括化理论（经验类化说）

概括化理论也称为经验类化说，是由美国心理学家贾德提出的一种迁移理论。

贾德认为，先期学习获得的东西之所以能迁移到后期的学习中，是因为在先期学习中获得了一般原理，这种原理可以部分或全部地运用于两种学习当中。两种学习活动之间存在共同要素仅仅是知识产生迁移的必要前提，而迁移产生的关键是学习者在两种活动中通过概括形成了能够泛化的共同原理。只要一个人对他的经验进行概括，就可以完成从一种情境到另一种情境的迁移。对原理了解、概括得越好，在新情境中迁移得也就越好。

由于贾德把经验的类化与迁移看成等同的，而经验的类化又是学习与教学的结果，所以他十分重视教学方法在迁移中的作用。在贾德看来，迁移是不可能自动发生的，关键在于教师的教法。

🌐 **见多识广**

"水下击靶"实验

1908 年，贾德进行了著名的"水下击靶"实验。他把十一二岁的小学高年级学生分成 A、B 两组，让他们练习水中打靶。对 A 组被试先教以光在水中的折射原理而后让其进行练习，B 组则只进行练习、尝试，而不教给他们原理。当他们达到相同的训练成绩以后，增加水中目标的深度，结果继续打靶时，学过原理的一组的练习成绩明显优于未学过原理的一组的成绩。贾德认为这是因为学过原理的一组已经把折射原理概括化，从而对不同深度的靶子能很快做出调整和适应。

---

4. 关系转换说（关系理论）

关系转换说也称关系理论，是由格式塔心理学家提出的一种迁移理论。格式塔心理学家从理解事物关系的角度对经验类化的迁移理论进行了重新解释，并通过实验证明了迁移产生的实质是个体对事物间的关系的理解。

苛勒通过实验证明迁移的产生依赖于两个条件：一是两种学习之间存在一定的关系；二是学习者对这一关系的理解和顿悟。学习迁移的重点不在于掌握原理，而在于察觉到手段和目的之间的关系，这是实现迁移的根本条件。

见多识广

"小鸡啄米（小鸡觅食）"实验

　　苛勒在 1929 年做了"小鸡啄米（小鸡觅食）"实验。实验中给小鸡呈现两张不同颜色的纸，一张是浅灰色的，一张是深灰色的，食物总是放在颜色较深的纸上面。经过 400～600 次的训练，小鸡都学会了在深颜色纸上找食物。然后用更深颜色的纸代替原来的浅灰色纸。实验表明，小鸡不是在原来的深色纸上去找食物，而更多的是从更深颜色的纸上寻找食物（正确反应率为 70%）。

（二）现代学习迁移理论

1. 认知结构迁移理论

　　认知结构迁移理论是奥苏伯尔提出的关于学习迁移的理论。奥苏伯尔认为，学习者的认知结构是影响学习迁移的重要因素。认知结构是学生头脑内的知识结构，一切有意义的学习都是在原有认知结构的基础上产生的，不受原有认知结构影响的有意义学习是不存在的。一切有意义的学习必然包括迁移，迁移是以认知结构为中介进行的，原有认知结构的特征直接决定了迁移的可能性和迁移的程度。

　　奥苏伯尔提出了影响迁移的三个主要的认知结构变量或认知结构的特征：（1）可利用性，即学生面对新的学习任务时，其认知结构中应具有吸收并固定新知识的原有观念，这样才能够产生有意义学习；（2）可辨别性，指新的学习任务与同化它的相关知识的可分辨程度。两者的分辨程度越高，越有助于迁移以及避免因新旧知识的混淆而带来的干扰；（3）稳定性，指学生面临新的任务时，其认知结构中原有的知识是否稳定。原有知识越稳定，越有助于迁移。

2. 迁移的产生式理论

　　迁移的产生式理论是由辛格莱和安德森针对认知技能的迁移提出的。

　　迁移的产生式理论认为前后两项学习任务产生迁移的原因是两项任务之间产生式的重叠，重叠越多，迁移量越大。产生式是指有关条件和行动的规则，简称 C-A 规则。当两项任务之间有共同的产生式或产生式重叠时，迁移就会发生，也就是说，产生式的相似是迁移产生的条件。

3. 迁移的情境性理论

　　格林诺等人提出了迁移的情境性理论。迁移的情境性理论认为迁移问题主要说明在一种情境中学习参与某种活动将如何影响在不同情境中参与另一种活动的能力。学习是个体与环境中的事件的相互作用，是对情境所具有的特征的一种适应。动作图式是通过相互作用而形成的，该图式是活动的组织原则，而不是符号性的认知表征。迁移就在于如何以不变的活动结构或动作图式来适应不同的情境，这种活动结构的建立既取决于最初的学习情境，也取决于后来的迁移情境。

考点四　影响学习迁移的主要因素

（一）相似性

1. 学习材料之间的相似性

学习材料作为学生学习的对象和知识的主要来源，对学习迁移有着重要的影响。前后两次的学习材料包括所学知识与技能之间有无共同性是影响学习迁移能否产生的重要因素之一。两种学习材料的相似性越高，越容易产生迁移，但并不意味着一定会产生正迁移。如果前面学习的材料对后面学习的材料产生的是积极的影响，那么就是正迁移，相反，如果产生的是消极的影响，就是负迁移。在学习中，辨别学习材料之间的相同点和不同点是促进迁移的重要条件，这既有助于正迁移的发生，也有助于克服学习材料的相似可能带来的负迁移。

2. 学习情境的相似性

任何知识经验的获得和应用都和一定的情境有着密切的关系，从学习迁移的角度来讲，知识经验获得的情境与知识应用的情境在许多方面都密切相关。在两次学习活动之间，如果出现相似的环境、相同的场所、相同的学习者，学习迁移就很容易产生。

真题邂逅

（2018 下半年·25）学习材料的难度越大，越难以产生迁移。

【参考答案】

此说法错误。

影响学习迁移的主要因素有相似性、原有认知结构和学习的心向与定势等。其中，学习材料作为学生学习的对象和知识的主要来源，对学习迁移有着重要的影响。在学习中，学习材料相似性越高，越容易产生迁移。学生原有认知结构的知识经验与新学习材料的联系性越高，越容易产生迁移，而学习材料的难度与迁移的产生并没有直接关系。

（二）原有认知结构

1. 学习者的背景知识

学习者拥有相应的背景知识是影响迁移产生的重要前提条件。一般情况下，已有的背景知识越丰富，越有利于新的学习，即迁移越容易。

2. 原有知识经验的概括水平

学习者对原有的知识经验的概括水平对迁移起到至关重要的作用。一般而言，对原有经验的概括水平越高，迁移的可能性越大，效果越好；对原有经验的概括水平越低，迁移的可能性越小，效果也越差。

3. 学习策略的水平

学习者是否具有相应的认知技能或策略以及对认知活动进行调节、控制的元认知策略也影响着迁移的产生。

（三）学习的心向与定势

心向与定势常常指的是同一种现象，即先于一定的活动而又指向该活动的一种动力准备状态。定势的形成往往是由于先前的反复经验，它将支配个体以同样的方式去对待后继的同类问题。正因如此，定势在迁移过程中也起到一定的作用。陆钦斯的"量杯"实验是定势影响迁移的一个典型例证。

定势对迁移的影响表现为两种：促进和阻碍。定势既可以成为正迁移的心理背景，也可以成为负迁移的心理背景，或者成为阻碍迁移产生的潜在的心理背景。

除前面所涉及的影响迁移的一些基本因素外，诸如年龄、智力、学习者的态度、教学指导、外界的提示与帮助等都在不同程度上影响着迁移的产生。

考点五 有效促进学习迁移的措施

（一）精选教材

精选的教学内容有助于学生在有限的时间内掌握大量的、有用的经验。教师应选择那些具有广泛迁移价值的科学成果作为教材的基本内容，同时，教材还必须包括基本的、典型的事实材料，并阐明概念、原理的适用条件。

（二）合理编排教学内容

精选的教材只有通过合理的编排才能充分发挥其迁移的效能。从迁移的角度来看，合理编排的标准就是使教材达到结构化、一体化和网络化。

（三）合理安排教学程序

合理编排的教学内容是通过合理的教学程序得以体现、实施的，教学程序是使有效的教材发挥功效的最直接的环节。宏观上应将基本的知识、技能和态度作为教学的主干结构，并依此进行教学；微观上，应注重学习目标与学习过程的相似性，或有意识地沟通具有相似性的学习。简言之，教学过程中的每一个环节都应努力体现迁移规律。

（四）教授学习策略，提高迁移意识

教师仅教给学生如何组织良好的信息是不够的，还必须使学生了解在什么条件下、如何迁移所学的内容，迁移的有效性如何等，结合实际学科的教学来教授有关的学习策略和元认知策略是达到这一目标的有效手段。教师在教学中要重视引导学生对各种问题进行深入分析、综合、比较、抽象、概括，帮助学生认识问题之间的关系，寻找新旧知识或课题的共同特点，掌握归纳知识经验的原理、法则、定理、规律的一般方法，发展学生分析问题和概括问题的能力，重视学生对学习方法的学习，以增强学生的迁移意识。

第四节
学 习 策 略

导航图

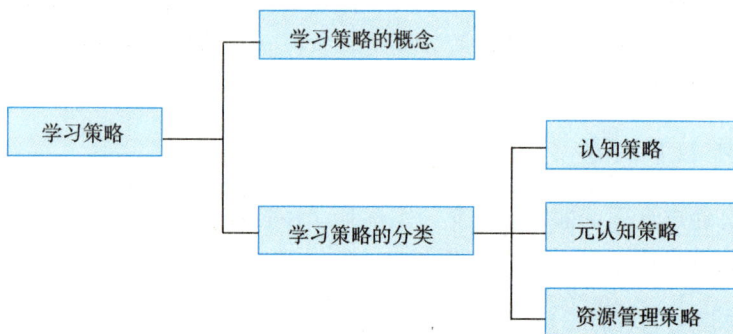

机要室

高频考点	考查频率（2013年以来）	考查题型
认知策略	4	单项选择题
元认知策略	1	单项选择题

考点简析

考点一 学习策略的概念

　　学习策略是指学习者为了提高学习的效果和效率，有目的有意识地制定的有关学习过程的复杂的方案。

考点二 学习策略的分类

　　现代西方心理学对学习策略的分类仁者见仁，智者见智，其中以迈克尔等人对学习策略的成分的划分最具有代表性。他们认为，学习策略包括认知策略、元认知策略和资源管理策略三部分。

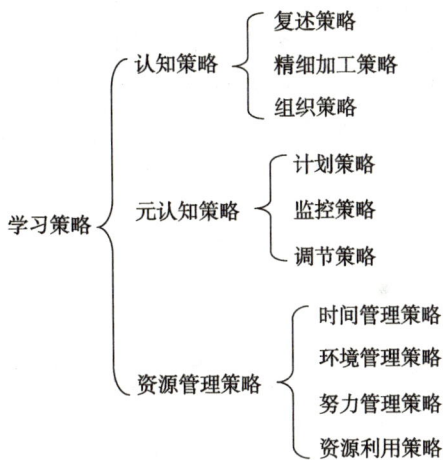

```
                          ┌ 复述策略
              ┌ 认知策略 ┤ 精细加工策略
              │           └ 组织策略
              │
              │           ┌ 计划策略
学习策略 ┤ 元认知策略 ┤ 监控策略
              │           └ 调节策略
              │
              │           ┌ 时间管理策略
              │           │ 环境管理策略
              └ 资源管理策略 ┤ 努力管理策略
                          └ 资源利用策略
```

（一）认知策略

1. 复述策略

复述策略是指在工作记忆中为了保持信息，运用内部语言在大脑中重现学习材料或刺激，以便将注意力维持在学习材料上的策略。常用的复述策略主要有：自觉利用有意识记、自觉排除相互干扰、整体识记和分段识记、多种感官参与识记过程、复习形式多样化和重点内容下面画线。

2. 精细加工策略

精细加工策略是一种将新学的材料与头脑中已有的知识联系起来从而增加新信息的意义的深层加工策略。如果一个新信息与其他信息联系得越多，能回忆出该信息的原貌的途径就越多，回忆就越容易。因此，它是一种理解性的记忆策略，和复述策略结合使用可以显著提高记忆效果。下面是一些常用的精细加工策略。

（1）记忆术

①位置记忆法。位置记忆法是一种传统的记忆术。这种技术曾在古代不用讲稿的讲演中广泛使用，而且沿用至今。使用位置记忆法就是学习者在头脑中创建一幅熟悉的场景，在这个场景中确定一条明确的路线，在这条路线上确定一些特定的点，然后将所要记的项目全都视觉化，并按顺序和这条路线上的各个点联系起来，回忆时，按这条路线上的各个点提取所记的项目。

②缩简和编歌诀。缩简就是将识记材料的每条内容简化成一个关键性的字，然后变成自己所熟悉的事物，从而将材料与过去经验联系起来。例如，记《辛丑条约》的内容时用"钱禁兵馆"（谐音"前进宾馆"）来帮助记忆。有时，我们可以将材料缩简成歌诀，歌诀韵律和谐，抑扬顿挫，非常有助于记忆。例如，《二十四节气歌》：春雨惊春清谷天，夏满芒夏暑相连，秋处露秋寒霜降，冬雪雪冬小大寒。

③谐音联想法。学习一种新材料时运用联想，假借意义，对记忆亦很有帮助，这种方法被称为谐音联想法。在记忆历史年代和常数时，这种方法行之有效。例如，有人记忆马克思的生日"1818年5月5日"时，联想为"马克思一巴掌一巴掌打得资产阶级呜呜地哭"。

④关键词法。关键词法就是将新词或概念与相似的声音线索词，通过视觉表象联系起来。例如，英文单词"Tiger"可以联想成"泰山上一只虎"。

⑤视觉联想。视觉联想就是要通过心理想象来帮助人们对信息的记忆。如前述位置记忆法实际

上就是一种视觉联想法，利用了心理表象。联想时，想象越奇特合理，记忆就越牢。比如，可以使用夸张、动态、奇异的手段进行联想，例如，可以将"飞机—箱子"想象为"飞机穿过箱子"等。

⑥语义联想。通过联想将新材料与头脑中的旧知识联系在一起，赋予新材料以更多的意义。实际上，语义联想就是要在理解的基础上，把过去的旧知识当作"衣钩"来"挂住"所要记住的新材料。因此，我们要设法找出新旧材料之间的内在逻辑联系。例如，在记一个公式或原理时，要想一想，新公式或原理是如何从以前的公式或原理推导出来的。

真题邂逅

（2017下半年·16）地理老师教学生记忆"乞力马扎罗山"时，为方便学生记忆，将之戏称为"骑着马打着锣"。这种学习策略属于（　　）。

A. 复述策略　　B. 精细加工策略　　C. 组织策略　　D. 元认知策略

【答案】B

（2）做笔记

从信息加工的角度看，做笔记有助于对材料进行编码，同时还具有外部存储功能。做笔记包括摘抄、评注、加标题、写段落概括语以及列结构提纲等。研究表明，学生可以借助笔记来控制自己的注意和信息加工过程，发现新旧知识的内在联系，在新旧知识之间建立联系。

（3）提问

无论阅读还是听讲，学生要经常评估自己的理解状况，思考这样一些问题：这一新信息意味着什么？与课文中的其他信息以及以前所学的信息有什么联系？如果在学生阅读时教他们提一些"谁""什么""哪儿"和"如何"的问题，他们能领会得很好。

（4）生成性学习

生成性学习就是要训练学生对他们所阅读的东西产生一个类比或表象，如图形、图像、表格和图解等，以加强其深层理解。这种方法最重要的一点就是需要积极的加工，不是简简单单地记录和记忆信息，不是从书中寻章摘句或稍加改动，而是要改动对这些信息的知觉。

（5）利用背景知识，联系实际

精细加工强调在新学的信息和已有知识之间建立联系，背景知识的多少在学习中是非常重要的。教师一定要把新的学习和学生已有的背景知识联系起来，不仅要帮助他们理解这些信息的意义，而且要帮助他们感觉到这些信息有用。

3. 组织策略

组织策略是整合所学新知识之间、新旧知识之间的内在联系，形成新的知识结构的策略。当然，组织策略和精细加工策略是密不可分的，如做笔记和写提要等实际上是两者的结合。下面是一些常用的组织策略。

（1）列提纲

列提纲时，先对材料进行系统的分析、归纳和总结，然后，用简要的词语，按材料中的逻辑关系写下主要和次要的观点。所列出的提纲要具有概括性和条理性，但其效果取决于学习者是如何使用它的。

（2）利用图形

①系统结构图。学完一科知识，要对学习材料进行归类整理，将主要信息归成不同水平或不同部分，然后形成一个系统结构图。复杂的信息一旦被整理成一个金字塔式的层次结构，就容易理解和记忆多了。在金字塔结构里，较具体的概念要放在较抽象的概念之下。

②流程图。流程图可用来表现步骤、事件和阶段的顺序，流程图一般是从左向右展开的，用箭头连接各步。

③模式或模型图。模式图就是利用图解的方式来说明在某个过程中各要素之间是如何相互联系的；模型示意图是指用简图表示事物的位置（静态关系）以及各部分的操作过程（动态关系）。

④网络关系图。做关系图时，首先要找出主要观点；然后找出次要的观点或支持主要观点的部分；接着标出这些部分，并将次要的观点和主要的观点联系起来。在关系图中，主要观点位于正中，支持性的观点位于主要观点的周围。

（3）利用表格

①一览表。首先对材料进行全面的综合分析，然后抽取主要信息，并从某一角度出发，将这些信息全部陈列出来，力求反映材料的整体面貌。例如，学习中国历史时，可以时间为轴，将朝代、主要历史人物、历史事件全部展现出来，制成一幅中国历史发展一览图。

②双向表。双向表是指从纵横两个维度来罗列材料中的主要信息，层次结构图和流程图都可以衍变成双向表。

真题邂逅

（2016 下半年·17）在老师的指导下，学生采用画示意图的方式对知识进行归纳整理，以促进自己对所学知识的掌握。学生采用的这种学习策略是（　　　）。

A. 复述策略　　　　B. 精细加工策略　　　　C. 监控策略　　　　D. 组织策略

【答案】D

（二）元认知策略

所谓元认知是对认知的认知，具体地说，是关于个人自己认知过程的知识和调节这些过程的能力，元认知包括元认知知识、元认知体验和元认知监控三个基本方面。元认知策略是学生对自己的认知过程的认知策略，包括对自己的认知过程的了解和控制策略。元认知策略分为以下三种策略：

1. 计划策略

计划策略是指根据认知活动的特定目标，在一项认知活动之前计划各种活动，预计结果，选择策略，想出各种解决问题的方法，并预估其有效性。元认知计划策略包括设置学习目标、浏览阅读材料、产生待回答的问题以及分析如何完成学习任务。

2. 监控策略

监控策略是指在认知活动进行的实际过程中，根据认知目标及时评价、反馈认知活动的结果与不足，正确估计自己达到的认知目标的程度、水平，并根据有效性标准评价各种认知行动、策略的效果。元认知监控策略包括阅读时对注意加以跟踪、对材料进行自我提问，考试时监视自己的速度和时间。

3. 调节策略

调节策略是根据对认知活动结果的检查展开的，如发现问题，则采取相应的补救措施，根据对认知策略的效果的检查，及时修正、调整认知策略。调节策略与监控策略有关，例如，当学习者意识到他不理解课文的某一部分时，他就会退回去读感觉困难的段落；在阅读较难或不熟的材料时会放慢速度；测验时会跳过某个难题，先做简单的题目等。

（三）资源管理策略

1. 时间管理策略

（1）统筹安排学习时间

（2）高效利用最佳时间

（3）灵活利用零碎时间

2. 环境管理策略

首先，要注意调节自然条件，如流通的空气、适宜的温度、明亮的光线以及和谐的色彩等；其次，要设计好学习的空间，如空间范围、室内布置、用具摆放等。

3. 努力管理策略

为了使学生维持自己的意志努力，需要不断地鼓励学生进行自我激励。这包括激发内在动机，树立为了掌握而学习的信念，选择有挑战性的任务，调节成败的标准，正确认识成败的原因和自我奖励等。

4. 资源利用策略

资源利用策略也称寻求支持策略、学业求助策略，主要包括两方面：一是学习工具的利用，即善于利用参考资料、工具书、图书馆、广播电视以及电脑与网络等；二是社会人力资源的利用，即善于利用老师的帮助以及通过同学间的合作与讨论来加深对教学内容的理解。

第 五 节
知识的学习与技能的形成

导航图

```
                                    ┌─ 知识的概念与分类
                         知识的学习 ─┼─ 知识学习的分类
                         │          └─ 知识学习的过程
知识的学习与技能的形成 ──┤
                         │          ┌─ 技能的概念
                         │          ├─ 技能的分类
                         技能的形成 ─┼─ 操作技能的形成
                                    ├─ 操作技能的培养
                                    ├─ 心智技能的形成
                                    └─ 心智技能的培养
```

机要室

高频考点	考查频率（2013 年以来）	考查题型
知识的学习	3	单项选择题、简答题
技能的形成	1	简答题

考点简析

考点一 知识的学习

（一）知识的概念与分类

1. 知识的概念

现代认知心理学认为，知识就是个体通过与环境相互作用而获得的信息及其组织。知识的实质是人脑对客观事物的特征与联系的反映，是客观事物的主观表征，是人类经验、思想、智慧的存在形式。

2. 知识的分类

（1）感性知识与理性知识

根据知识的概括水平及认识深度的不同可以将知识分为感性知识和理性知识。

感性知识一般通过人们的感觉器官直接获得，是对活动的外部特征和外部联系的反映，是对具有感性特征的、具体而有形的信息的言语概括，可分为感知和表象两种水平。

理性知识一般通过人们的思维活动间接获得，是对活动的本质特征与内在联系的反映，包括概念和命题两种形式。

（2）陈述性知识、程序性知识与策略性知识

根据知识的表征方式和作用的不同可以将知识分为陈述性知识、程序性知识和策略性知识。

陈述性知识也叫描述性知识，是个人能用言语直接进行陈述的知识。这类知识主要用来回答"是什么""为什么"和"怎么样"等问题，是关于事物及其联系的知识，主要用于区别和辨别事物。目前学校教学传授的主要是陈述性知识，陈述性知识的表征方式主要有概念、命题和命题网络或图式。

程序性知识也叫操作性知识，是一种经过学习自动化了的关于行为步骤的知识，表现为在信息转换活动中进行具体操作。它是个人没有有意识地提取线索，只能借助某种作业形式间接推测其存在的知识，实际上是传统意义上的技能。主要用来解决"做什么"和"怎么做"等问题。程序性知识主要以产生式和产生式系统进行表征。

策略性知识是个体运用陈述性知识和程序性知识去学习、记忆、解决问题的一般方法和技巧，是关于如何学习和如何思维的知识。

📌 真题邂逅

（2016 下半年·15）小刚利用改变物体接触面大小或光滑程度的方法，来增强或减弱滑板的摩擦力。这主要说明小刚能够运用（　　）。

　　A. 元认知知识　　　　B. 描绘性知识　　　　C. 情境性知识　　　　D. 程序性知识

　　【答案】D

（3）显性知识与隐性知识

英国的波兰尼根据知识能否清晰地表述和有效地转移将知识分为显性知识和隐性知识。

显性知识是指能用书面文字、图表和数字符号表述的知识，通常是用言语等人为方式，通过表述来实现转移的，所以又称为言明的知识。

隐性知识是指尚未被言语或其他形式表述的知识，是尚未言明的、难以言传的知识。

（二）知识学习的分类

1. 表征学习、概念学习和命题学习

奥苏伯尔把有意义学习分为表征学习（符号学习）、概念学习和命题学习。

（1）表征学习（符号学习）

表征学习也称符号学习，是指学习单个符号或一组符号的意义，或者说学习符号本身代表什么。

表征学习的主要内容是认字及词汇学习。

（2）概念学习

概念学习即概念的获得，就是要理解某类事物区别于其他事物的关键特征。

（3）命题学习

命题学习是指学习句子中由若干概念所构成的复合意义，即学习若干概念之间的关系。

2. 下位学习、上位学习和并列结合学习

奥苏伯尔根据新知识与原有知识结构的关系将知识学习分为下位学习、上位学习和并列结合学习。

（1）下位学习（类属学习）

下位学习又称类属学习，是指当认知结构中原有观念的抽象、概括和包摄性高于新知识，新旧知识建立下位联系时的知识学习。下位学习包括两种形式：派生类属学习和相关类属学习。

派生类属指新观念是认知结构中原有观念的特例或例证，新知识只是旧知识的派生物，即新的学习内容仅仅是学生已有的、包括面较广的命题的一个例证，或者是能从已有命题中直接派生出来的。例如，如果学生已有了"文具"的概念，再来学习"铅笔"这个词汇时，就可通过派生类属学习来实现。

相关类属指新内容的纳入可以扩展、修饰或限定学生已有的概念、命题，并使其精确化。例如，学生已学习了"挂国旗是爱国行为"这一命题，现在要学习"保护能源是爱国行为"这个新命题，新命题因归属于旧命题而获得意义，原有概念的内涵被加深或拓展。

（2）上位学习（总括学习）

上位学习又称总括学习，是指当新知识的抽象、概括和包摄性高于旧知识，新旧知识建立上位联系时的知识学习。上位学习是指在已经形成的某些观念的基础上学习一个概括和包容程度更高的概念或命题，即通过综合归纳获得意义的学习。

（3）并列结合学习（并列组合学习）

并列结合学习又称并列组合学习，是指新知识与原有观念既无上位也无下位的特殊联系的知识学习。例如，学习遗传结构与变异、质量与能量、热与体积、需求与价格等概念之间的关系就属于并列结合学习。

真题邂逅

（2017下半年·17）英语老师先教学生蔬菜、水果、肉的英文单词，再教羊肉、猪肉、牛肉、胡萝卜、辣椒、西红柿、芒果、木瓜、香蕉等英文单词，并要求学生把后者纳入到前者的类别中。这种知识学习属于（　　）。

A. 下位学习　　　　　B. 上位学习　　　　　C. 组合学习　　　　　D. 并列学习

【答案】A

（三）知识学习的过程

陈述性知识的学习过程主要是学生对知识的内在加工过程，这一过程包括知识的获得、知识的保持和知识的提取三个阶段。

程序性知识学习的一般过程是从陈述性知识转化为自动化技能的过程，由陈述性阶段、程序化阶段、自动化阶段三个阶段构成。以下我们主要介绍陈述性知识的获得和保持的相关内容。

1. 知识直观

（1）知识直观的概念

知识直观是学习者通过对直接感知到的教材直观信息进行加工，从而获得感性知识的过程。知识直观是理解科学知识的起点，是学生由不知到知之的开端，是知识获得的首要环节。知识直观主要包括实物直观、模象直观和言语直观三种类型。

（2）提高知识直观效果的措施

①灵活选用实物直观和模象直观。

②加强词（言语直观）与形象（实物直观和模象直观）的配合。

③运用感知规律，突出直观对象的特点。

④培养学生的观察能力。

⑤让学生充分参与直观过程。

2. 知识概括

（1）知识概括的概念

知识概括是指主体通过对感性材料的分析、综合、比较、抽象、概括等深层次的加工改造，获得对一类事物本质特征与内在联系的抽象的、一般的、理性的认识的活动过程，它包括感性概括和理性概括。

（2）提高知识概括的措施

①充分运用变式。变式是指概念的正例在无关特征方面的具体变化，也就是保持概念的关键特征，变化那些非关键特征，从而构成表现形式不同的例证。例如在讲"果实"的概念时，不仅要选用可食的水果（如苹果、柿子、桃子等），还要选择一些不可食的果实（如橡树籽、棉籽等），这样有利于学生看到一切果实都具有"种子"这一关键属性，而舍弃其"可食性"这一无关特征。

②进行科学的比较。比较是从方法学的角度促进知识的概括，一般来说，比较主要有同类比较和异类比较两种方式。同类比较是关于同类事物之间的比较，例如，为使学生学习正方形的概念，可以将其与平行四边形、梯形、长方形等概念进行比较。异类比较是不同类但相似、相近或者相关的事物之间的比较，如"重量与质量""压力与压强""主语和谓语"等概念的比较。

③适当运用正例和反例。正例又称肯定例证，是指包含着概念或规则的本质特征和内在联系的例证；反例又称否定例证，是指不包含或只包含了一小部分概念或规则的主要属性和关键特征的例证。

④启发学生进行自觉的知识概括。为了促进知识的获得，在实际的教学情境中，教师应该启发学生进行自觉的概括，鼓励学生主动参与问题的讨论，鼓励学生自己总结原理、原则，尽量避免一开始就要求学生记忆或背诵。

3. 促进知识获得和保持的方法

（1）明确知识学习的目的，增强学习主动性

在学习知识之前，教师要告知学生学习的目的，激发学生的学习动机，让学生主动参与到学习

活动中，这样可以促进知识的获得和保持。

（2）在学习活动与使用知识的条件之间建立联系

在教学过程中，教师设计的学习活动应与知识的应用之间建立内在的联系，让学生明白学习的知识在之后如何运用，这样不仅可以调动学生的积极性，还可以促进知识的获得和保持。

（3）深度加工学习材料

深度加工是指增加新的学习材料的相关信息，以帮助学生理解和记忆新材料的方法。

（4）进行组块化编码

组块是指在记忆过程中对记忆材料加以分类或加工使之成为小的整体。短时记忆的容量是有限的，为 7 ± 2 个组块，在记忆知识时，我们对材料进行组块化编码可以扩大记忆的容量。

（5）合理安排练习和复习

适量的练习可以加深学生对知识的理解。练习分为集中练习和分散练习，集中练习是指将新学的知识集中起来练习，直到完全掌握；分散练习是指每天练习一部分，练习持续一段时间，直到完全掌握才结束练习。合理的复习可以促进知识的保持，复习的方式主要有及时复习、分散复习和集中复习等。

真题邂逅

（2018 下半年·29）简述促进知识获得和保持的方法。

【参考答案】

见上文。

考点二 技能的形成

（一）技能的概念

技能就是个体运用已有的知识经验，通过练习而形成的确保某种活动得以顺利进行的合乎法则的活动方式。技能的形成除了需要程序性知识，还需要陈述性知识。

（二）技能的分类

根据技能的性质和表现形式的不同可将技能分为操作技能与心智技能两种。

1. 操作技能

操作技能也叫动作技能、运动技能，是通过学习而形成的合乎法则的程序化、自动化和完善化的操作活动方式。如音乐方面的吹、拉、弹、唱，体育方面的球类运动、体操、田径等。

操作技能的特点：（1）动作对象的客观性；（2）动作执行的外显性；（3）动作结构的展开性。

2. 心智技能

心智技能也称智力技能、认知技能，是一种借助内部力量调节、控制心智活动的经验，是通过学习而形成的合乎法则的心智活动方式。如阅读技能、写作技能、运算技能、解题技能、记忆技能等。

心智技能的特点：（1）动作对象具有观念性；（2）动作执行具有内潜性；（3）动作结构具有简缩性。

（三）操作技能的形成

冯忠良的四阶段模型

我国心理学家冯忠良认为，操作技能的形成可以分为操作定向、操作模仿、操作整合与操作熟练四个阶段。

（1）操作定向

操作定向是操作技能最基础的一个阶段，是极为重要的。操作定向也称操作的认知阶段，是指在了解操作活动结构的基础上，在头脑中建立起操作活动的定向映象的过程。操作定向的目的在于掌握与动作有关的陈述性知识与程序性知识。

（2）操作模仿

操作模仿是指学习者通过观察实际再现特定的示范动作或行为模式。操作模仿的实质是将头脑中形成的定向映象以外显的实际动作表现出来，因此，模仿是在定向映象的基础上进行的，需要以认知为基础。

（3）操作整合

操作整合是指把模仿阶段习得的动作依据其内在联系联结、固定下来，并使各动作成分相互结合，成为定型的、一体化的动作。

（4）操作熟练

操作熟练是操作技能掌握的高级阶段，这个阶段形成的动作方式对各种变化的条件具有高度的适应性，动作的执行达到高度的程序化、自动化和完善化。

（四）操作技能的培养

1.准确的示范与讲解

示范、讲解是技能训练的第一步，准确的示范与讲解有利于学习者在头脑中形成准确的定向映象，进而在实际操作活动中调节动作的执行。

2.要有适当的练习

练习是形成各种操作技能所不可缺少的关键环节，是动作技能形成的基本条件和途径，对技能的进步有促进作用。

练习过程中技能的进步情况可以用练习曲线来表示，练习曲线是指在连续多次的练习过程中所发生的动作效率变化的图解。练习曲线表明，在学生的动作技能的形成过程中，普遍存在以下几种情况：（1）练习成绩逐步提高；（2）练习中的高原现象。高原现象是指在学生动作技能的形成过程中，练习到一定阶段，学生往往出现进步暂时停顿的现象，它表现为练习曲线保持在一定的水平而不再上升；（3）练习成绩的起伏现象；（4）学生动作技能形成过程中的个别差异。

教学组织中练习要遵循的原则：（1）明确练习的目的和要求；（2）帮助学生掌握正确的练习方法，循序渐进、由易到难、有计划地进行练习；（3）正确掌握练习的次数、时间，保证练习的质量；（4）注意练习方式的多样化。

3.充分而有效的反馈

反馈是指在学习者知道了自己的学习结果后，据此对其学习方法、计划和目标做出相应的调整。一般来讲，反馈来自两个方面：一是内部反馈，即操作者自身的感觉系统提供的感觉反馈；二是外部反馈，即操作者自身以外的人和事给予的反馈。

4. 建立稳定、清晰的动觉

动觉是由运动感觉和运动知觉构成的，是复杂的内部运动知觉，它反映的主要是身体运动时各种肌肉活动的特性，如紧张、放松等，而不是外界事物的特性。要建立稳定、清晰的动觉有必要进行专门的动觉训练，以提高其稳定性和清晰性，充分发挥动觉在技能学习中的作用。

真题邂逅

（2016上半年·29）简述动作技能培养的途径。

【参考答案】

见上文。

（五）心智技能的形成

心智技能的一般形成阶段

冯忠良在加里培林"内化"学说的基础上提出了心智技能形成的阶段理论。

1. 原型定向

原型是指心智活动的原样，即外化了的实践模式，物质化了的心智活动方式或操作活动程序。原型定向就是指了解心智活动的实践模式，了解"外化"或"物质化"了的心智活动方式或操作活动程序，了解原型的活动结构（动作构成要素、动作执行顺序和动作执行要求），从而使主体知道该做哪些动作和如何去完成这些动作，明确活动的方向。原型定向阶段的主要任务在于建立起进行活动的初步的自我调节机制，为进行实际操作提供内部控制条件。

2. 原型操作

原型操作是指依据智力技能的实践模式把学生在头脑中应建立起来的活动程序计划以外显的操作方式实施，以获得完备的动觉映象。

3. 原型内化

原型内化是心智活动的实践模式（实践方式）向头脑内部转化，由物质的、外显的、展开的形式变成观念的、内在的、简缩的形式的过程。原型内化阶段是心智技能形成的高级阶段，原型内化可分为三个小阶段：出声的外部言语动作阶段、不出声的外部言语动作阶段和内部言语阶段。

（六）心智技能的培养

1. 激发学习的主动性与积极性。
2. 注意原型的独立性、完备性与概括性。
3. 根据培养的阶段特征正确使用言语。
4. 注意学生的个体差异。
5. 科学地进行练习。

第六节 问题解决

导航图

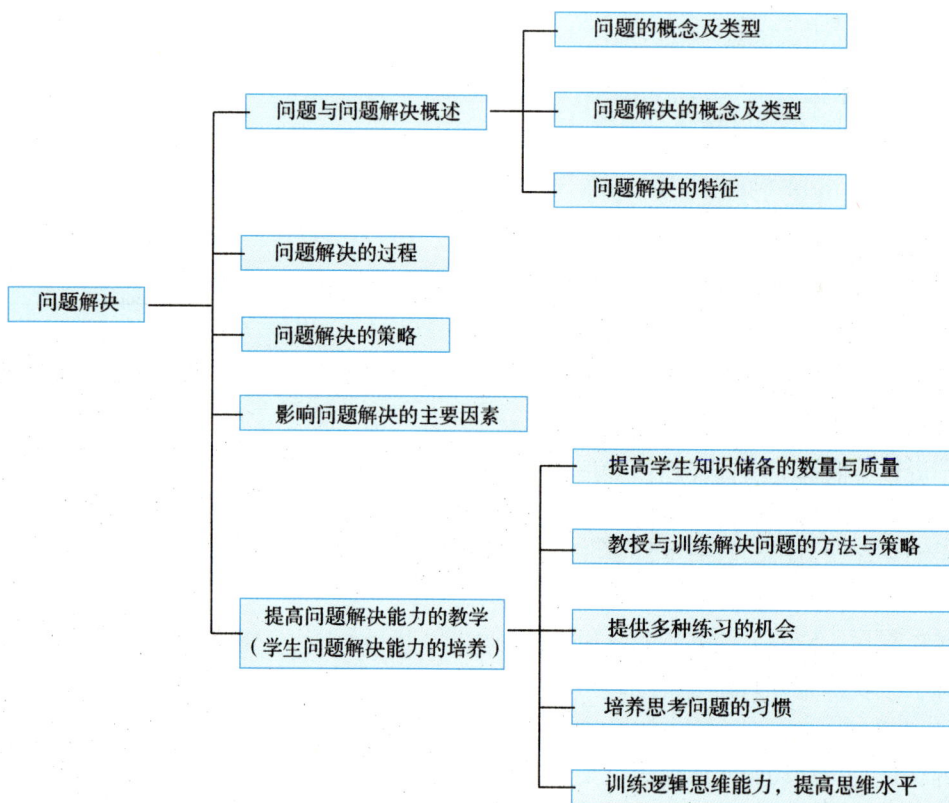

机要室

高频考点	考查频率（2013年以来）	考查题型
问题解决的过程	1	单项选择题
问题解决的策略	1	单项选择题
影响问题解决的主要因素	4	单项选择题、辨析题、材料分析题

考点简析

考点一 问题与问题解决概述

（一）问题的概念及类型

问题是指给定的信息和要达到的目标之间有某些障碍需要被克服的刺激情境。

按照问题的组织程度可以把问题分为有结构的问题和无结构的问题。

（二）问题解决的概念及类型

问题解决是由一定的情景引起的，按照一定的目标，应用各种认知活动、技能等，经过一系列的思维操作，使问题得以解决的过程。每一个问题的解决都必然包含四种成分：目的、个体已有的知识、障碍和方法。

问题解决可以分为两类，一是常规性问题解决，即使用常规方法来解决有结构的、有固定答案的问题；二是创造性问题解决，即综合应用各种方法或通过发展新方法、新程序等来解决无结构的、无固定答案的问题。

（三）问题解决的特征

1. 目的性。问题解决具有明确的目的性，它总是要达到某个特定的目标状态。

2. 序列性。问题解决包含一系列的心理活动，即认知操作，如分析、联想、比较、推论等。而且这些心理操作是存在一定序列的，一旦序列出错，问题就无法解决。

3. 认知性。问题解决活动必须由认知操作来进行，即通过内在的心理加工来实现。

考点二 问题解决的过程

问题解决的一般过程：发现问题—理解问题—提出假设—检验假设。

从完整的问题解决过程来看，发现问题是其首要环节。只有存在问题时，人们才有可能产生解决问题的认知活动。

理解问题也称为明确问题或分析问题，就是指把握问题的性质和关键信息，摒弃无关因素，并在头脑中形成有关问题的初步印象，即形成问题的表征。表征既是个体在头脑中对所面临的事件或情境的表现和记载，也是个体解决问题时所加工的对象。

提出假设就是提出解决问题的可能途径和方案，选择恰当的问题解决操作步骤。提出假设是问题解决的关键阶段。

检验假设就是通过一定的方法来确定假设是否合乎实际、是否符合科学原理。检验假设分为直接检验和间接检验，直接检验即通过实践来检验，通过问题解决的结果来检验；间接检验即通过推论来淘汰错误的假设，保留并选择合理的、最佳的假设。

真题邂逅

（2014下半年·13）初三学生小岩晚上在家复习功课，忽然灯灭了，他根据物理课上所学的知识，推测可能是保险丝断了，然后检查了闸盒里的保险丝。这是问题解决过程中的哪个阶段？（　　）

A. 发现问题阶段　　　B. 理解问题阶段　　　C. 提出假设阶段　　　D. 检验假设阶段
【答案】D

考点三　问题解决的策略

1. 算法式策略（尝试策略）

算法式策略就是在问题空间中搜索所有可能的解决问题的方法，直至选择一种有效的方法解决问题。用算法式策略可以保证问题得到解决，但需要大量的尝试。在采用算法式策略解决问题时，可能会发生胡乱地应用算法，碰巧得到了正确答案，但不知道正确解决问题的策略的情况。

2. 启发式策略（启发法）

启发式策略是人根据一定的经验和目标，在问题空间内进行较少的搜索，以达到问题解决的目的的一种方法。常见的启发式策略有以下几种：

（1）手段—目的分析法。当问题可分成若干个更小的问题时，人们常常采用手段—目的分析法。它的基本步骤：①比较初始状态和目标状态，提出第一个子目标；②找出完成第一个子目标的方法或操作，实现子目标；③提出新的子目标。如此循环往复，直至问题解决，但有时人们为了达到目的不得不暂时扩大目标状态与初始状态的差异，以便最终达到目标。

（2）逆向工作法（逆推法）。逆向工作法是指从问题的目标状态出发，以此为起点逐步向后推，得出达到目标需要的条件，将这些条件与问题提供的已知条件进行比较，若吻合，则推理成功，问题得到解决。

（3）爬山法。爬山法是一种类似于手段—目的分析法的解决策略，它是采用一定的方法逐步减少初始状态和目标状态的距离，以达到问题解决的目的的一种方法。

真题邂逅

（2016上半年·15）小亮在解决物理习题时，能够把各种解法逐一列出并加以尝试，最终找到一个最佳解法。小亮的这种解题方法属于（　　）。

A. 启发式　　　　B. 推理式　　　　C. 算法式　　　　D. 归纳式
【答案】C

考点四 影响问题解决的主要因素

1. 问题情境与表征方式

问题情境是指人们所要解决的问题的客观情境或刺激模式，也就是问题中材料的组织方式或问题呈现的知觉方式，问题表征是在头脑中对问题进行信息记载、理解和表达的方式。刺激的呈现方式能够影响人们的表征方式，而问题的表征方式直接影响了问题的解决。问题情境中的刺激模式与个人的知识结构越接近，问题就越容易解决，反之则越困难。

问题解决的影响因素

2. 知识经验与迁移

知识经验丰富与否会影响人们对问题的解决。心理学研究表明，专家和新手在解决问题的效率上的差异主要是由专家和新手在知识数量上的差异和知识组织方式上的不同造成的。

迁移是指已有的知识经验、技能和方法对解决新问题的影响。任何问题的解决都离不开一定的知识基础，必要的知识经验、完善的知识结构有利于问题的顺利解决。迁移有正迁移和负迁移之分，正迁移对解决新问题有促进作用，负迁移对解决新问题有阻碍或干扰作用。

3. 思维定势（心理定势）与功能固着

思维定势是指由先前的活动形成的并影响后继活动趋势的一种心理准备状态，它在思维活动中表现为一种易于以习惯的方式解决问题的倾向。当问题情境不变时，定势对问题的解决有积极的作用，有利于问题的解决；当问题情境发生变化时，定势对问题的解决有消极影响，不利于问题的解决。

功能固着是指个体在解决问题时往往只看到某种事物的通常功能，即人们长期以来形成的对某些事物的功能或用途的固定看法，而看不到它在其他方面可能有的功能。功能固着影响人的思维，不利于新假设的提出和问题的解决。

真题邂逅

（2016 下半年·14）在思维训练课中，老师让大家列举纽扣的用途，小丽只想到了纽扣可以钉在衣服前，用来扣衣服，却想不到纽扣可以制成装饰品、点缀衣服等其他用途。这种现象属于（　　）。

A. 功能迁移　　　B. 功能固着　　　C. 功能转换　　　D. 功能变通

【答案】B

（2013 上半年·14）老师问："一张桌子四个角，锯掉一个角，还有几个角？"张冬不假思索地回答："三个角。"老师又问："还有其他答案吗？"张冬想了想，没有回答出来。这说明张冬在解决问题时受到哪种因素的影响？（　　）

A. 功能固着　　　B. 原型启发　　　C. 心理定势　　　D. 垂直迁移

【答案】C

4. 原型启发

原型启发是指在其他事物或现象中获得的信息对解决当前问题的启发，具有启发作用的事物或现象叫原型。任何一个人对某一项目的发明创造或革新都不是凭空想象出来的，在开始时总要受到某种类似的事物或模型的启发。例如，鲁班被带齿的茅草划破了手而发明了锯子；瓦特看到水烧开时蒸汽把壶盖顶起来，受到启发发明了蒸汽机；人们通过对鸟翅膀构造的研究设计了飞机机翼；人们通过对蝙蝠超声波定位的仿效制造出雷达，这些都体现了原型启发。

5. 酝酿效应

酝酿效应是指当一个人长期致力于某一问题的解决而又百思不得其解的时候，如果他暂时停止对这个问题的思考而去做别的事情，几个小时、几天或几周之后，他可能会忽然想到解决的办法。

6. 个体的个性心理特性

问题解决还受个性心理特性的直接影响。当个体具有自强自立、乐观果断、勇于进取等优良特性时，往往能克服困难，善于利用各种有利条件，迅速有效地解决问题；如果个体缺乏此类特性，将妨碍问题解决。

除了上述因素外，个体的情绪状态、认知风格和世界观等也制约着问题解决的方向和效果。

考点五 提高问题解决能力的教学（学生问题解决能力的培养）

（一）提高学生知识储备的数量与质量

1. 帮助学生牢固地记忆知识

知识记忆得越牢固、越准确，提取的也就越快、越准确，成功地解决问题的可能性也就越大。教师应教给学生一些记忆和提取的方法，并鼓励学生应用这些方法。

2. 提供多种变式，促进知识的概括

只有深刻领会和理解的知识才能牢固地记忆和有效地应用，因此，教师要重视概括、抽象、归纳和总结，要应用同质不同形的各种问题的变式来突出本质特征，加强学生对不同类型的问题的区分与辨别，提高学生对所学内容的理解水平。

3. 重视知识间的联系，建立网络化结构

问题解决经常是综合应用各种知识的过程，知识之间的有机联系是保证正确地解决问题的基础。为此，教师要有意识地沟通课内外、不同学科、不同知识点之间的纵横交叉联系，使学生所获得的知识不只是一个孤立的点，而是能够融会贯通、有机配合的网络化、一体化的知识结构。

（二）教授与训练解决问题的方法与策略

1. 结合具体学科，教授思维方法

有效的思维方法或心智技能可以引导学生正确地解决问题，教师既可以结合具体的学科内容教授相应的心智技能，如审题技能、构思技能等，也可以根据已有的研究成果开设专门的思维训练课。

2. 外化思路，进行显性教学

教师在教授思维方法时应遵循由内而外的方式，即把教师头脑中的思维方法或思路提炼出来，明确地、有意识地外化出来，给学生示范，并要求学生模仿、概括和总结，这在一定程度上可以避免学生不必要的盲目摸索。

（三）提供多种练习的机会

教师要注重练习的质量，提高练习的有效性。教师应避免低水平的、简单的提问或重复的机械练习，防止学生陷入题海之中；应考虑练习的质量，根据不同的教学目的、教学内容、教学时段来精选、设计例题与习题，充分考虑练什么、什么时候练、练到什么程度、以什么方式练以及如何检验练的效果等。

注重练习的内容，加强练习的综合性。多种形式的练习可以调动学生主动参与学习的积极性，提高学生知识应用的变通性、灵活性与广泛性。

（四）培养思考问题的习惯

1. 鼓励学生主动发现问题

鼓励学生对平常事物多观察，不要被动地在教师指定作业后才去套用公式或定理去解决问题。

2. 鼓励学生多角度地提出假设

在明确问题的基础上，教师可以鼓励学生从不同的角度、尽可能多地提出各种假设，但不要对这些想法进行过多的评判，以免过早地局限于某一解决问题的方案中。这时，重要的是数量，而不是质量。

3. 鼓励自我评价与反思

教师要让学生自己反复推敲，分析各种假设、各种方法的优劣，对解决问题的整个过程进行监控与评价。也就是说，教师应注重培养学生的元认知能力，以有效地调控问题解决的过程。

（五）训练逻辑思维能力，提高思维水平

问题解决需要借助推理进行有效的思考，这需要人们不断地提高思维水平。训练学生思维的形式主要有两种：一种是直接上思维训练课，另一种是在学科教学中穿插思维训练的内容。

除以上几个方面外，培养学生问题解决的能力还可从培养学生主动质疑和解决问题的内部动机，设置适当难度的问题、帮助学生正确表征问题、帮助学生养成分析问题和对问题归类的习惯等方面着手。

第 五 章

中学生发展心理

风向标

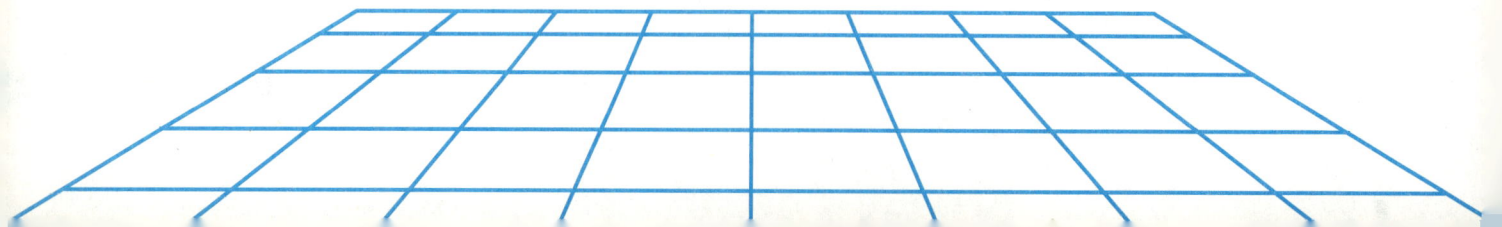

第一节 中学生的心理发展概述

导航图

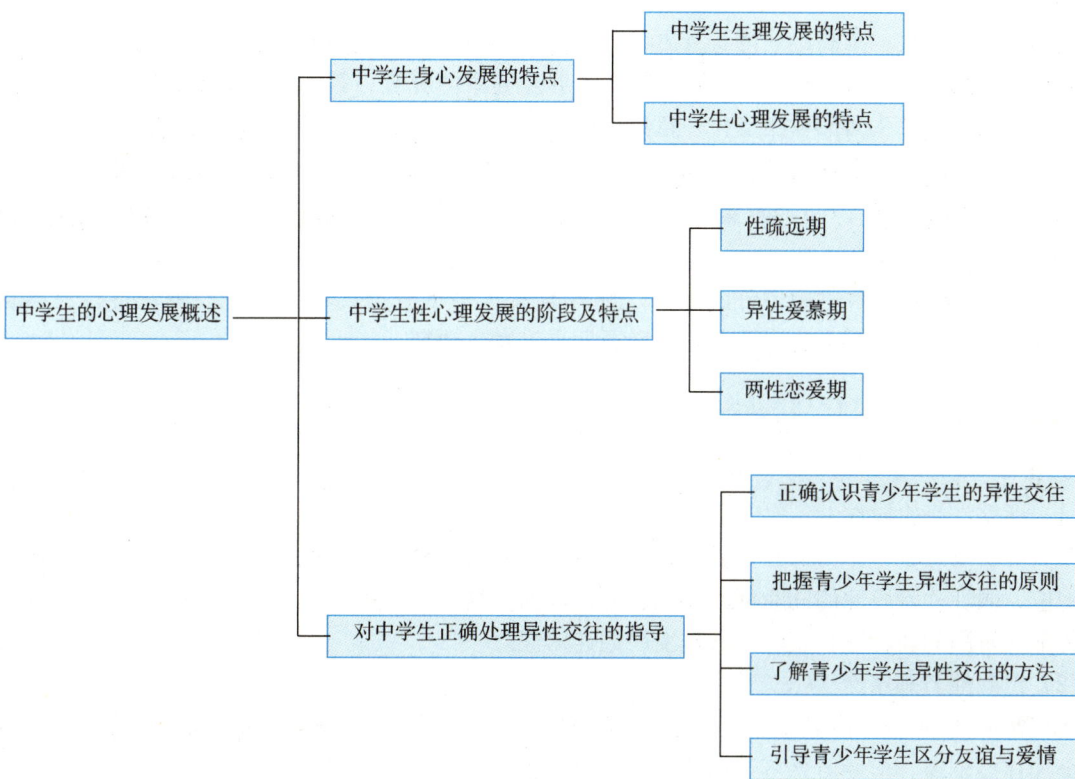

机要室

高频考点	考查频率（2013 年以来）	考查题型
中学生心理发展的特点	2	单项选择题、简答题、材料分析题
中学生性心理发展的阶段及特点	1	材料分析题
对中学生正确处理异性交往的指导	1	材料分析题

考点简析

考点一 中学生身心发展的特点

（一）中学生生理发展的特点

中学生处于青少年期，这一时期从十一二岁开始到十七八岁结束。青春期是个体生长发育的第二个高峰期，中学生的生理发展主要表现在身体外形的变化、体内机能的增强以及性的发育和成熟三个方面。

身体外形的变化：身高迅速增长（出现第二次生长高峰）；体重增长，反映了身体内脏的增大、肌肉的发达及骨骼的增长和变粗，也反映了营养及健康情况等；第二性征出现，使得青少年进入到两性分化的状态；头面部发生变化，童年期的面部特征逐渐消失，头身比例逐渐协调。

体内机能的增强：心脏压缩机能增强，心率、脉搏开始减慢，心血管系统出现第二次生长加速；肺的发育明显加速，如肺重量、肺泡容量、肺活量等；肌肉力量增强；大脑的发育进入加速期。

性的发育和成熟：性腺激素分泌增加，性腺激素水平相应提高，促进了性腺发育；性器官发育；性机能发育，青春期女生出现月经，青春期男生发生遗精。

（二）中学生心理发展的特点

1. 中学生心理发展的基本特征

（1）连续性与阶段性

在心理发展过程中，当某些代表新特征的量累积到一定程度时，就会取代旧特征而处于优势的主导地位，表现为阶段性的间断现象。但后一阶段的发展总是在前一阶段的基础上发生的，而且又萌发着下一阶段的新特征，表现出心理发展的连续性。

（2）定向性与顺序性

在正常条件下，心理的发展总是具有一定的方向性和先后顺序。尽管发展的速度可以有个别差异，会加速或延缓，但发展是不可逆的，也不可逾越。

（3）不平衡性

心理的发展可以因进行的速度、到达的时间和最终达到的高度而表现出多样化的发展模式。一方面表现出个体的不同系统在发展的速度、发展的起讫时间与到达成熟时期上的不同进程；另一方面也表现出同一机能特性在发展的不同时期有不同的发展速率。

（4）差异性

任何一个正常学生的心理发展总要经历一些共同的基本阶段，但在发展的速度、最终达到的水平以及发展的优势领域方面又往往是千差万别的。

（2014 下半年·28）简述学生心理发展的基本特征。

【参考答案】

见上文。

2. 中学生心理发展的一般特点

（1）过渡性

中学生处于从儿童期（幼稚期）向青年期（成熟期）发展的一个过渡时期，其心理发展具有过渡性。

（2）闭锁性

闭锁性是指人的心理活动具有某种含蓄、内隐的特点，它是相对于人的外部行为表现与内部心理活动之间的一致性而言的。中学生的心理逐渐显示出闭锁性的特征，即他们的内心世界逐渐复杂，他们开始不轻易地表露内心世界。

（3）社会性

由于社会地位的变化，中学生活动的社会性增强，他们越来越关注社会生活。同时，随着他们与社会环境接触得越来越多，社会环境对其社会化的影响也越来越明显。

（4）动荡性

由于受到经验、见识等条件的限制，中学生的整个心理面貌表现出很不稳定、动荡不安的特点。如情绪容易出现起伏、思想比较敏感、容易走极端。

（5）独立性

中学生渴望他人可以把自己当作成人来尊重和理解，由此增强了中学生的独立意识和独立性。他们渴望亲身体验这个世界，用自己的标准来衡量是非曲直。他们不再愿意接受父母和老师的过多照顾和干预，也不愿意听从父母的意见，开始有强烈表达自己愿望的冲动。

（6）不平衡性

中学生的生理发展迅速走向成熟，而心理的发展却相对落后于生理的发展，他们的理智、情感、道德和社交等方面都还未达到成熟的指标，还处在人格化的过程中。也就是说，中学生的生理与心理、心理与社会关系的发展是不同步的，具有较大的不平衡性。

（2016 上半年·14）中学生随着身心的迅速发展，开始积极尝试脱离父母的保护和管理，渴望自己的行为像成人，不愿意被当作孩子看待。这说明中学生心理发展具有（　　）。

A. 平衡性　　　　B. 独立性　　　　C. 闭锁性　　　　D. 动荡性

【答案】B

考点二 **中学生性心理发展的阶段及特点**

性心理是指有关性的心理活动，主要包括性意识、性情感、性观念、性需求以及对性的自我调节等。就我国而言，处于性生理发育成熟过程中的青少年的性意识的表现和发展大体有性疏远期、异性爱慕期和两性恋爱期三个阶段。这一发展过程主要表现出异性交往的一些典型特点。

（一）性疏远期

性疏远期一般发生在性生理发育初期，持续时间约为半年至一年。性疏远期的产生是由第一性征的变化和第二性征的出现引起的。在小学四五年级，儿童开始关注异性，但表现为男女之间的对抗、排斥，与异性关系密切者会受到同伴的嘲讽，这时儿童并没有萌生真正的性意识。进入青春期后，少男少女的性意识开始觉醒，他们对两性差别特别敏感，开始产生性不安与羞涩心理。

（二）异性爱慕期

异性爱慕期发生于性生理发育成熟的中、后期，持续时间为四至五年。这是性意识表现和发展的一个重要阶段，也是青少年在整个中学时代性意识表现和发展时间最长的一个阶段。这一阶段的孩子在性生理成熟的同时，伴随着性心理和行为上的显著变化，最突出的表现是对异性产生一种难以消除的兴趣，包括爱恋、思慕、亲近的情感，有时还会出现性欲冲动。异性爱慕期的性意识特点主要表现在以下几个方面：

（1）相互显示；

（2）感情隐秘；

（3）对象广泛。

（三）两性恋爱期

两性恋爱期一般始于性生理发育成熟后期，这是性意识表现和发展相对成熟的阶段。青少年两性恋爱期的性意识特点主要表现在以下几个方面：

1. 异性之间开始按照各自心中的偶像寻找自己的"意中人"；

2. 爱情带有浪漫性；

3. 开始摆脱异性爱慕期的隐晦态度，彼此之间出现了交流内心情感的强烈倾向；

4. 产生了占有欲，并在此基础上出现毫不掩饰的嫉妒心理。

考点三 **对中学生正确处理异性交往的指导**

（一）正确认识青少年学生的异性交往

对异性交往的认识和态度是帮助青少年学生建立正常异性关系的前提，青少年学生心里萌发的异性吸引是性心理和性生理走向成熟的必然结果，是一种正常的表现。对中学生而言，异性同学之间的正常交往不仅有利于学习的进步，而且有利于个性的全面发展。

（二）把握青少年学生异性交往的原则

教师在指导中学生进行正常异性交往时，要告诫和建议中学生把握好"自然"与"适度"两个原则。

自然原则是指在与异性交往的过程中，言语、表情、行为举止、情感流露及所思所想要做到自然、顺畅，既不过分夸张，也不闪烁其词；既不盲目冲动，也不矫揉造作。

适度原则是指异性交往的程度和异性交往的方式要恰到好处，应为大多数人所接受，既不因与异性交往过早而萌动情爱，也不因回避或拒绝异性而对交往双方造成心灵伤害；既不过多地参与异性之间的"单独活动"，也不在异性面前如临大敌，拒不接纳异性的热情帮助。

（三）了解青少年学生异性交往的方法

青少年学生异性交往的主要方法包括以下几个方面：

1. 克服羞怯

与异性交往时要感情自然、仪态大方、不失常态。初次见面的羞怯与退缩是难以避免的，女生尤为如此，但是，多次接触后仍然羞怯就会引起对方的误解，因为只有恋人之间才会以羞怯间接表达自己的情感。所以，在正常的两性交往中，尤其是女同学要注意克服不自然的羞怯心理，以免使正常的异性交往误入歧途。

2. 真实坦诚

在交往过程中要做到坦荡无私、以诚相待。相互信任是建立和发展良好的异性关系的前提和基础，这是指异性交往的态度问题。也就是说，与异性交往要像结交同性朋友那样结交真朋友，切忌以"友谊"或"友情"的幌子招摇撞骗，贪图个人私欲，或者心术不正地骗取异性的感情。

3. 留有余地

虽然是结交知心朋友，但是所言所行要留有余地，不能毫无顾忌，比如谈话中涉及两性之间的一些敏感话题时要尽量予以回避。交往中的身体接触要把握好分寸，不能过于轻浮，也不要过分拘谨。在与某位异性的长期交往中，要注意把握好双边关系的程度，不要走得"太深""太远"，以免超越正常异性交往的界线。

（四）引导青少年学生区分友谊与爱情

在对青少年进行异性关系的教育时，教师要帮助学生认识到友谊与爱情的界限，并使学生认识到早恋对自我发展的不利影响，从而端正学生的思想，帮助学生树立正确的异性交往观念。教师在进行教育时，要注意调节自己的情绪，尽量以理解、宽容的态度来与学生交流。如果教师能够设身处地地体谅学生的情感需要，并从学生的利益出发来引导学生端正认识，帮助学生处理好异性交往中的各种烦恼和挫折，就会获得学生的信任，从而达到帮助学生的目的。

第二节
中学生认知的发展

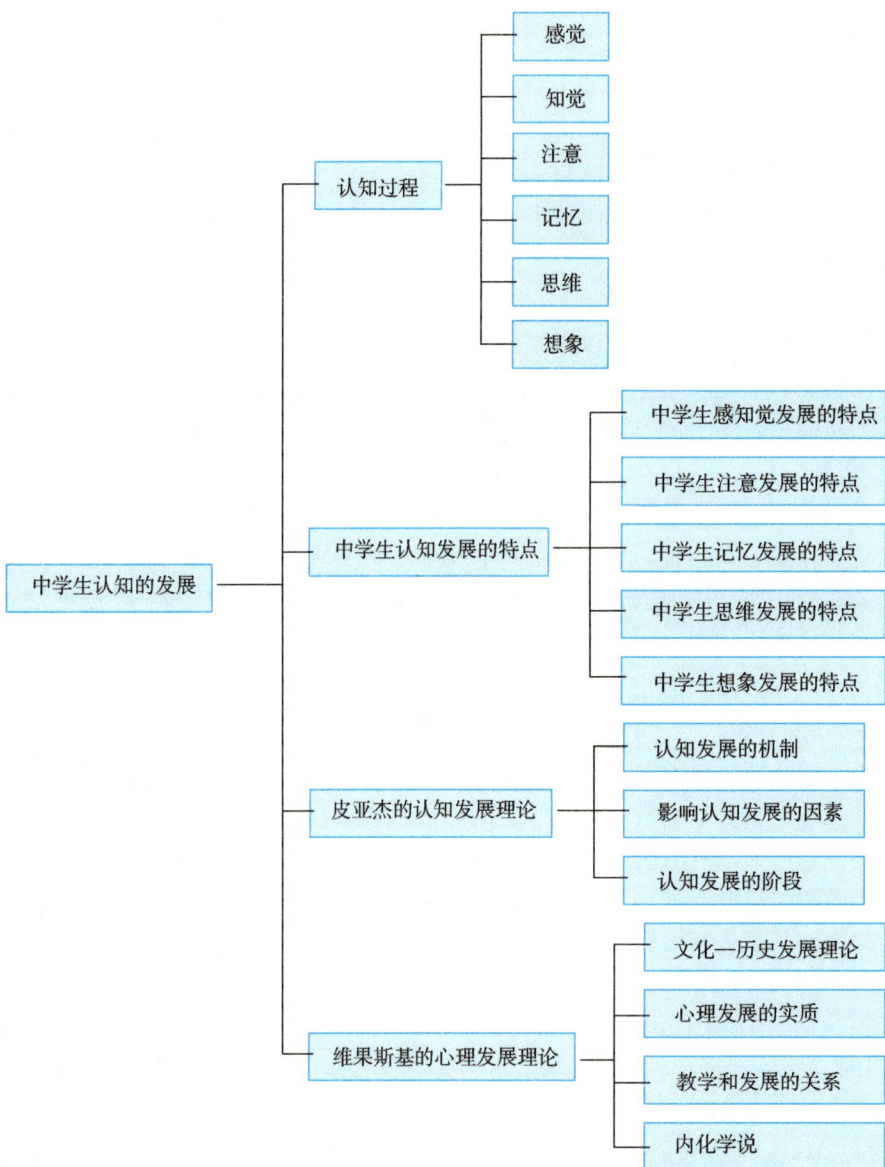

导航图

```
                              ┌─────────────┐
                         ┌────│    感觉      │
                         │    └─────────────┘
                         │    ┌─────────────┐
                         ├────│    知觉      │
                         │    └─────────────┘
                         │    ┌─────────────┐
              ┌────────┐ ├────│    注意      │
              │认知过程│─┤    └─────────────┘
              └────────┘ │    ┌─────────────┐
                         ├────│    记忆      │
                         │    └─────────────┘
                         │    ┌─────────────┐
                         ├────│    思维      │
                         │    └─────────────┘
                         │    ┌─────────────┐
                         └────│    想象      │
                              └─────────────┘

                                    ┌──────────────────────┐
                               ┌────│ 中学生感知觉发展的特点 │
                               │    └──────────────────────┘
                               │    ┌──────────────────────┐
                               ├────│ 中学生注意发展的特点   │
                               │    └──────────────────────┘
              ┌──────────────┐ │    ┌──────────────────────┐
              │中学生认知发展的│─┼────│ 中学生记忆发展的特点   │
              │    特点       │ │    └──────────────────────┘
              └──────────────┘ │    ┌──────────────────────┐
                               ├────│ 中学生思维发展的特点   │
                               │    └──────────────────────┘
                               │    ┌──────────────────────┐
                               └────│ 中学生想象发展的特点   │
                                    └──────────────────────┘

                                    ┌──────────────────┐
                               ┌────│  认知发展的机制    │
                               │    └──────────────────┘
              ┌──────────────┐ │    ┌──────────────────┐
              │皮亚杰的认知发展│─┼────│ 影响认知发展的因素 │
              │    理论       │ │    └──────────────────┘
              └──────────────┘ │    ┌──────────────────┐
                               └────│  认知发展的阶段    │
                                    └──────────────────┘

                                    ┌──────────────────┐
                               ┌────│ 文化—历史发展理论  │
                               │    └──────────────────┘
                               │    ┌──────────────────┐
              ┌──────────────┐ ├────│  心理发展的实质    │
              │维果斯基的心理 │─┤    └──────────────────┘
              │  发展理论     │ │    ┌──────────────────┐
              └──────────────┘ ├────│  教学和发展的关系  │
                               │    └──────────────────┘
                               │    ┌──────────────────┐
                               └────│    内化学说        │
                                    └──────────────────┘
```

中学生认知的发展

机要室

高频考点		考查频率（2013年以来）	考查题型
认知过程	感觉	4	单项选择题
	知觉	3	单项选择题
	注意	7	单项选择题、辨析题
	记忆	10	单项选择题、辨析题、简答题
	思维	2	单项选择题
	想象	1	单项选择题、简答题
中学生认知发展的特点		1	材料分析题
皮亚杰的认知发展理论		4	单项选择题、辨析题、简答题
维果斯基的心理发展理论		3	单项选择题、简答题

考点简析

考点一 认知过程

（一）感觉

1. 感觉的概念

感觉是人脑对直接作用于感觉器官的客观事物的个别属性的反映。感觉是一种简单的心理现象，是认知的起点。

2. 感觉的种类

按照刺激的来源可将感觉分为外部感觉和内部感觉。

外部感觉是外部刺激作用于感觉器官所引起的感觉，包括视觉、听觉、嗅觉、味觉和皮肤觉（皮肤觉又包括触觉、温度觉和痛觉等）。

内部感觉是身体内部刺激所引起的感觉，包括动觉（运动感觉）、静觉（平衡觉）和机体觉（机体觉又叫内脏感觉，包括饿、胀、渴、窒息、恶心和疼痛等感觉）。

3. 感觉的特性

（1）感受性与感觉阈限

感受性是感觉器官对适宜刺激的感觉能力，也是人对刺激的感觉灵敏程度。感受性可分为绝对感受性和差别感受性，绝对感受性是指感觉出最小刺激量的能力；差别感受性是指能察觉出两个同类刺激物之间的最小差别量的能力。

感觉阈限是指能够引起人的感觉的刺激范围。感受性是通过感觉阈限来测量的，感觉阈限可分为绝对感觉阈限和差别感觉阈限。绝对感觉阈限是指刚刚能引起感觉的最小刺激量，差别感觉阈限也叫差别阈限或最小可觉差，是指刚刚能引起差别感觉的刺激的最小变化量，是将一个刺激与另一个刺激区别开来的最小差别量。

感受性与感觉阈限在数值上呈反比关系，感受性高，则感觉阈限低；感受性低，则感觉阈限高。

真题邂逅

（2015上半年·12）在张老师组织的百人大合唱中，如果增加一至两个人，小红感觉不到音量的变化，如果增加到十个人左右时，小红就能明显地感觉到音量的变化。这种刚刚能使小红感觉到的音量变化的最小差异称为（　　）。

A. 绝对感觉阈限　　　B. 绝对感受性　　　C. 差别感觉阈限　　　D. 差别感受性

【答案】C

（2）感觉现象（感受性的变化）

①感觉适应

感觉适应是指在外界刺激持续作用下感受性发生变化的现象。适应现象发生在所有的感觉中，如"入芝兰之室，久而不闻其香"，这是嗅觉的适应；手放在温水里，开始觉得热，慢慢就不觉得热了，这是温度觉的适应。

视觉的适应分为暗适应和明适应。暗适应是指照明停止或由亮处转入暗处时，视觉感受性提高的现象；明适应是指照明开始或由暗处转入亮处时，视觉感受性下降的现象。

②感觉对比

不同刺激作用于同一感觉器官，使感受性发生变化的现象叫作感觉对比。感觉对比分为同时对比现象和继时对比现象两种。

同时对比是指几个刺激物同时作用于同一感觉器官，使感受性发生变化的现象。如明暗相邻的边界上，亮处看起来更亮，暗处看起来更暗（即马赫带现象），这是明度对比；又如绿叶陪衬下的红花看起来更红，这是颜色对比。

继时对比是指几个刺激物先后作用于同一感觉器官，使感受性发生变化的现象。如吃完苦药以后再吃糖觉得糖更甜了；从冷水里出来再到稍热一点的水里觉得水更热了。

③感觉后效

感觉后效是指对感受器的刺激作用停止以后，感觉印象并不会立即消失，仍能保留一个短暂的时间的现象。感觉后效在视觉中表现得尤其明显，称为后像，视觉后像分为正后像和负后像。正后像在性质上和原感觉的性质相同，负后像在性质上则与原感觉的性质相反。例如，在注视灯光一段时间后，闭上眼睛，眼前会出现一个灯的光亮形象，这就是正后像；之后可能看到一个灯的黑色形象，这就是负后像。

④感觉的相互补偿

感觉的相互补偿是指某种感觉系统的机能缺失后，可以通过其他感觉系统的机能来弥补，如盲人一般具有较好的听觉和触觉。

⑤联觉

联觉是指一个刺激不仅能引起一种感觉，还能同时引起另一种感觉的现象，是不同感觉间相互作用的结果。联觉有多种表现，在颜色感觉中容易产生联觉，如红、橙、黄等暖色使人产生温暖的感觉；蓝、青绿、白等冷色使人产生清凉的感觉。在其他感觉中也能产生联觉，如尖锐的声音会使人产生冷觉；人们常说的"甜蜜的嗓音""沉重的乐曲"等都是一种感觉兼有另一种感觉的心理现象。

真题邂逅

（2018 上半年·13）当人们听到一种自己觉得可怕的声音时，往往会感到发冷，甚至起鸡皮疙瘩。这种现象称为（   ）。
A. 适应　　　　　B. 对比　　　　　C. 联觉　　　　　D. 后像
【答案】C

（二）知觉

1. 知觉的概念
知觉是直接作用于感觉器官的客观事物的整体属性在人脑中的反映，它是在感觉的基础上产生的。知觉是各种感觉器官协同活动的结果，受人的知识经验和态度的制约。同一物体，不同的人对它的感觉是相同的，但对它的知觉会有差别。

2. 知觉的种类
根据知觉对象的性质可以把知觉分为物体知觉和社会知觉两类，知觉还有一种特殊的形态叫作错觉。

（1）物体知觉
物体知觉是指个体对客观事物的知觉。物体知觉可分为空间知觉、时间知觉和运动知觉。

①空间知觉
空间知觉是对物体的大小、形状、距离、方位等空间特性的知觉，它包括大小知觉、形状知觉、距离知觉（深度知觉）、方位知觉等。著名的视崖实验证明了 6 个月的婴儿便有了深度知觉。

②时间知觉
时间知觉是对物质现象的延续性和顺序性的反映。人们对时间的知觉可以以计时器提供的信息为依据，也可以根据自然界昼夜、四季的周期性变化，人体生理或心理活动的周期性变化来估计时间。

③运动知觉
运动知觉是对物体在空间中的位移产生的知觉。运动知觉包括真动知觉（对物体真正运动的知觉）和似动知觉。似动是指在一定的时间和空间条件下，人们在静止的物体间看到了运动，或者在没有连续位移的地方看到了连续的运动。似动的形式主要包括动景运动、诱发运动、自主运动和运动后效。

（2）社会知觉
社会知觉是人对社会现象和社会关系的知觉。社会知觉主要包括对他人的知觉、人际知觉和自我知觉。在现实生活中，人们往往由于受到主客观条件的限制而不能全面地看待问题，尤其是在看待别人时，往往受各种偏见的影响而导致歪曲的社会知觉，因而对别人的行为做出错误的归因判断。常见的社会知觉偏差主要有以下几种：

首因效应，又称最初效应，指个体在社会认知过程中，通过"第一印象"最先输入的信息对客体以后的认知产生的强烈影响。

近因效应，又称最近效应，指与原来获得的信息相比，个体最近新获得的信息对个体知觉印象的形成具有更大的影响。

刻板效应，又称定型效应、刻板印象，指对某一类事物或人物的一种比较固定、概括而笼统的看法。

晕轮效应，又称光环效应，指当认知者对某个人的某方面特征形成好的或者坏的印象后，他还倾向于由此推论这个人其他方面的特征，这是一种以偏概全的现象。

投射效应，指个体在知觉他人时，总以为他人也具备与自己相似的特性，即把自己的特点转移到他人身上的倾向。

真题邂逅

（2014下半年·20）丁老师在工作中常以自己的想法代替学生的想法，以自己的思维方式推测学生的思维方式。丁老师的行为体现了哪种效应？（　　）

A. 首因效应   B. 晕轮效应

C. 刻板效应   D. 投射效应

【答案】D

（3）错觉

错觉是在特定条件下产生的对客观事物的歪曲知觉，这种歪曲往往带有固定的倾向。只要产生错觉的条件存在，个体就无法通过主观努力去克服错觉。错觉的种类很多，常见的有大小错觉、形状和方向错觉、形重错觉、倾斜错觉、运动错觉和时间错觉等。

错觉在社会实践中有积极的作用，例如，某些建筑设计巧妙地利用错觉原理引起良好的心理效应，给人们的生活带来舒畅愉悦感。错觉在社会实践中也有消极作用，例如，飞机驾驶员在海上飞行时，容易产生"倒飞"的错觉，这可能会引起严重的飞行事故。

3. 知觉的特性

（1）知觉的理解性

知觉的理解性是指在知觉过程中，人们根据自己已有的知识经验对客观事物进行解释，并用语词加以概括与标志以赋予其意义的组织加工过程。人们的知识经验不同、需要不同、期望不同，对同一知觉对象的理解也不同。例如，同样一棵香樟树，植物学家可能把它称为"双子叶植物"，木匠可能把它称为"优质木材"；同样一幅画，成人和儿童的感知也会因知识经验的不同而存在差异。除此之外，知觉对象本身的特点也会影响个体知觉的理解性。

知觉的特性

真题邂逅

（2015下半年·12）成人与幼儿对一幅画的知觉有明显差异，幼儿只会看到这幅画的主要构成，而成人看到的是画面意义。这反映的知觉特性是（ ）。

A. 理解性 　　　　B. 选择性 　　　　C. 恒常性 　　　　D. 整体性

【答案】A

（2）知觉的选择性

知觉的选择性是指人由于受自己的需要和兴趣等因素的影响，有意或无意地把某些刺激信息或刺激的某些方面作为知觉对象而把其他事物作为背景进行组织加工的过程。客观事物是多种多样的，在特定的时间内，人只能感受少量的或少数的刺激，而对其他事物只做模糊的反映。被选为知觉内容的事物称为对象，其他衬托对象的事物称为背景。某事物一旦被选为知觉对象，就立即从背景中凸显出来，被认识得更鲜明、更清晰。

（3）知觉的整体性

知觉的整体性是指人利用已有的知识经验把直接作用于感觉器官的客观事物的属性、部分整合为一个整体加以识别的过程。如一棵绿树上开有红花，绿叶是一部分刺激，红花也是一部分刺激，我们将红花绿叶合起来，在心理上所得的美感知觉超过了红与绿两种物理属性之和。"管中窥豹，可见一斑"说的也是知觉的整体性。

真题邂逅

（2017下半年·13）图1是由三个扇形和三条折线组成，但是人们会把它知觉为两个三角形和三个圆形，其反映的知觉特性是（ ）。

A. 整体性 　　　　B. 选择性

C. 稳定性 　　　　D. 恒常性

【答案】A

图1　图形知觉

（4）知觉的恒常性

知觉的恒常性是指知觉的条件在一定范围内改变时，知觉的映象仍然保持相对不变的特性。如从不同距离看同一个人，距离不同，投射到视网膜上的视像的大小会有差别，但我们总是认为大小没有改变，仍然依其实际大小来知觉他。

（三）注意

1. 注意的概念

注意是心理活动对一定对象的指向和集中，是心理过程的动力特征之一。它是人们获得知识、掌握技能、完成各种智力活动和实际操作的重要心理条件，注意不是一个独立的心理过程，它总伴随着其他心理过程而发生。

2. 注意的特点

（1）指向性

注意的指向性是指心理活动有选择地反映一定的对象，而离开其余的对象，注意的指向性体现出人的心理活动具有选择性。

（2）集中性

注意的集中性是指心理活动停留在被选择的对象上的强度或紧张度，它使心理活动离开一切无关的事物，并且抑制多余的活动，以保证注意的对象能得到比较鲜明和清晰的反映。

3. 注意的分类

根据有无目的和意志努力的程度可以把注意分为无意注意、有意注意和有意后注意三种。

（1）无意注意（不随意注意）

①无意注意的概念

无意注意也称不随意注意，是没有预定目的、无须意志努力、不由自主地对一定事物所产生的注意。个体在发生无意注意时，其心理活动对一定事物的指向和集中是由一些主客观条件引起的。

②引起无意注意的条件

客观条件（刺激物本身的特点）：刺激物的强度、刺激物的新异性、刺激物的运动变化、刺激物之间的对比关系。对无意注意起决定作用的是刺激的相对强度。

主观条件（人本身的状态）：人的需要、兴趣、态度，当时的情绪状态和精神状态，个人的心境、主观期待等。

（2）有意注意（随意注意）

①有意注意的概念

有意注意也称随意注意，是有预先目的、必要时需要意志努力、主动地对一定事物所产生的注意。

②引起和维持有意注意的条件

第一，加强对活动目的、任务的理解。对所从事的学习、工作的目的和任务越明确，对其意义的理解越深刻，完成任务、达到目的的愿望越强烈，就越能引起和保持有意注意。

第二，合理组织活动。如及时提出问题、进行积极的思维活动。

第三，培养间接兴趣。如果对活动的目的、获得的结果有兴趣，人们就会自觉地把注意维持在该活动上，间接兴趣越稳定，就越能对活动的对象产生有意注意。

第四，排除干扰（坚强的意志力）。有意注意是与排除干扰相联系的，人在进行某种活动时，难免碰到其他诱因或环境的干扰，使注意难以集中，这时就需要意志的努力与干扰做斗争，坚强的意志力有利于克服分心、集中注意。

（3）有意后注意（随意后注意）

有意后注意是指事前有预定目的、无须意志努力的注意，有意后注意是由有意注意转化而来的一种特殊形态的注意。这种注意既不同于一般的无意注意，即它仍然是自觉的，有目的的，又不同于一般的有意注意，即它不需要意志努力。

4. 注意的品质及影响因素

（1）注意的广度（注意的范围）

注意的广度也称注意的范围，是指在同一时间内，意识所能清楚地把握的对象的数量。平时所说的"眼观六路，耳听八方""一目十行"指的就是注意的广度。

影响注意的广度的因素主要包括以下两个方面：

①知觉对象的特点

研究表明，知觉对象越集中，排列越有规律，就越能成为相互联系的整体，注意的广度就越大；反之，注意的广度就越小。

②个人的活动任务和知识经验

在知觉相同对象的情况下，注意的广度会随着活动任务的不同而有所改变。另外，个体的知识经验越丰富，对知觉对象越熟悉，注意的广度也就越大。

真题邂逅

（2016上半年·12）小明看书时可以"一目十行"，而小华则"一目一行"。这反映了他们在哪种注意品质上存在差异？（   ）

　　A. 注意广度　　　　B. 注意分配　　　　C. 注意稳定　　　　D. 注意转移

【答案】A

（2）注意的稳定性

注意的稳定性是指注意保持在某一对象或某一活动上的时间长短特性。注意维持的时间越长，注意越稳定，注意不稳定表现为注意的分散，也叫分心，注意的分散是指注意不自觉地离开当前应当完成的活动而被无关刺激所吸引。注意分散的原因主要是无关刺激的干扰，或单调刺激长时间的作用。

在稳定注意的条件下，感受性也会发生周期性的增强和减弱，这种现象称为注意的起伏，也称注意的动摇。例如，把手表放在一定距离的地方，使你刚能隐约听到滴答声，你会发现有时听得到表的声响，有时听不到，或者觉得声音时强时弱。

影响注意的稳定性的因素有以下两个方面：

①注意对象的特点

对于内容丰富、富于变化的注意对象，我们容易保持注意的稳定性；对于内容贫乏、单调呆板的注意对象，我们不易保持注意的稳定性。在一定范围内，注意的稳定程度随注意对象的复杂性的增加而提高，但过于复杂、变幻莫测的对象反而容易使人产生疲劳感，导致注意的分散。

②人的主体状态

人对所从事的活动认识得越深刻，越感兴趣，态度越积极，注意就越稳定。当人身体健康、精力充沛、心情舒畅时，注意的稳定性较好。同时，注意的稳定性有明显的年龄特征。

（3）注意的分配

注意的分配是指在同一时间把注意分配到两种或两种以上的对象或活动上，它表现在"一心多用"的问题上。例如，钢琴家弹奏时右手奏主旋律，左手伴奏；老师一边讲课，一边观察学生的听课情况。

影响注意分配的因素有以下三个方面：

①活动的熟练程度

注意的分配要求同时进行的两种或几种活动中必须有一种活动达到相当熟练以至自动化或部分

自动化的程度，只有这样，已经熟练的活动才无须太多的注意，人们才可以把更多的注意集中到比较生疏的活动中去。

②同时进行的几种活动之间的关系

同时进行的两种或几种活动之间的关系对注意的分配具有一定的影响，有内在联系的活动便于注意分配，这是因为活动之间的内在联系有利于形成固定的反应系统，人们经过训练就可以掌握这种反应模式，从而同时兼顾几种活动。

③同时进行的几种活动的性质

一般来说，把注意同时分配在几种动作技能上比较容易，而把注意同时分配在几种智力活动上就难得多了。

真题邂逅

（2018 上半年·24）注意的分配就是注意的分散。

【参考答案】

此说法错误。

注意的分配是指在同一时间把注意分配到两种或两种以上的对象或活动上，注意的分散是指注意不自觉地离开当前应当完成的活动而被无关刺激所吸引，因此注意的分配不等同于注意的分散。

（4）注意的转移

注意的转移是个体根据新的任务主动地把注意由一个对象或活动转移到另一个对象或活动上的现象。注意的转移和注意的分散是不同的，注意的转移是主动行为，是注意灵活性的表现；注意的分散是被动行为，是注意不稳定的表现。

影响注意的转移快慢和难易的因素有以下三个方面：

①原来注意的紧张度和新活动的性质

原来从事的活动吸引力越强，紧张程度越高，新活动越不符合引起注意的条件，转移越困难；反之，如果新的活动对象非常符合人们的需要和兴趣，那么即使原来的活动注意紧张度高，人们也能比较迅速且顺利地实现注意转移。

②个人神经过程的灵活性

神经过程灵活性高的人转移注意目标很快，反之则慢一些。

③个体的自我控制能力

自我控制能力强的人善于自觉地调整自己的态度，主动及时地进行注意的转移；自我控制能力差的人则常常受自己兴趣、情绪的左右，不能主动地转移注意。

真题邂逅

（2017 下半年·15）下列教师课堂行为中，体现教师正确运用无意注意规律的是（　　　）。

A. 对教学重点在语音、语调上予以强调

B. 发现个别学生上课走神时，立即点名批评
C. 讲课前公布学生成绩
D. 用彩色粉笔把黑板边缘装饰得格外醒目
【答案】A

5. 中学生注意力的培养

教师培养中学生的注意力可以采取以下几种方法：

（1）培养广阔而稳定的兴趣

兴趣和注意有密切的关系，它是培养注意力的一个重要的心理条件。在学校教学中，教师除了要培养学生的直接兴趣外，还要培养学生对活动目的和结果的间接兴趣。教师在开始讲解一门课时，应阐明本门课的学习意义和重要性，让学生明确认识到本学科的知识对他们所产生的价值，以引起他们对学习结果的兴趣，从而调动他们对该门课学习的积极性。

（2）养成良好的学习习惯

良好的学习习惯有助于提高注意力。首先，教师要教会学生在学习中认真把握学习重点，使学生养成勤于思考的习惯；其次，教师要教会学生科学用脑，使学生养成劳逸结合的习惯。学生只有注意劳逸结合，才能保持精力充沛的状态，从而增强注意力。

（3）保持良好的心理状态

保持良好的心理状态是维持注意的重要条件。首先，教师要使学生明白良好的心理暗示对注意的集中来说很重要。如果学生相信自己能够集中注意力、全神贯注地听课，就可能获得良好的效果；反之，则易出现注意力不集中的现象；其次，教师要使学生明白心情舒畅或联想愉快的事情有利于注意的集中。心理学研究表明，情绪稳定有助于个体控制自己的心理状态，集中精力，并长时间地指向学习目标。

（4）重视集中注意的自我训练

培养集中注意力的有效途径之一就是训练自己在各式各样的环境、条件下都能专心学习或工作的能力。在进行集中注意的自我训练时，要注意培养自己对不良刺激的容忍力，既然嘈杂繁乱的环境容易分散注意，而有干扰的环境又难以避免，就要培养自己抗干扰的能力。

真题邂逅

（2015下半年·29）简述教师培养学生注意力的方法。

【参考答案】

见上文。

（四）记忆

1. 记忆的概念

记忆是过去的经验在头脑中的反映，也可以说是人脑对经验的识记、保持和再现的过程。

2. 记忆的分类

（1）感觉记忆、短时记忆和长时记忆

根据信息保持时间的长短可将记忆分为感觉记忆（瞬时记忆）、短时记忆和长时记忆。

①感觉记忆（瞬时记忆）

感觉记忆也称瞬时记忆、感觉登记，是指当客观刺激停止作用后，感觉信息会在一个极短的时间内保存下来。感觉记忆最明显的例子是视觉后像，例如，在观看电影时，虽然呈现在屏幕上的是一幅幅静止的图像，但是我们却可以将这些图像看成连续运动的，这就是感觉记忆存在的结果。

感觉记忆的特点：第一，时间极短。据研究，视觉的感觉记忆在1秒以下，听觉的感觉记忆一般都在0.25～2秒的范围内；第二，容量较大。一般来说，凡是进入感觉通道的信息都能被登记，其记忆容量很大；第三，形象鲜明。感觉记忆储存的信息未经任何处理，以感觉痕迹的形式存在，完全按客观刺激的物理特性编码，并按感知的先后顺序被登记，所以形象鲜明；第四，信息原始，记忆痕迹容易衰退。

感觉记忆的编码方式主要是图像记忆和声像记忆。

②短时记忆

短时记忆是指人对刺激信息进行加工、编码、短暂保持与容量有限的记忆。短时记忆是从感觉记忆到长时记忆的中间环节，处在工作状态中的短时记忆或者在完成当前任务时起作用的短时记忆称为工作记忆。

短时记忆的特点：第一，时间很短。在无复述的条件下，信息在短时记忆中保持的时间很短，一般是30秒左右，最长不会超过1分钟；第二，容量有限。短时记忆的容量一般为7±2个组块；第三，意识清晰。短时记忆是服从当前任务需要，主体正在操作、使用的记忆，主体有清晰的意识；第四，操作性强。短时记忆就其心理功能而言具有操作性。一方面，它注意加工感觉记忆保持的信息而为当前的工作服务，同时把其中的必要信息经复述储存在长时记忆系统中；另一方面，它又根据当前工作的需要，从长时记忆库中提取需要的信息来完成某种操作；第五，易受干扰。短时记忆中的信息保持的时间既短又易受干扰，当有新的信息插入，即阻止了复述时，原有信息很快就会消失，而且不能再恢复。

短时记忆的编码方式：听觉编码和视觉编码。其中，听觉编码是短时记忆的主要编码方式。

短时记忆信息的存储：复述是短时记忆信息存储的有效方法，它可以防止短时记忆中的信息受到无关刺激的干扰而发生遗忘。复述分为机械复述和精细复述，实验表明，精细复述是短时记忆存储的重要条件。短时记忆信息存储的时间很短，如果得不到复述，将会被迅速遗忘。

🎯 **真题邂逅**

（2017上半年·28）简述短时记忆的特点。

【参考答案】

见上文。

（2016下半年·18）在一次心理学知识测试中，关于短时记忆的容量单位，学生们的答案涉及下列四种，其中正确的是（　　）。

A. 比特　　　　　B. 组块　　　　　C. 字节　　　　　D. 词组

【答案】B

③长时记忆

长时记忆又称为永久记忆，指信息经过加工，在人脑中可长久保持并有巨大容量的记忆。长时记忆中的信息保持时间在1分钟以上、数年，乃至终生。

长时记忆的特点：第一，容量无限。长时记忆是一个庞大的信息库；第二，保存时间长久。长时记忆在理论上被认为是永久存在的。

长时记忆的编码：长时记忆以意义编码为主。意义编码有两种方式，这两种方式被称为信息的双重编码，即语义编码和表象编码。

长时记忆的信息存储：与遗忘进行斗争的首要条件是组织识记后的复习，复习在信息存储中有很大的作用。刺激物的重复出现（复述）是短时记忆向长时记忆转化的条件，没有复述的信息是不可能进入长时记忆的。

真题邂逅

（2017上半年·12）学习游泳之前，小兰通过阅读书籍记住了一些与游泳相关的知识。小兰对游泳知识的记忆是（　　）。

A. 陈述性记忆　　　　B. 程序性记忆　　　　C. 瞬时记忆　　　　D. 短时记忆

【答案】A

（2）语义记忆和情景记忆

根据长时记忆中储存的信息内容的不同可将记忆分为语义记忆和情景记忆。

语义记忆包括各种有组织的一般知识和事物发展规律的记忆。语义记忆是以词语概括的事物的关系以及事物本身的意义和性质为内容的记忆，如对词的概念、语法规则、化学公式、物理定律、公式符号以及哥伦布发现新大陆和四季更替的气候知识等的记忆。

情景记忆是指对人在一定时间和地点亲身经历的事件或情景的记忆。例如，想起在某处参加过的活动或曾经去过的某个地方。

（3）形象记忆、情绪记忆、逻辑记忆和动作记忆

根据记忆的具体内容可将记忆分为形象记忆、情绪记忆、逻辑记忆和动作记忆。

形象记忆是以感知过的事物形象为内容的记忆。例如，对日常生活中的人物面貌、体貌特征、自然景色等的记忆，形象记忆是直接对客观事物的形状、大小、体积、气味、软硬、味道、冷暖等属性的记忆。

情绪记忆是指以曾经体验过的情绪或情感为内容，并以亲身感受和深切体验为形式的记忆。例如，对过去的一些美好事情的记忆，对过去受过的一次惊吓的记忆等。

逻辑记忆又称为语词逻辑记忆、意义记忆，指人对客观事物之间的关系，以及客观事物本身的意义和性质的记忆。逻辑记忆主要是以思维成果、逻辑判断、推理等逻辑思维过程为内容的记忆。例如，反映客观事物意义、特征、规律以及事物之间内在关系的科学概念、公式、定理、定律、学科体系等都是逻辑思维的结果，因此具有高度的概括性、理解性、逻辑性和抽象水平。

动作记忆又称为运动记忆，是以过去从事和做过的身体运动、动作及其系统为内容的记忆。例如，一旦学会了游泳，即使多年不游，也不会忘记。

（4）内隐记忆和外显记忆

根据意识的参与程度可将记忆分为内隐记忆和外显记忆。

内隐记忆是指过去的经验对个体当前活动的一种无意识的影响，内隐记忆在生活中屡见不鲜。

外显记忆是指个体有意识地或主动地收集某些经验用以完成当前任务的记忆。外显记忆能够用语言进行比较准确的描述，即在需要的时候，可以利用自由回忆、线索回忆和再认等将记忆中的经验表述出来。

（5）陈述性记忆和程序性记忆

根据信息加工与存储方式的不同可将记忆分为陈述性记忆和程序性记忆。

陈述性记忆是指对有关事件和事实性知识的记忆，包括对认知的对象、事物的具体特征以及人名、地名、名词解释、定理、定律等静态信息的记忆。陈述性记忆涉及"是什么"和"为什么"的知识。

程序性记忆是指对具有先后顺序的活动的记忆，程序性记忆是一种对具体事物操作的记忆。程序性记忆涉及的是"如何做"的知识，常常需要经过多次尝试和练习才能获得，且很难用语言加以描述和言传。例如，在学习游泳之前，我们可能读过一些有关游泳的书籍，记住了某些动作要领，但这种记忆是陈述性记忆；之后我们经过不断的练习，把知识变成了游泳技能，真正学会了游泳，这时的记忆就是程序性记忆了。

3. 记忆的过程

记忆的过程包括识记、保持、再认和回忆（再现）三个环节，它们是相互联系、相互制约的完整统一的过程。从信息加工的角度来看，记忆过程是对输入信息的编码、储存和提取的过程，信息的编码相当于识记过程，信息的储存相当于保持过程，信息的提取相当于再认和回忆过程。

（1）识记

识记是记忆过程的第一个环节，是个体获取知识经验的过程。

根据识记有无目的性可将识记分为无意识记和有意识记。无意识记是事先没有预定目的，也不需要运用任何有助于识记的方法和意志努力的识记，有意识记是有明确的目的，并运用一定方法的识记，在识记过程中需要一定的意志努力。学生的学习活动主要依靠有意识记。

根据识记材料的性质和识记方法的不同可将识记分为机械识记和意义识记。机械识记是指根据材料的外部联系或表现形式，以简单、重复的方式进行的识记，如对无意义音节、地名、人名、历史年代等的识记；意义识记是在理解的基础上，依据材料的内在联系或已有知识之间的联系所进行的识记，它是学生识记的主要形式。

（2）保持

保持是记忆过程的第二个环节，是指已获得的知识经验在人脑中的巩固过程。识记的材料在保持过程中总会发生不同程度的变化和遗忘，保持并非是原封不动地保存头脑中识记过的材料的静态过程，而是一个富于变化的动态过程。保持中的信息变化表现在保持内容质的变化和保持内容量的变化两个方面。

（3）再认和回忆（再现）

再认和回忆是记忆过程的第三个环节，是指在不同的条件下重现过去经验的过程。

再认是指过去经历过的事物再度呈现时，仍能确认和辨认出来的过程。例如，考试中的判断题与选择题就是通过再认来检查学生知识的掌握情况的。

回忆是指经历过的事物不在眼前时，仍然能将其从头脑中提取出来的过程。例如，考试中的问答题和填空题主要是通过回忆来解答的。

4. 遗忘

(1) 遗忘的概念

遗忘是指对识记过的材料不能回忆或再认，或者表现为错误的回忆或再认。按照信息加工的观点，遗忘是指信息提取不出来或提取错误。

(2) 遗忘的规律

德国著名心理学家艾宾浩斯首先对遗忘现象进行了研究，他认为"保持和遗忘是时间的函数"。他用节省法，以无意义音节为材料，依据保持效果绘制了"遗忘曲线"，即著名的艾宾浩斯遗忘曲线。

艾宾浩斯遗忘曲线表明，遗忘在学习之后立即开始，最初的遗忘速度很快，随着时间的推移，遗忘的速度逐渐下降，达到一定程度后就不再遗忘了，由此看出，遗忘的进程是不均衡的，其规律是先快后慢，呈负加速型。

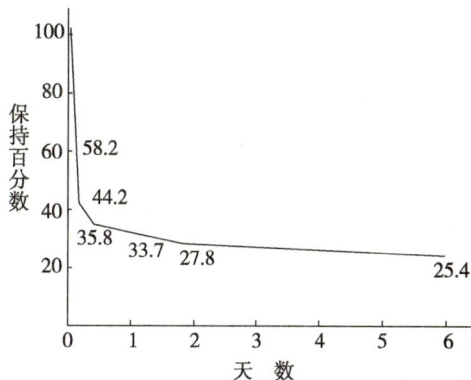

图 3　艾宾浩斯遗忘曲线

(3) 影响遗忘进程的因素

①时间因素

遗忘的进程不均衡，识记的最初阶段遗忘速度快，随后逐渐变缓，学习内容的保存量随时间减少。

②识记材料的性质与数量

一般认为，对熟练的动作和形象的材料遗忘得慢；对有意义的材料的遗忘比对无意义的材料的遗忘要慢得多；在学习程度相等的情况下，识记材料越多，忘得越快，识记材料越少，则遗忘越慢。

③学习材料的序列位置

人们发现在回忆系列材料时，材料的顺序对记忆效果有重要影响，最后呈现的材料最易回忆，遗忘最少，这种现象叫作近因效应，最先呈现的材料较易回忆，遗忘较少，这种现象叫作首因效应。这些在回忆系列材料时发生的现象叫作系列位置效应。

④学习材料的意义

学习材料对识记者的意义和作用会影响遗忘的进程。人对无重要意义、在生活中处于次要地位的信息遗忘得快，而对与自身关系重大的信息遗忘得慢。

⑤学习程度

一般而言，学习程度越高，保持越牢固，遗忘越少，但也要注意，在学习中应保持适当的过度学习。所谓的过度学习是指学习达到恰能成诵后还继续学习一段时间或次数。有研究表明，学习的熟练程度达到150%，即过度学习程度达到50%时，记忆效果最好，知识最牢固；超过150%时，效果并不会递增，并且很可能引起厌倦、疲劳等，从而使过度学习成为无效劳动。

⑥识记者的动机情绪

当识记者具有强烈的动机且能保持良好而稳定的情绪状态时，记忆效果较好，能够减少遗忘，反之，记忆效果不好。情绪忧郁、烦躁或波动很大等情况都直接影响记忆。

⑦识记的方法

识记方法是学生学习的重要手段。研究表明，以理解为基础的意义识记比机械识记的效果好得多。

真题邂逅

（2015上半年·28）影响遗忘的主要因素有哪些？
【参考答案】
见上文。

（4）遗忘的原因
遗忘的原因主要有以下几种理论学说：
①痕迹衰退说
痕迹衰退说也称消退说，是一种对遗忘原因的最古老的解释，该学说起源于亚里士多德，由桑代克进一步发展。这种理论认为遗忘是记忆痕迹得不到强化而逐渐衰退，以致最后消退的过程。
②干扰说
干扰说的代表人物是詹金斯和达伦巴希。这种理论认为遗忘是学习和回忆之间受到其他刺激的干扰所致，干扰说可用前摄抑制和倒摄抑制来说明。前摄抑制是指先学习的材料对识记和回忆后学习的材料的干扰作用；倒摄抑制是指后学习的材料对保持和回忆先学习的材料的干扰作用。

真题邂逅

（2014上半年·14）让小丽先后学习两组难易相当、性质相似的材料，随后的检查发现她对前面一组材料的回忆效果不如后面一组好，这是由于受到（　　　）。
A. 倒摄抑制　　　　B. 前摄抑制　　　　C. 分化抑制　　　　D. 延缓抑制
【答案】A

③压抑说
压抑说也称动机说，是由弗洛伊德提出的。弗洛伊德认为遗忘是由情绪或动机的压抑作用引起的，痛苦的经历产生的不愉快的感觉就是引起压抑的动力源，遗忘了相关事件就是压抑的过程。如果这种压抑被解除，记忆就能恢复。
④提取失败说
从信息加工的观点来看，遗忘是指一时难以提取出要求的信息，一旦有了正确的线索，经过搜索后，所要的信息就能被提取出来，这就是遗忘的提取失败理论。
⑤同化说
同化说是奥苏伯尔解释遗忘原因的理论，该理论认为遗忘实际上是知识的组织与认知结构简化的过程。遗忘是指学习了更高级的概念与规律以后，高级的概念与规律可代替低级的概念与规律，使低级的概念与规律被遗忘，从而简化知识，减轻记忆量，这是积极的遗忘，相反，若巩固原有知识导致新旧知识混淆，记忆错误，便是消极的遗忘。

（五）思维

1. 思维的概念

思维是人脑对客观事物间接的、概括的反映，它能认识事物的本质和事物之间的内在联系。平时人们所说的"思考""考虑""揣度""反省""设想"等都是思维活动的形式，思维是认知过程的核心。

2. 思维的主要特征

思维的主要特征包括间接性和概括性。

思维的间接性是指借助于一定的媒介和一定的知识经验对客观事物进行间接的认识。例如，根据动物的行动可推知天气，根据太阳的位置可推知时间。思维的间接性使人们的认识摆脱了对事物的依赖，从而扩大了认识的范围。

思维的概括性是指在大量感性材料的基础上，把一类事物共同的特征和规律抽取出来，加以概括。如人们依据根、茎、叶、果等共性把枣树、梨树这些树称为果树；又如，每次看到"月晕"就知道要"刮风"，看到地板"潮湿"就知道要"下雨"，因此得出"月晕而风，础润而雨"的结论。

3. 思维的种类

（1）直观动作思维、具体形象思维和抽象逻辑思维

根据思维任务的性质、内容和解决问题的方法可将思维分为直观动作思维、具体形象思维和抽象逻辑思维。

直观动作思维也称动作思维，是指人们通过实际操作解决直观具体问题的思维。离开了感知活动或动作，思维就不能进行，如儿童边数手指边数数，感知动作中断，思维也就停止了。

具体形象思维是指人们利用头脑中的具体形象（表象）来解决问题的思维。如儿童计算 $3+4=7$ 时，不是对抽象数字进行分析、综合，而是在头脑中通过三个手指加上四个手指，或三个苹果加上四个苹果等实物表象相加而计算出来的。

抽象逻辑思维是指当人们面对理性任务时，运用概念、判断、推理等形式来解决问题的思维。抽象逻辑思维是人类思维的核心形态，科学家研究、探索和发现客观规律，学生理解、论证科学的概念和原理以及日常生活中人们分析问题、解决问题等都离不开抽象逻辑思维。

（2）直觉思维和分析思维

根据思维的逻辑性可将思维分为直觉思维和分析思维。

直觉思维是未经逐步分析就迅速对问题答案做出合理的猜测、设想或突然领悟的思维。例如，医生听到病人的简单自述就迅速做出疾病的诊断；学生在解题时未经逐步分析就对问题的答案做出合理的猜测、猜想等。

分析思维是经过逐步分析后对问题解决做出明确结论的思维。例如，学生解几何题的多步推理和论证；医生对疑难病症的多种检查、会诊分析等。

（3）集中思维和发散思维

根据思维的指向性可将思维分为集中思维和发散思维。

集中思维又称聚合思维、求同思维、辐合思维、会聚思维，是指人们根据已知的信息，利用熟悉的规则解决问题，或者从给予的信息中产生逻辑结论的思维。它是一种有方向、有范围、有条理的思维方式，是把问题所提供的各种信息集中起来，得出一个正确的或最好的答案的思维。例如，学生从各种解题方法中筛选出一种最佳解法；工程建设中工程人员把多种实施方案进行筛选和比较，最终找出最佳方案等。

发散思维又称辐射思维、求异思维、分散思维，是指人们在解决问题的过程中，沿着不同的方向进行思考，对问题所提供的信息和记忆系统中储存的信息进行重新组织，产生大量独特的新思想的思维活动形式，即从一个目标出发，沿着各种不同途径寻求各种答案的思维。例如，数学中的"一题多解"，科学研究中对某一问题的解决提出多种设想等。

集中思维与发散思维都是智力活动不可缺少的思维，都带有创造的成分，但发散思维最能代表创造性的特征，发散思维是创造性思维的核心。

真题邂逅

（2018下半年·14）杨老师在教学中对所讲的例题尽可能给出多种解法，同时鼓励学生"一题多解"。杨老师的教学方式主要用来促进学生哪种思维的发展？（   ）

　　A. 动作思维　　　　B. 直觉思维　　　　C. 辐合思维　　　　D. 发散思维

　　【答案】D

（4）常规性思维和创造性思维

根据思维的创新程度可将思维分为常规性思维和创造性思维。

常规性思维也称再造性思维，是指人们运用已获得的知识经验，按现成的方案和程序，用惯常的方法、固定的模式来解决问题的思维方式。

创造性思维是指以新颖、独特的方式来解决问题的思维方式。许多心理学家认为创造性思维是多种思维的综合表现，它既是集中思维与发散思维的结合，也是直觉思维与分析思维的结合。在从事文艺创作、科学发展、技术发明等创造性活动时，创造性思维特别重要。创造性思维具有以下三方面的特征：

第一，流畅性，流畅性是指当个人面对问题情境时，在规定的时间内产生的不同观念的数量的多少，对同一问题所想到的可能答案越多者，其流畅性越高。

第二，变通性（灵活性），变通性是指当个人面对问题情境时，不墨守成规，不钻牛角尖，能随机应变，触类旁通，对同一问题所想出的不同类型答案越多者，其变通性越高。

第三，独创性（独特性），独创性是指当个人面对问题情境时，能独具慧心，想出不同寻常的、超越自己也超越前辈的意见，具有新奇性，对同一问题所提意见越新奇独特者，其独创性越高。

（5）经验思维和理论思维

根据思维过程的依据可将思维分为经验思维和理论思维。

经验思维是以日常生活经验为依据，判断生产、生活中的问题的思维。例如，儿童凭借自己的经验认为"鸟是会飞的动物"；人们通常认为"太阳从东边升起，西边落下"，这些都属于经验思维。

理论思维是以科学的原理、定理、定律等理论为依据，对问题进行分析、判断的思维。例如，根据"凡绿色植物都是可以进行光合作用的"这一一般原理去判断某一种绿色植物是否可以进行光合作用。

（六）想象

1. 表象与想象

表象是指事物不在面前时，人们在头脑中出现的关于事物的形象。想象是人对头脑中已有的表象进行加工改造，创造出新形象的思维过程。

表象是过去感知过的事物的形象在头脑中的再现，并没有创造出新的形象，属于记忆的范畴；想象是对新形象的创造过程，属于思维的范畴。

2. 想象的种类

按照想象活动是否具有目的性可将想象分为无意想象和有意想象。

（1）无意想象

无意想象也称不随意想象，它是没有预定目的，在一定的刺激影响下，不由自主地引起的想象。例如，人们看到天上的浮云时会想象各种动物的形象；精神病患者在头脑中产生的幻觉；由药物导致的幻觉，这些都是无意想象。梦是在睡眠状态下的一种正常的心理现象，是无意想象的极端表现。

（2）有意想象

有意想象也称随意想象，它是有预定目的、自觉进行的想象。人在多数情况下总是根据一定的目的、自觉地进行想象活动。对于有意想象，根据它的新形象的新颖性、独特性和创造性的不同又可分为再造想象和创造想象。幻想是创造想象的一种特殊形式。

①再造想象

再造想象是根据词语的描述或非语言（图样、图解、符号等）的描绘，在头脑中产生有关事物的新形象的过程。人在阅读文艺作品、历史文献时，工人在看建筑或机械图纸时，学生在听教师对课文生动形象的描述时，头脑中出现的有关事物的形象都属于再造想象。

②创造想象

创造想象是不依据现成描述而独立地创造出新形象的过程。在创造新产品、新技术、新作品时，人脑所构成的新事物的形象都是创造想象。创造想象的特点是新颖、独创、奇特。

真题邂逅

（2013上半年·12）学生在学习《望庐山瀑布》这首古诗时，头脑中呈现出诗句所描绘的相关景象，这种心理活动属于（   ）。

A. 无意记忆   B. 有意记忆   C. 再造想象   D. 创造想象

【答案】C

③幻想

幻想是指向未来，并与个人愿望相联系的想象，是创造想象的特殊形式。幻想包括理想和空想，理想指符合事物的发展规律、有实现的可能的积极幻想；空想是与客观事实相违背的消极幻想。

考点二 中学生认知发展的特点

（一）中学生感知觉发展的特点

1. 感觉发展的特点

中学生的感受性和观察力进一步发展，他们的各种感觉能力接近成人，甚至超过成人的水平。

2. 知觉发展的特点

中学生知觉的有意性和目的性提高，精确性和概括性得到发展。他们开始出现逻辑知觉，即在知觉过程中，能够把一般原理、规则和个别事物或问题联系起来。在空间知觉方面，他们学会了在抽象水平上理解各种图形的形状、大小以及空间位置的相互关系；在时间知觉方面，他们对于较长时间的单位如"纪元""世纪""年代"等开始初步理解，但往往理解得很不精确。

（二）中学生注意发展的特点

1. 无意注意与有意注意的发展特点

无意注意的产生最初主要依靠外部刺激物的作用，随着学生自身兴趣、爱好的逐渐稳定，无意注意的产生则主要受兴趣、爱好的影响。

中学生的无意注意在逐渐深化的同时，其有意注意也得到了发展，并且逐渐取代了无意注意的优势地位。最明显的特点是注意的随意性增强，具体表现为中学生学习活动的目的性、自觉性和计划性得以加强，注意逐渐具有自我组织、自我调节和自我控制的性质。

中学生的有意注意虽然有了明显的提高，但无意注意的作用在学习活动中仍占有一定的地位。

2. 注意品质的发展特点

注意稳定性提高，但发展速度相对较慢；注意广度接近成人；注意的分配能力还不够成熟；注意转移能力缓慢增长。

（三）中学生记忆发展的特点

第一，记忆的容量日益增大，短时记忆广度接近成人。

第二，对直观形象材料的记忆要优于对抽象材料的记忆，对图像的记忆要优于对词语的记忆。

第三，中学生能主动地选择记忆方法，有意记忆逐渐占主导地位。

第四，随着年龄的增长，理解记忆逐渐成为主要的记忆手段。

第五，抽象记忆的发展速度较快，逐渐占据主导地位。

（四）中学生思维发展的特点

中学生的思维能力得到迅速发展，抽象逻辑思维逐渐处于优势地位。在初中阶段，学生的抽象逻辑思维已经在一定程度上占有相对优势，但在很大程度上还属于"经验型"，即思维活动在许多情况下还需要具体的、直观的感性经验的直接支持。到了高中阶段，学生的思维逐步摆脱感性经验的限制，他们可以根据理论来进行逻辑推理，即达到"理论型"。

形式逻辑思维和辩证逻辑思维是抽象逻辑思维的两个不同的发展阶段。在整个中学阶段，形式逻辑思维逐渐得到发展，占据主导地位，主要表现在概念、推理和逻辑法则等的应用能力上。在中学阶段，辩证逻辑思维迅速发展，初一学生已经开始掌握辩证逻辑思维的各种形式，但水平较低；初三学生的辩证逻辑思维处于迅速发展阶段；高中生的辩证逻辑思维已趋于优势地位。

（五）中学生想象发展的特点

中学生想象发展的特点主要表现在以下几个方面：第一，中学生的想象具有较强的有意性；第二，中学生想象的现实性有所增强；第三，中学生创造性想象的水平明显提高。

考点三 皮亚杰的认知发展理论

（一）认知发展的机制

皮亚杰认为，发展的实质在于主体通过动作对客体的适应，适应的本质在于取得机体与环境的平衡。人的知识来源于动作，动作是感知的源泉和思维的基础。婴儿通过对物体的抓取、摆弄等获得关于物体的知识，从而认识物体。

1. 图式

图式是指个体对世界的知觉、理解和思考的方式。我们可以把图式看作心理活动的框架或组织结构，图式是认知结构的起点和核心，或者说是人类认识事物的基础，因此，图式的形成和变化是认知发展的实质，最初的图式来源于先天的遗传。

2. 同化和顺应

适应分为同化和顺应，同化是个体把新的刺激整合到原有图式中，使原有图式丰富和扩大的过程；顺应是个体通过改变自己的动作来适应客观环境变化的过程。

3. 平衡

个体通过同化和顺应达到机体与环境的平衡，如果失去了平衡，个体需要改变行为以重建平衡。个体在平衡与不平衡的交替中不断建构和完善认知结构，实现认知发展。

（二）影响认知发展的因素

皮亚杰指出影响认知发展的因素主要有以下几种：

1. 成熟

成熟是指机体的成长，特别是神经系统和内分泌系统的成熟。成熟是发展的必要非充分条件，它为形成新的行为模式和思维方式提供了一种可能性。

2. 练习和经验

练习和经验是指个体对物体做出动作的过程中练习和习得的经验。

3. 社会性经验

社会性经验是指社会环境中人与人之间的相互作用和社会文化的传递，包括社会生活、文化教育、语言等。社会性经验建立在能够被个体同化的基础上，影响着儿童发展的速度和过程。

4. 平衡化

平衡化是个体在与环境相互作用的过程中的自我调节，具有自我调节作用的平衡过程对于认知发展的上述三种基本影响因素起到调节作用，并且这种调节表现出定向性的特点。

（三）认知发展的阶段

皮亚杰认为认知发展是一个建构的过程，是个体在与环境的相互作用中实现的。皮亚杰把个体的认知发展分为感知运动阶段、前运算阶段、具体运算阶段和形式运算阶段。

1. 感知运动阶段（0～2岁）

在感知运动阶段，个体的认知活动主要是指通过探索感知觉与运动之间的关系来获得动作经验，个体在这些活动中形成了一些低级的行为图式，以此来适应和进一步探索外界环境，其中手的抓取和嘴的吸吮是个体探索周围世界的主要手段。

这一阶段的一个显著标志是儿童在9～12个月时逐渐获得客体永恒性，即当某一客体从儿童的视野逐渐消失时，儿童知道该客体并非不存在。而在此之前，儿童往往认为不在眼前的事物就不存在，并且不再去寻找。客体永恒性是更高层次的认知活动的基础，表明儿童开始在头脑中用符号来表征事物，但还不能用语言和抽象符号为事物命名。

2. 前运算阶段（2～7岁）

进入前运算阶段，儿童开始能用言语或较为抽象的符号代表他们经历过的事物，但这一阶段的儿童还不能很好地掌握概念的概括性和一般性。

在这一时期，儿童思维的特征主要有以下几个方面：

（1）泛灵性（万物有灵论）。儿童还不能很好地把自己和外部世界区分开，他们认为外界的一切事物都是有生命、有感知、有情感、有人性的。

（2）自我中心。儿童的思维是"一切以自我为中心"的，他们认为别人眼中的世界和他所看到的世界一样，这种自我中心也体现在儿童的言语中，有三种表现形式，分别是重复、独白、集体独白。

（3）思维具有不可逆性、刻板性。儿童的认知活动具有相对具体性，他们还不能进行抽象的思维运算；他们的思维具有只能前推，不能后推的不可逆性；他们在注意事物的某一方面时往往忽略这一事物的其他方面，即思维具有刻板性。

（4）思维不具有守恒性。儿童还没有守恒概念，他们做出判断时只能运用一个标准或维度，还不能同时运用两个维度。

3. 具体运算阶段（7～11岁）

一般来说，小学生正处于皮亚杰所说的具体运算阶段。这个阶段儿童的思维具有如下特征：

（1）思维中形成了守恒概念。儿童已经获得了长度、体积、重量和面积的守恒概念，守恒概念的出现是具体运算阶段儿童的主要特征。例如，8岁左右的儿童去过几次别的小朋友的家，就能够画出具体的路线图来，而5～6岁的儿童无法做到。

（2）思维具有可逆性。这是守恒概念出现的关键。例如，将一个大杯中的水倒入小杯中时，处于这一阶段的儿童不仅能够考虑到水从大杯倒入小杯，而且还能设想水从小杯倒回大杯，并恢复原状。

（3）思维具有去自我中心性。儿童逐渐学会从别人的角度看问题，意识到别人持有与自己不同的观念。他们能接受别人的意见，修正自己的看法，这是儿童与别人顺利交往、实现社会化的重要条件。

（4）能进行具体逻辑推理。这一阶段的儿童虽缺乏抽象逻辑推理能力，但他们能凭借具体形象的事物进行具体逻辑推理。例如，向7～8岁的儿童提出这样的问题："假定A＞B，B＞C，A与C哪个大？"他们可能难以回答。但若换一种说法："张老师比李老师高，李老师又比王老师高，问张老师和王老师哪个高？"他们就能回答。

（5）能理解原则和规则，但在实际生活中只能刻板遵守规则，不敢改变规则。

（6）具有多维思维。儿童可以从多个维度对事物进行归类。

4. 形式运算阶段（11岁以后）

中学生处于皮亚杰认知发展阶段中的形式运算阶段。形式运算阶段的儿童的思维已超越了对具体的可感知的事物的依赖，使形式从内容中解脱出来，进入形式运算阶段。

在形式运算阶段的研究中，比较有代表性的研究是"钟摆实验"。在"钟摆实验"中，研究者设置摆绳长度、摆锤重量、起始高度、首次推力四个变量，要求儿童从中找出可以引起摆速变化的变量。儿童如果能够独自完成"钟摆实验"，则表明他的认知发展水平已处在形式运算阶段。

形式运算阶段的儿童的思维具有如下特征：

（1）认识命题之间的关系。儿童的思维是以命题形式进行的，他们不仅能考虑命题与经验之间的真实性关系，而且能看到命题与现实之间的关系，并能推理两个或多个命题之间的逻辑关系。

（2）进行假设—演绎推理。儿童能在考察问题细节的基础上，假设这种或那种理论或解释是正确的，再从假设中演绎从逻辑上讲这样或那样的经验现象实际上是否应该出现，最后检验他们的理论，看这些预见的现象是否确实出现。

（3）具有抽象逻辑思维。儿童能理解符号的意义、隐喻和直喻，能对事物做一定的概括，其思维发展水平已接近成人。

（4）思维具有可逆性、补偿性和灵活性。儿童不仅具备了逆向性的可逆思维，而且具备了补偿性的可逆思维。他们不再刻板地恪守规则，而是常常因规则与事实的不符而违反规则。

皮亚杰认为所有儿童的认知发展都会依次经历这四个阶段，认知结构的发展是一个连续建构的过程，每一阶段都有独特的结构，前一阶段是后一阶段的基础，虽然不同的儿童会以不同的发展速度经历这几个阶段，但是都不可能跳跃某一发展阶段。在阶段的转折时期，同一个体可能同时进行不同阶段的活动。

真题邂逅

（2018下半年·24）根据皮亚杰的理论，在良好的外界环境作用下，学生的认知发展可以从前运算阶段直接跨越至形式运算阶段。

【参考答案】

此说法错误。

皮亚杰认为，所有儿童的认知发展都会依次经历感知运动阶段（0~2岁）、前运算阶段（2~7岁）、具体运算阶段（7~11岁）和形式运算阶段（11岁以后）这四个阶段。认知结构的发展是一个连续建构的过程，每一阶段都有独特的结构，前一阶段是后一阶段的基础。虽然不同的儿童会以不同的发展速度经历这几个阶段，但是都不可能跳跃某一个发展阶段。在阶段的转折时期，同一个体可能同时进行不同阶段的活动。

（2015下半年·14）中学生晓波通过物理实验发现，钟表的摆动幅度不取决于钟摆的材料或重量，而是取决于钟摆的长度。根据皮亚杰的认知发展阶段理论，晓波的认知发展水平已达到（ ）。

A. 感知运动阶段　　　　B. 前运算阶段　　　　C. 具体运算阶段　　　　D. 形式运算阶段

【答案】D

考点四 维果斯基的心理发展理论

（一）文化—历史发展理论

维果斯基提出应该从微观发生发展层面、个体发生发展层面、种系发生发展层面（系统层面）、社会历史发展层面来评价人类的发展。他首次提出了文化—历史发展理论，这是其心理发展观的核心内容。

维果斯基区分了两种心理机能：一种是作为动物进化结果的低级心理机能，另一种是作为历史发展结果的高级心理机能，即以符号系统为中介的心理机能。他还提出了著名的"两种工具"说，即物质生产的工具和精神生产的工具（语言符号系统），物质生产的工具指向外部，引起客体的变化；精神生产的工具则指向内部，影响人的心理结构和行为。

（二）心理发展的实质

维果斯基认为心理发展是个体的心理从出生到成年，在环境与教育的影响下，在低级心理机能的基础上，逐渐向高级心理机能转化的过程。人的高级心理机能是在一定的社会历史文化背景下，借助语言，通过人与人的社会交往而形成的。他提出心理机能从低级向高级发展的标志有四个：第一，随意机能的不断发展；第二，抽象—概括机能的提高；第三，各种心理机能之间的关系不断变化、重组，形成间接的、以符号为中介的心理结构；第四，心理活动的个性化。个性的形成是心理机能发展的重要标志，个性特点对其他机能的发展具有重要作用。

（三）教学和发展的关系

关于教学和发展的关系，维果斯基提出了最近发展区思想。维果斯基认为教师在教学时，要考虑儿童的两种发展水平：一种是儿童现有的发展水平，指儿童独立活动时所达到的解决问题的水平；另一种是儿童在成人的指导下可以达到的解决问题的水平，这两种水平之间的差距就是最近发展区。

维果斯基根据最近发展区思想提出了"教学应当走在发展的前面"，也就是说，教学可以定义为人为的发展，教学决定着智力的发展，这种决定作用既表现在智力发展的内容、水平和智力活动的特点上，也表现在智力发展的速度上。

维果斯基强调学习的最佳期限，如果个体错过了学习某一技能的最佳年龄，从发展的观点来看是不利的，它会成为儿童智力发展的障碍。

（四）内化学说

维果斯基指出教学最重要的特征是教学创造着最近发展区，也就是说，教学激起与推动了学生的一些内部发展过程，从而使学生掌握人类的经验并内化为学生自身的内部财富。维果斯基的内化学说的基础是他的工具理论，他认为，人类的精神生产工具或心理工具就是各种符号，运用符号可使心理活动得到根本改造。具体地说，在儿童认知发展的内化过程中，语言符号系统的作用是至关重要的。

真题邂逅

（2018上半年·12）维果斯基认为评价人类发展应该从四个层面进行，除了微观、个体、社会历史之外，第四个层面是（   ）。

A. 文化层面　　　　B. 系统层面　　　　C. 技术层面　　　　D. 规范层面

【答案】B

第三节
中学生情绪情感的发展

导航图

中学生情绪情感的发展
- 情绪和情感的内涵
  - 情绪和情感的概念
  - 情绪的特点
- 情绪和情感的类型
  - 情绪的分类
  - 情感的分类
- 情绪理论
  - 詹姆斯—兰格理论
  - 坎农—巴德学说
  - 阿诺德的"评定—兴奋"说
  - 沙赫特—辛格的情绪理论
  - 拉扎勒斯的认知—评价理论
  - 伊扎德的动机—分化理论
- 中学生情绪发展的特点
- 中学生良好情绪的培养

机要室

高频考点	考查频率（2013年以来）	考查题型
情绪和情感的内涵	2	单项选择题
情绪和情感的类型	5	单项选择题
情绪理论	2	单项选择题、简答题
中学生情绪发展的特点	2	单项选择题、材料分析题
中学生常见的情绪问题及良好情绪的培养	2	单项选择题、材料分析题

考点简析

考点一　情绪和情感的内涵

（一）情绪和情感的概念

情绪和情感是人对客观事物是否符合自身需要而产生的心理体验，情绪、情感是一种主观体验，也是对客观现实的反映，它所反映的不是客观事物本身，而是具有一定需要的主体和客体之间的关系。在主客体关系中，只有当客观事物与人的需要、愿望、观点联系起来的时候，才能引起情绪、情感的反应。认知是情绪和情感产生的基础，需要是引发情绪和情感的中介。

情绪和情感是由独特的主观体验、外部表现和生理唤醒三种成分组成的。

（二）情绪的特点

情绪的特点主要包括主观性、社会性和两极性。

1. 主观性

主观性是指因为每个人的主观需要和对事物的认识不同，所以即便是面对同一事物，也会有不同的情绪反应。例如，同样是半瓶水，一个乐观主义者会因为还有半瓶水可以饮用而感到欣慰和满足；而一个悲观主义者则会因为只有半瓶水而感到焦虑和不满。

2. 社会性

社会性是指在不同的社会条件下，面对同样的刺激，人们所产生的情绪反应是不同的。

3. 两极性

两极性是情绪的最显著的特点，它是情绪在性质、强度、紧张度等方面的对立状态。

在性质上，情绪有肯定的积极情绪和否定的消极情绪之分。人的需要得到满足时，便产生肯定的积极情绪，如高兴、欢喜、爱慕等；人的需要没有得到满足或受阻时则产生否定的消极情绪，如愤恨、烦恼、忧愁等。肯定的积极情绪一般有增加兴奋和提高活动能力的作用；而否定的消极情绪有减弱兴奋和降低活力的作用。

在强度上，情绪有强弱之分，如从微弱的不安到激动不已，从愉快到狂喜，从微愠到狂怒，从好感到酷爱等。这种两极变化取决于客观事件对当事人意义的大小，意义大则情绪反应强烈，意义小则情绪反应微弱。

在紧张度上，情绪有激动紧张和平静轻松之分。当重要事件发生时，人的情绪便激动紧张；当重要事件过去时，人的情绪便平静放松。

真题邂逅

（2018下半年·16）中学生小涛时而温和，时而暴躁，时而欢乐，时而忧郁，这说明小涛的情绪具有（　　）。

A. 两极性　　　　B. 适应性　　　　C. 复合性　　　　D. 社会性

【答案】A

考点二 情绪和情感的类型

（一）情绪的分类

1. 情绪的基本分类

关于情绪的类别，长期以来说法不一。我国古代有喜、怒、忧、思、悲、恐、惊的"七情说"，但我们一般认为基本情绪有四种，即快乐、愤怒、恐惧和悲哀。

2. 情绪状态的分类

情绪状态是指在某种事件或情境的影响下，在某一段时间内所产生的某种情绪，较典型的情绪状态有心境、激情和应激。

（1）心境

心境是一种微弱、平静和持久的情绪状态，具有弥散性和长期性。心境的弥散性是指当人具有了某种心境时，这种心境表现出的态度体验会朝向周围的一切事物。例如，在舒畅的心境中，人们会觉得事事顺心，处处快乐；在悲伤的心境中，人们会觉得一切都令人烦恼。"情哀则景哀，情乐则景乐""人逢喜事精神爽"等都是心境的表现，心境的长期性是指心境产生后要在相当长的时间内主导人的情绪表现。

（2）激情

激情是一种爆发强烈、持续时间短暂的情绪状态，它通常由重大事情引起，如重大成功后的狂喜，突如其来的危险引起的异常恐惧等。激情具有爆发性和冲动性，同时伴随明显的生理变化和外部行为表现，例如，恐惧时，毛骨悚然、面色如土；愤怒时，全身发抖、紧握拳头；狂喜时，手舞足蹈、欢呼跳跃。

（3）应激

应激是由出乎意料的紧张和危急情况引起的情绪状态，如在日常生活中突然遇到火灾、地震，在旅途中突然遭到歹徒的抢劫，飞行员在执行任务时突然遇到恶劣天气等，这些突发事件常常使人们高度警醒和紧张，并产生相应的反应，这些都是应激的表现。

真题邂逅

（2018下半年·18）高中生曲鸣喜欢写诗，前几天他的诗首次在报纸上发表，并得到了平生第一次稿费，因此近期他做什么事都很愉快。曲鸣表现出的情绪状态属于（　　）。

A. 心境　　　B. 激情　　　C. 应激　　　D. 热情

【答案】A

（二）情感的分类

社会性情感是与人的社会性需要相联系的态度体验，主要有道德感、理智感和美感。

1. 道德感

道德感是个体根据一定的社会道德规范和标准，评价自己和他人的思想、意图及行为时产生的内心体验。当自己或他人的言论和行为符合社会道德规范和标准时，就会产生肯定性的情感体验，如自豪、幸福、敬佩、欣慰、热爱等；否则就会产生否定性的情感体验，如不安、羞愧、内疚、憎恨等。

道德感内涵丰富，按其内容可分为自尊感、荣誉感、义务感、责任感、友谊感、民族自豪感、集体主义、爱国主义、人道主义、国际主义等情感。按道德感的表现形式可分为以下三种：

（1）直觉的道德感体验。由对某种情境的直觉感知引起，具有迅速而突然的特点，对道德行为具有迅速定向的作用。例如，突如其来的自尊感激起某人的果断行为；突然产生的不安和内疚感阻止了某人不符合道德的行为等。直觉的道德感往往对道德行为准则的意识不明显，缺乏自觉的性质，主要是与个体的过去经验有关。

（2）形象的道德感体验。这是通过联想某种具有道德意义的人或事物的形象而产生的情感体验，这种现象作为社会道德标准的化身而产生，可以使人更好地理解道德要求及其深刻的社会意义，扩大个人的道德经验。同时，这种形象生动、具体，经常给人强烈的感染，成为产生道德行为的强大动力。青少年期的情感更容易与具体形象相联系，容易被英雄人物的优秀品质和事迹所感染和激励，从而产生道德感。

（3）伦理的道德感体验。这是以清楚地意识到道德观念、道德伦理为中介的情感体验，它具有较强的自觉性和概括性，以及一定的道德理论水平，但它仍然以直觉的道德感体验和形象的道德感体验为基础。

2. 理智感

理智感是在认识和评价事物过程中所产生的情感，主要表现在智力活动上。例如，探求事物的好奇心、渴望理解的求知欲、解决问题的质疑感、取得成就时的自豪感、对科学结论的确信感等，这些都属于理智感。

真题邂逅

（2017下半年·18）当解出一道困惑自己许久的难题时，小明感到无比兴奋、激动。心理学将小明此时的情感体验称为（　　）。

A. 道德感　　　　B. 理智感　　　　C. 美感　　　　D. 幸福感

【答案】B

3. 美感

美感是个体根据审美标准评价事物时的主观感受和获得理解的精神愉悦的体验，美感包括自然美感、社会美感和艺术美感三种。游览山水风光、大海波涛、夕阳晚霞等产生的美感属于自然美感；目睹见义勇为、纯朴诚实、谦虚坦率等行为和品质时产生的美感属于社会美感；欣赏艺术绘画、音乐舞蹈、戏剧魔术时产生的美感属于艺术美感。

考点三　情绪理论

（一）詹姆斯—兰格理论

美国心理学家詹姆斯和丹麦生理学家兰格提出了基本相同的情绪理论观点，这种情绪理论观点被称为詹姆斯—兰格理论，后人也称它为外周理论。该理论强调情绪是植物性神经系统的产物，认为情绪是内脏器官和骨骼肌肉活动在脑内引起的感觉，即情绪是源于身体的反馈，刺激引起身体的生理反应，而生理反应进一步导致情绪体验的产生。

詹姆斯—兰格理论看到了情绪和机体变化的直接关系，强调了植物性神经系统在情绪产生中的作用，有其合理性的一面。但是这一理论片面强调植物性神经系统的作用，忽视了中枢神经系统的调节、控制作用，因而引起了很多争议。

（二）坎农—巴德学说

坎农认为情绪的中心不在外周神经系统，而在中枢神经系统的丘脑，外界刺激引起感觉器官的神经冲动，通过内导神经传至丘脑；再由丘脑同时向上向下发出神经冲动，向上传至大脑，产生情绪的主观体验，向下传至交感神经，引起机体的生理变化，如血压增高、心跳加速、瞳孔放大和肌肉紧张等，使个体生理上进入应激状态。因此，情绪体验与生理变化是同时产生的，它们都受丘脑的控制。坎农的情绪学说得到巴德的支持和发展，故被称为坎农—巴德学说。

（三）阿诺德的"评定—兴奋"说

美国心理学家阿诺德在 20 世纪 50 年代提出了情绪的"评定—兴奋"说，该学说强调情绪的产生来源于大脑皮层对情境的评估。阿诺德的"评定—兴奋"说主要有三个观点。

第一，刺激情境并不直接决定情绪的性质，从刺激出现到情绪的产生要经过对刺激情境的评估。情绪产生的基本过程是刺激情境—评估—情绪，如人们在森林里碰到狼会感到恐怖，但看到动物园里关在笼中的狼并不会感到恐怖。恐怖的产生取决于人们对情境的认知和评估，人们通过评估来确定刺激对自己的意义，从而产生不同的情绪。

第二，情绪的产生是大脑皮层和皮下组织协同组织的结果，大脑皮层的兴奋是产生情绪行为最重要的条件。

第三，情绪产生的理论模式是引起情绪的外界刺激作用于感受器，使感受器产生神经冲动，这种神经冲动通过内导神经，经丘脑传到大脑皮层，刺激情境在大脑皮层得到评估，形成一种特殊的态度。这种态度通过外导神经传至丘脑的交感神经，将兴奋发放到血管或内脏，使纯粹的认识经验转化为被感受到的情绪。

真题邂逅

（2015 上半年·29）简述阿诺德的"评定—兴奋"情绪学说。
【参考答案】
见上文。

（四）沙赫特—辛格的情绪理论

20 世纪 60 年代，美国心理学家沙赫特和辛格提出，对于特定的情绪来说，有三个因素必不可少：一是个体必须体验到高度的生理唤醒，如心率加快、手出汗、胃收缩、呼吸急促等；二是个体必须对生理状态的变化进行认知性的唤醒；三是相应的环境因素。

沙赫特和辛格通过实验证明，人对生理反应的认知和了解决定了最后的情绪体验，这个结论并不否认生理变化和环境因素在大脑皮层中整合的结果。事实上，情绪状态是认知过程、生理状态和环境因素在大脑皮层整合作用的结果。环境中的刺激因素通过感受器向大脑皮层输入生理状态变化的信息，认知过程是对过去经验的回忆和当前环境的评估，来自这几个方面的信息经过大脑皮层的整合作用，才产生了某种情绪体验。沙赫特—辛格的情绪理论也被称为认知—生理结合说。

真题邂逅

（2018上半年·18）沙赫特·辛格的情绪理论认为，对情绪产生起决定作用的因素是（　　）。
A．环境　　　　　　B．生理　　　　　　C．刺激　　　　　　D．认知
【答案】D

（五）拉扎勒斯的认知—评价理论

拉扎勒斯是认知—评价理论的代表，他认为情绪是人与环境相互作用的产物，在情绪活动中，人不仅要接受环境中的刺激事件对自己的影响，而且要调节自己对刺激的反应。也就是说，情绪活动必须有认知活动的指导，只有这样，人才能了解环境中刺激事件的意义，选择适当的、有价值的动作组合，即动作反应。依据拉扎勒斯的观点，情绪是个体知觉到环境事件有害或有益的反应。在情绪活动中，人们需要不断地评价刺激事件和自身的关系，具体来讲，有三个层次的评价：初评价、次评价、再评价。

初评价是指人确认刺激事件与自己是否有利害关系，以及这种利害关系的程度；次评价是指人对自己的反应行为的调节和控制，包括能否控制刺激事件以及控制的程度等；再评价是指人对自己的情绪和行为反应的有效性和适宜性的评价，实际上是一种反馈行为。

（六）伊扎德的动机—分化理论

情绪的动机—分化理论主要以伊扎德为代表，伊扎德的动机—分化理论以情绪为核心，以人格结构为基础，论述了情绪的性质和功能。

伊扎德认为情绪是人格系统的组成部分，情绪具有动力性，它组织并驱动认知与行为，为认知和行为提供活动线索，同时伊扎德认为它是人格系统的核心动力。

伊扎德认为情绪包含神经生理、神经肌肉的表情行为、情感体验三个子系统，它们相互作用、联结，并与情绪系统以外的认知、行为等人格子系统建立联系，实现情绪与其他系统的相互作用。情绪特征主要来源于个体的生理结构，遗传是某种情绪的阈限特征和强度水平的决定因素。

关于情绪的激活与调节，伊扎德提出了四个基本过程：生物遗传—神经内分泌激活过程、感觉反馈激活过程、情感激活过程和认知激活过程。

考点四　中学生情绪发展的特点

青春期是人生的"第二次断乳期"，这个时期的青少年的情绪体验跌宕起伏，情感活动广泛且丰富多彩，表现出很明显的心理年龄特征，具体表现为以下特点：

1. 爆发性和冲动性

中学生对各种事物比较敏感，自我意识迅速发展，心理行为自控能力较弱，一旦激起某种性质的情感，中学生的情绪就容易猛烈爆发出来，表现出强烈的激情特征。他们的情绪情感冲破理智的意识控制，淋漓尽致地显露出对外界事物的爱、恨、不满、恐惧或绝望等。

2. 不稳定性和两极性

中学生情绪和情感的一个显著特征就是起伏波动较大，两极性明显。他们会因为一件事情的成功而欣喜若狂、激动不已，也会因为一点挫折而沮丧懊恼、垂头丧气，情绪在两端间有明显的跌宕。因此，中学生会莫名其妙地产生情绪波动，他们的心境也常常出现明显的变化。

3. 外露性和内隐性（掩饰性）

外露性是指中学生表现出强烈的情绪情感反应，对外界事物的喜、怒、哀、乐均喜形于色，他们淋漓尽致地抒发自己的内心感受。内隐性也称掩饰性，是指中学生逐渐学会用理智控制自己的情感表现和行为反应，表现为逐渐掩饰、压抑自己的情绪，使情绪的表露出现内隐性的特点。

4. 心境化和持久性

一方面，中学生会因为成功或收获而使快乐的情绪体验延长为积极良好的心境；另一方面，中学生会因为失败或挫折而使不愉快的消极情绪体验延长为不良的心境。中学生的许多不良情绪（如焦虑、抑郁、自卑、烦躁、失望等）往往具有情绪心境化的色彩。

5. 逆反性

逆反心理是指个体彼此之间为了维护自尊而采取与对方要求相反的态度和言行的一种心理状态。在现实生活中，有的中学生"不受教""不听话"，甚至经常与老师、家长"顶牛""对着干"，这些都是逆反心理的表现。

真题邂逅

（2014下半年·16）中学生小博得知自己物理竞赛成绩名列年级第一，在家里高兴得手舞足蹈，但在学校却表现出若无其事的样子。这反映小博的情绪具有（　　）。

A. 矛盾性　　　　B. 激动性　　　　C. 掩饰性　　　　D. 短暂性

【答案】C

考点五　中学生良好情绪的培养

1. 中学生良好情绪的标准

中学生良好情绪有如下几条标准：

(1) 有良好情绪的学生能正确反映一定环境的影响，善于准确表达自己的感受；

(2) 有良好情绪的学生能对引起情绪的刺激做出适当强度的反应；

(3) 有良好情绪的学生应该具备情绪反应的转移能力；

(4) 良好的情绪应符合学生的年龄特点。

2. 中学生良好情绪的培养方法

调节和控制情绪一般可以从以下几个方面进行：

（1）敏锐地觉察情绪

敏锐地觉察情绪是指能够自我觉察、了解自己当时的主要情绪，且大概知道各种感受的前因后果。只有首先觉知自己的情绪及产生的真正原因，才能适时对自己的情绪做出适当的反应，进而给情绪一个转化的出口。学生可以通过以下方式了解自己的情绪：

①了解自己的个性特征；

②了解自身的成长经历及早期的经验；

③反思自己的情绪状态。

（2）平和接纳情绪状态

生命中一切的情绪印象都有它该有的意义，我们要以平和的心态接纳发生在生命中的一切。负性情绪也有它存在的价值，如恐惧提醒我们危险的存在，愤怒是一种强大的力量。我们要坦然接受自己的情绪，不苛求自己，不过于追求完美，以平常心来面对自己情绪上的波动。

（3）正确调整情绪

有效调节情绪的方法包括以下几点：

①合理宣泄法，是指当人受到不良刺激而产生消极情绪时，应当让不良情绪得到充分的宣泄，要通过合理的宣泄办法来减轻心理负担，恢复心理平静。宣泄采用的方式必须合理、适当，否则可能导致消极后果。

②注意转移法，是指当人受了刺激产生不良情绪时，应尽可能地离开有不良刺激的环境，把注意力转移到新环境和新事物上去，以避免不良情绪的蔓延和加重。

③意志调节法，也称升华作用。升华是一种最积极的、富有建设性的防御机制，因为它可以把社会所不能接受的无意识冲动转向更高级的、社会所能接受的目标或渠道，从而进行各种创造性的活动。

④幽默法，是以幽默的方式来处理困境的一种方法，它与诙谐、说笑话不完全一样。幽默仍然允许一个人集中注意于困窘的境遇上，而诙谐、打趣的话则会引起分心或使注意从情感的问题上移开。

⑤补偿法，是指个体通过某种方法来弥补其生理或心理上的缺陷，从而掩饰自己的自卑感和无安全感，这是一个意识或无意识的过程。

（4）有效表达情绪

要学会正确表达、合理宣泄情绪，并在恰当的时候以恰当的方式表达自己的情绪体验。有效表达情绪包括以下两点：

①选择恰当的方式；

②进行完整客观的情绪表达。

（5）保持和创造快乐的情绪

我们可以通过陶冶性情的艺术类兴趣爱好、身体锻炼、创造愉快的生活环境等来保持和创造积极快乐的情绪。

第四节
中学生意志的发展

导航图

```
                                         ┌─ 意志与意志行动的概念
                        ┌─ 意志概述 ──────┤
                        │                └─ 意志的品质
中学生意志的发展 ──────┼─ 意志行动中的动机冲突
                        │                ┌─ 中学生意志发展的特点
                        └─ 中学生意志发展的特点与培养 ──┤
                                         └─ 中学生良好意志品质的培养
```

机要室

高频考点	考查频率（2013 年以来）	考查题型
意志行动中的动机冲突	2	单项选择题、材料分析题
中学生意志发展的特点与培养	1	材料分析题

考点简析

考点一 意志概述

（一）意志与意志行动的概念

意志是指人自觉地确定目标，有意识地根据目的支配、调节自己的行为，并通过克服困难和挫折实现预定目的的心理过程。

受意志支配的行动叫意志行动，意志行动是有意识、有目的的行动，行动的目的要通过克服困难和挫折才能达到。意志行动的基本特征有：自觉的目的性是意志行动的前提；随意动作是意志行动的基础；克服困难是意志行动的核心。

（二）意志的品质

品　质	基本内涵	对立面
自觉性	一个人清楚地意识到自己行动的目的和意义，并据此主动调节、支配自己行动的意志品质	易受暗示性和独断性
果断性	一个人在面对复杂多变的情境时，能够分辨是非，迅速而合理地采取决定和执行决定的意志品质	优柔寡断和武断
坚持性	一个人在实现预期目的的行动过程中，表现出的坚持不懈、百折不挠、持之以恒、不达目的不罢休的意志品质	动摇性和执拗性
自制性	一个人善于根据预期目的或既定要求控制自己的心理活动和行为的意志品质	任性和怯懦

考点二 意志行动中的动机冲突

在意志行动中，常常具有两个或两个以上的目标，但是又不能同时实现，这就产生了冲突。冲突的种类主要有以下几种：

1. 双趋（式）冲突

双趋冲突也称接近—接近型冲突，指当个体以同等程度的两个动机去追求两个有价值的目标时，因不能同时获得而产生的动机冲突，古语"鱼和熊掌不可兼得"就体现了双趋冲突。

意志行动中的动机冲突

2. 双避（式）冲突

双避冲突也称回避—回避型冲突，指个体以同等程度的两个动机去躲避两个具有威胁性的事件或情境时，因不能同时避开而产生的动机冲突，"前有断崖，后有追兵"就体现了双避冲突。

3. 趋避（式）冲突

趋避冲突也称接近—回避型冲突，指个体对一个事物同时产生两种相反的态度取向时产生的动机冲突。例如，古代文学作品《三国演义》中说曹操兵败斜谷，进退两难，当夜规定军中口号为"鸡肋"——食之无味，弃之可惜，这个故事就体现了趋避冲突。在生活中我们对一个人爱恨交织，对一件东西取舍不定，这些都是趋避冲突的体现。

4. 多重趋避（式）冲突

多重趋避冲突也称多重接近—回避型冲突，这是一种最为复杂的冲突形式，也是实际生活中人们常常遇到的冲突形式。当人们面对两个或两个以上的目标，而每个目标都对人们既具有吸引力又具有排斥力时，人们就需要进行多种选择，审慎地权衡利弊，这时产生的冲突就是多重趋避冲突。例如，一个人在择业时，可选择的几个工作各有利弊，对各种利弊、得失进行考虑就产生了多重接近—回避型冲突。

真题邂逅

（2018 下半年·13）李哲爱好广泛，恰逢本周六晚上既有足球赛，又有演唱会，他都想去看。由于二者时间冲突，他很矛盾。他面临的冲突是（　　）。

A. 双趋式冲突　　　　　　　　B. 双避式冲突

C. 趋避式冲突　　　　　　　　D. 多重趋避式冲突

【答案】A

考点三　中学生意志发展的特点与培养

（一）中学生意志发展的特点

1. 采取决定的主动性和计划性不断提高，执行决定的毅力明显增强；
2. 意志行动由易受暗示性向自觉性发展；
3. 意志行动由草率向果断性发展；
4. 意志行动的持续时间逐渐增长，坚持性品质逐渐形成；
5. 意志行动对行为的调节能力增强，自制力逐渐成熟。

（二）中学生良好意志品质的培养

1. 加强世界观和人生观的教育，帮助学生确立正确的行动目的。
2. 组织实践活动，加强意志锻炼。
3. 发挥教师和班集体的影响，给予必要的纪律约束。
4. 启发学生进行意志的自我锻炼。
5. 针对学生意志的个别差异采取有针对性的培养措施。

第五节
中学生人格的发展

导航图

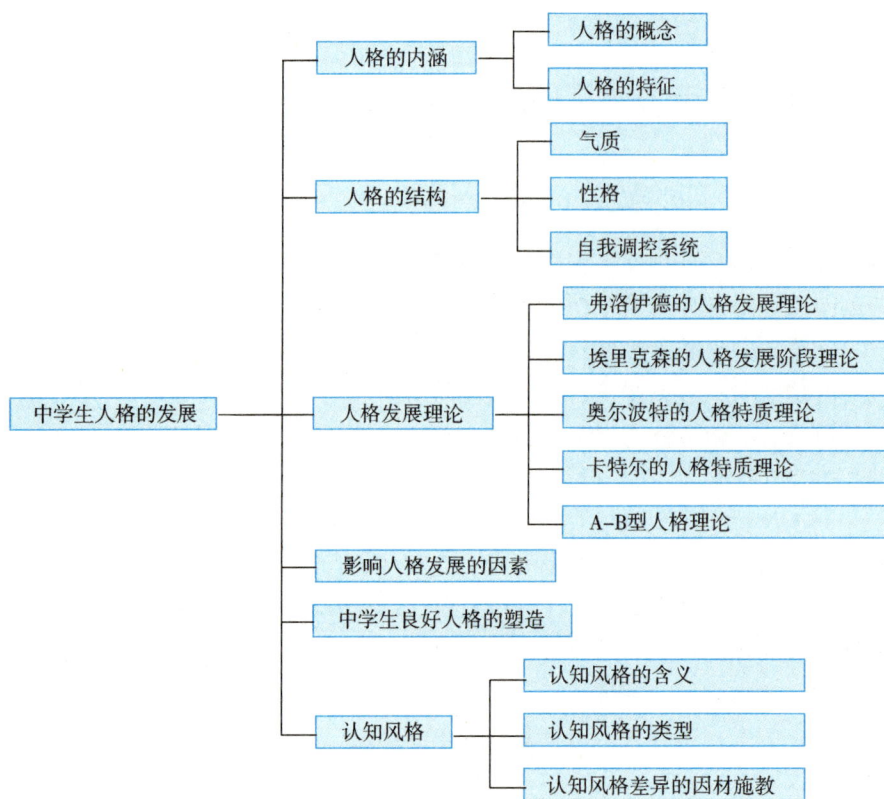

机要室

高频考点	考查频率（2013 年以来）	考查题型
人格的内涵	2	单项选择题、简答题
人格的结构	6	单项选择题、材料分析题
人格发展理论	6	单项选择题、简答题
认知风格	4	单项选择题、材料分析题

考点简析

考点一 人格的内涵

（一）人格的概念

人格是构成一个人的思想、情感及行为的特有模式，是一个人区别于他人的稳定而统一的心理品质。

（二）人格的特征

1. 整体性

人格是人的整个心理面貌，是由多种成分结合而成的有机整体，例如，气质、性格、需要、动机、价值观、人生观、世界观等，它们紧密联系，综合成为具有内在一致性的品质。

2. 稳定性

人格具有稳定性特征，即不随时间或情境的变化而显著变化，那些偶尔表现出来的特征不能称为人格特征。例如，一个处事稳重的人偶尔表现出轻率的举动，不能说他具有轻率的人格特征。俗话说"江山易改，本性难移"，这也形象地说明了人格的稳定性特征。

3. 独特性

人格的独特性是人格最显著的特征，每个人的心理和行为都是存在差异的。由于人格是在遗传、成熟等先天因素与环境、教育等后天因素的相互作用下形成的，并且每个人的遗传素质和生活环境不同，所受的教育以及从事的活动也各异，因此形成了各自独特的心理特点，表现在能力、气质、爱好、认知方式以及价值观等方面，每个人都以自己独特的方式与环境相互作用。俗话说"人心不同，各如其面"。

4. 功能性

人格在一定程度上会影响一个人的生活方式，甚至会决定某些人的命运，因而是人生成败的根源之一。当面对挫折与失败时，坚强者能发奋拼搏，懦弱者会一蹶不振，这就是人格功能的表现。

5. 社会性

人格的社会性是指社会化把人的自然特性转变为以社会性为主的个体。人格是社会人所特有的，是个人在与他人的交往中不断习得与掌握社会经验和行为规范而获得自我的过程。

真题邂逅

（2014上半年·13）小琼十分内向，不爱说话，无论是在陌生的环境还是在家里，都少言寡语，这表明人格具有（　　）。

A. 整体性　　　　B. 稳定性　　　　C. 独特性　　　　D. 功能性

【答案】B

考点二 人格的结构

人格是一个复杂的结构系统,它包括许多成分,其中最主要的有气质、性格和自我调控。

(一) 气质

1. 气质的概念

气质是表现在心理活动的强度、速度、灵活性与指向性等方面的一种稳定的心理特征,即我们平时所说的脾气、秉性。人的气质差异是先天形成的,受神经系统活动过程的特性制约。气质是人的天性,无好坏之分。

2. 气质的类型

(1) 胆汁质

胆汁质类型的人表现为精力旺盛,反应迅速,情感体验强烈,情绪发生快而强,易冲动,但平息也快;直率爽快,开朗热情,外向,但急躁易怒;有顽强的拼劲,但往往缺乏自制力和耐心;思维具有灵活性,但经常粗枝大叶、不求甚解;意志坚强、勇敢果断,但注意力难以转移。

(2) 多血质

多血质类型的人活泼好动,反应迅速,思维敏捷、灵活而易动感情,富有朝气,情绪发生快而多变,表情丰富,但情感体验不深;外向,喜欢与人交往,容易适应新环境;兴趣广泛但易变化,注意力不易集中,意志力方面缺乏耐力。

(3) 黏液质

黏液质类型的人安静、沉着、稳重、反应较慢,思维、言语及行动迟缓、不灵活,注意比较稳定且不易转移;内向,态度持重,自我控制能力和持久性较强,不易冲动;办事谨慎细致,但对新环境、新工作适应较慢;行为表现坚韧、执着,但感情比较淡漠。

(4) 抑郁质

抑郁质类型的人感受性高,观察仔细,对刺激敏感,善于观察别人不易察觉的细微小事,反应缓慢,动作迟钝;多愁善感,体验深刻和持久,但外表很少流露;内向、谨慎,遇到困难或挫折时易畏缩,但对力所能及且枯燥乏味的工作能够忍耐,不善于交往,比较孤僻。

🌐 见多识广

气质类型的典型代表

胆汁质:《水浒传》中的李逵。

多血质:《红楼梦》中的王熙凤。

黏液质:《水浒传》中的林冲;《红楼梦》中的薛宝钗。

抑郁质:《红楼梦》中的林黛玉。

3. 高级神经活动类型学说

巴甫洛夫在实验研究中揭示动物高级神经系统活动的兴奋和抑制有强度、平衡性、灵活性三种特性。根据这三种特性的结合,巴甫洛夫将动物的高级神经活动分为四种类型:强、不平衡(不可遏制型);强、平衡、灵活(活泼型);强、平衡、不灵活(安静型);弱(弱型)。

高级神经活动类型与气质类型

高级神经活动过程	高级神经活动类型	气质类型
强、不平衡	不可遏制型	胆汁质
强、平衡、灵活	活泼型	多血质
强、平衡、不灵活	安静型	黏液质
弱	弱型	抑郁质

4. 气质类型与教育

在教育教学中，教师可以根据学生的不同气质类型从以下几个方面做好教育工作：

（1）对待学生应克服气质偏见。

（2）针对学生的气质差异因材施教。

对于胆汁质的学生，教师应采取直截了当的方式教育他们，但不宜轻易激怒他们，对他们进行批评时要有说服力，应培养其自制、坚持到底的精神和豪放、勇于进取的个性品质。

对于多血质的学生，教师可以采取多种教育方式，但要定期提醒他们，严厉批评他们的缺点。教师应鼓励他们勇于克服困难，培养他们扎实专一的品质，防止其见异思迁；要创造条件，多给他们活动的机会，培养他们朝气蓬勃、足智多谋的个性品质。

对于黏液质的学生，教师要采取耐心教育的方式，让他们有足够的时间进行考虑和做出反应，培养其生气勃勃的精神，热情开朗的性格和以诚待人、踏实工作的个性品质。

对于抑郁质的学生，教师应采取委婉暗示的方式教育他们，要多关心、爱护他们，不宜在公开场合下指责他们，不宜过于严厉地批评他们。

（3）帮助学生进行气质的自我分析、自我教育，培养其良好的气质品质。

（4）特别重视胆汁质和抑郁质这两种极端气质类型的学生。

（5）组建学生干部队伍时应考虑学生的气质类型。

（二）性格

1. 性格的概念

性格是一个人在现实的稳定态度和习惯化了的行为方式中所表现出来的个性心理特征。性格是在后天社会环境中逐渐形成的，有好坏、优劣之分，最能直接反映出一个人的道德风貌，具有社会评价的意义。

2. 性格的结构特征

性格的结构特征包括态度特征、意志特征、情绪特征和理智特征。

性格的态度特征主要是指一个人如何处理社会各方面的关系的性格特征，即他对社会、对集体、对他人以及对自己的态度。对于性格的态度特征，好的表现是忠于祖国、热爱集体、关心他人、乐于助人、大公无私、正直、诚恳、文明礼貌、勤奋节俭、认真负责、谦虚谨慎等；不好的表现是没有民族气节、对集体与他人漠不关心、自私自利、损人利己、奸诈狡猾、蛮横粗暴、懒惰挥霍、敷衍了事、不负责任、狂妄自大等。

性格的意志特征是指一个人对自己的行为自觉地进行调节的特征。

性格的情绪特征是指一个人的情绪对他的活动的影响以及他对自己情绪的控制能力。

性格的理智特征是指一个人在感知、记忆、想象和思维等认知过程中所表现出来的稳定的心理特征，是一个人认知特点与风格的体现。

真题邂逅

（2016下半年·13）小林诚实、内向、谦虚、勤学，且具有亲和力。这些描述的是（　　）。
A. 性格特征　　　　　B. 能力特征　　　　　C. 气质特征　　　　　D. 认知特征
【答案】A

3. 良好性格的培养

（1）树立效仿的榜样；

（2）提供实际锻炼的机会；

（3）及时进行个别指导；

（4）创设优良的集体气氛；

（5）鼓励学生自我教育。

（三）自我调控系统

自我调控系统是人格中的内控系统或自控系统。自我意识是自我调控系统的核心，它是指个体对自己作为客体存在的各方面的意识。

1. 自我意识的心理成分

（1）自我认知

自我认知是对自己的洞察和理解，包括自我观察和自我评价。自我观察是指对自己的感知、思想和意向等方面的觉察，自我评价是指对自己的想法、期望、行为及人格特征的判断与评价。如果一个人不能正确地认识自我，只看到自己的不足，会产生自卑感，丧失信心；如果一个人过高地评价自己，则会骄傲自大、盲目乐观。

（2）自我体验

自我体验是伴随自我认知而产生的内心体验，是自我意识在情感上的表现。如一个人对自己做积极的评价，会产生自尊感；做消极的评价，会产生自卑感。自我体验可以使自我认知转化为信念，进而指导一个人的言行；自我体验还能伴随自我评价激励适当的行为，抑制不适当的行为。

（3）自我控制

自我控制是自我意识在行为上的表现，是实现自我意识调节的最后环节。如当一个学生意识到学习对自己发展有重要意义时，就会激发其努力学习的动机，使其在行为上表现出刻苦学习、不怕困难。自我控制包括自我监控、自我激励、自我教育等。

自我认识、自我体验、自我控制三个子系统的作用是对人格的各种成分进行调控，保证人格的完整、统一与和谐。

2. 自我意识的发展阶段

个体自我意识的发展经历了从生理自我到社会自我，再到心理自我的过程。

（1）生理自我

生理自我是自我意识最原始的形态。儿童在1周岁末时开始将自己的动作和动作的对象区分开来，把自己和自己的动作区分开来，在与成人的交往中，按照自己的姓名、身体特征、行动和活动能力来看待自己，并做出一定的评价。生理自我在 3 岁左右基本成熟。

（2）社会自我

儿童在 3 岁以后自我意识的发展进入了社会自我阶段，至少年期基本成熟。儿童从轻信成人的评价逐渐过渡到自我独立评价，自我评价的独立性、原则性、批判性正在迅速发展，对道德行为的判断能力也逐渐达到了前所未有的水平，从对具体行为的评价发展到有一定概括程度的评价。但他们的自我评价通常不涉及个人的内心世界和人格特征，自我调节控制的能力也较差，常出现言行不一的现象。

（3）心理自我

心理自我是在青春期开始发展和形成的。这时，青年开始形成自觉地按照一定的行动目标和社会准则来评价自己的心理品质和能力。他们的自我评价越来越客观、公正和全面，具有社会道德性，并在此基础上形成自我理想，追求最有意义和最有价值的目标。

真题邂逅

（2016 下半年·21）在一次业务学习中，关于青春期后个体自我意识的发展进入什么阶段，教师们讨论激烈，提出了以下四种见解，其中正确的是（　　　）。

A. 生理自我阶段　　　　B. 心理自我阶段　　　　C. 社会自我阶段　　　　D. 经验自我阶段

【答案】B

3. 中学生自我意识的发展

（1）中学生自我意识的发展特点

①独立性与依赖性的冲突；

②强烈的自尊心；

③自我意识成分的分化；

④自我评价的深化；

⑤自我控制能力提高；

⑥性别差异。

中学生自我意识发展的总体水平没有明显的性别差异，但是在自我评价一项上男生的评价水平明显高于女生。

（2）中学生自我意识的培养

①引导学生正确评价并接受自我；

②帮助学生确立恰当的目标；

③创造机会让学生体验成功；

④给予学生积极的暗示、鼓励和期待；

⑤鼓励学生积极参加实践活动。

考点三 人格发展理论

（一）弗洛伊德的人格发展理论

1. 人格结构

弗洛伊德认为人格结构由本我、自我、超我三部分组成。

本我是原始的无意识的本能的部分，包含生存所需的基本欲望、冲动和生命力。本我是一切心理能量之源，本我遵循"快乐原则"，以寻求原始动机的满足为原则，追求最大限度的快乐，寻求不受约束的性、躯体和情绪的快感。

自我是自己可意识到的，执行思考、感觉、判断或记忆的部分。自我的机能是寻求"本我"冲动得以满足，同时保护整个机体不受伤害。自我遵循"现实原则"，协调本我的非理性需要与现实之间的关系。

超我是人格结构中代表理想的部分，它是个体在成长过程中通过内化道德规范、内化社会及文化环境中的价值观念而形成的，其机能主要是监督、批判及管束自己的行为。超我遵循"道德原则"，它的特点是追求完美。

2. 人格发展阶段理论

弗洛伊德认为人在不同的年龄，性的能量——"力比多"——投向身体的不同部位，口腔、肛门、生殖器等相继成为快乐与兴奋的中心。以此为依据，弗洛伊德将儿童的心理发展（人格发展）划分为五个阶段。

（1）口唇期（0～18个月）

这个时期的婴儿主要通过吮吸、咀嚼、吞咽、咬等口腔刺激获得快感。口唇、舌是这一时期"力比多"最集中的区域，也是性敏感区。

（2）肛门期（18个月～3岁）

此时儿童的"力比多"集中到肛门区域，排泄时产生的轻松与快感使儿童体验到了操纵与控制的作用，这个阶段是对幼儿进行排泄训练的关键期。

（3）性器期（3～6岁）

这一时期，儿童开始关注性别差异，开始对生殖器感兴趣，阴茎或阴蒂成为重要的性敏感区。此时出现弗洛伊德所说的俄狄浦斯情结，男孩跟母亲亲近，女孩跟父亲亲近，并无意识地企图排斥同性别的父母一方，俄狄浦斯情结最终要受到压抑，因为儿童惧怕同性别父母的惩罚。这种情结的健康解决取决于儿童对同性别父母的角色认同。

（4）潜伏期（6～12岁）

潜伏期又称"同性期"，此阶段的最大特点是儿童对性缺乏兴趣，处于一个"性"中立的时期，男女界限分明，甚至互不往来，直到青春期这种现象才有所转变。

（5）生殖期（12～17、18岁）

这一时期又称"异性期"，个体进入青春期后，生理上出现第二性征，心理上开始对异性感兴趣，并且开始关注自身形象，对自己的外貌、服饰、行为表现等开始变得特别敏感。

生殖期阶段的青少年具有半儿童半成人的特征，他们竭力想要摆脱父母的束缚，很容易与父母产生冲突，被称为人生的第二反抗期。

真题邂逅

（2018 下半年·28）简述弗洛伊德的人格发展阶段理论。

【参考答案】

见上文。

（二）埃里克森的人格发展阶段理论

埃里克森提出的人格发展阶段理论也称心理社会性发展理论。埃里克森认为，个体的发展是持续一生的，在心理发展的每个阶段，个体都会面临着一个需要解决的心理社会问题，该问题引起个体心理发展的矛盾与危机。如果个体能顺利解决每一阶段所面临的矛盾与危机，会对心理发展产生积极的影响；反之，则会产生消极的影响。埃里克森提出的人格发展的八个阶段如下表所示。

埃里克森的人格发展的八个阶段

阶 段	年龄阶段	发展任务
基本信任感对基本不信任感	婴儿期（0～1.5 岁）	获得信任感，克服不信任感，体验希望的实现
自主感对羞耻感和疑虑	儿童早期（1.5～3 岁）	获得自主感，克服羞耻与疑虑，体验意志的实现
主动感对内疚感	学前期（3～6 岁）	获得主动感，克服内疚感，体验目的的实现
勤奋感对自卑感	学龄期（6～12 岁）	获得勤奋感，克服自卑感，体验能力的实现
同一性对角色混乱	青年期（12～18 岁）	建立同一性，防止角色混乱，体验忠诚的实现
亲密感对孤独感	成年早期（18～30 岁）	获得亲密感，避免孤独感，体验爱情的实现
繁殖感对停滞感	成年中期（30～60 岁）	获得繁殖感，避免停滞感，体验关怀的实现
自我整合感对绝望感	老年期（60 岁以后）	获得完善感，避免失望、厌倦感，体验智慧的实现

见多识广

中学生自我同一性的发展

中学生主要处于心理发展的"同一性对角色混乱"阶段，个体此时开始体会到自我概念问题的困扰，也开始考虑"我是谁""我将来做什么"等问题，体验着角色同一性与角色混乱的冲突。这里的角色同一性是有关自我形象的一种组织，它包括有关自我的能力、信念、性格等的一贯经验和概念。在埃里克森看来，自我既与个体过去的经验相联系，又与个体当前面临的任务有关，自我同一性的形成与职业的选择、性别角色的形成、人生观的形成等有着密切的联系。如果个体在这一时期把这些方面很好地整合起来，他所想的和所做的与他的角色概念相符合，个体便获得了较好的角色同一性，否则，就会陷入角色混乱。

真题邂逅

（2018下半年·15）韩波进入中学后，经常独自思考"我是谁"，未来从事何种职业，在社会上处于什么样的地位等问题。根据埃里克森的人格发展阶段理论，韩波的人格发展处于（ ）。

A. 主动对内疚阶段　　　　　　　　B. 同一性对角色混乱阶段

C. 自我整合对绝望阶段　　　　　　D. 自主对羞耻和疑虑阶段

【答案】B

（三）奥尔波特的人格特质理论

奥尔波特于1937年首次提出了人格特质理论，奥尔波特把人格特质分为两类，即共同特质和个人特质。

1. 共同特质

共同特质是指在某一社会文化形态下，大多数人或一个群体所共有的、相同的特质。比如我们通常所说的德国人严谨、法国人浪漫、意大利人热情、南方人精明、北方人豪爽就是从共同特质的角度进行的比较。

2. 个人特质

个人特质是指个体身上所独具的特质，个人特质依其在生活中的作用又可分为三种：

首要特质，这是一个人最典型、最有概括性的特质，它影响到一个人各方面的行为。例如，多愁善感可以说是林黛玉的首要特质，狡猾奸诈可以说是曹操的首要特质。

中心特质，这是构成个体独特性的重要特质，在每个人身上大约有5～10种。如林黛玉的清高、率直、聪慧、孤僻、内向、抑郁、敏感等都属于她的中心特质。

次要特质，这是个体一些不太重要的特质，往往只有在特殊的情况下才会表现出来。这些次要的特质除了亲近他的人外，其他人很少知道。如一个人在外面很粗鲁，而在自己的母亲面前很顺从，这里的"顺从"就是他的次要特质。

真题邂逅

（2013上半年·18）人们通常认为"北方人开朗、豪放，南方人含蓄、细腻"。根据奥尔波特的人格理论，上述人格特质属于（ ）。

A. 共同特质　　　　B. 首要特质　　　　C. 次要特质　　　　D. 中心特质

【答案】A

（四）卡特尔的人格特质理论

卡特尔利用因素分析法对人格特质进行了分析，提出了基于人格特质的一个理论模型。该模型分为四层，即个别特质和共同特质，表面特质和根源特质，体质特质和环境特质，动力特质、能力特质和气质特质。其中，个别特质和共同特质与奥尔波特的特质理论观点相同，此处不再赘述。

1. 表面特质和根源特质

表面特质和根源特质既可能是个别特质，也可能是共同特质，它们是人格层次中最重要的一层。表面特质是指从外部行为能直接观察到的特质，根源特质是指那些相互联系并以相同原因为基础的行为特质。

2. 体质特质和环境特质

体质特质由先天的生物因素决定，如兴奋性、情绪稳定性等。环境特质由后天的环境因素决定，如忧虑性、有恒性等。

3. 动力特质、能力特质和气质特质

动力特质是指具有动力特征的特质，它使人趋向某一目标，包括生理驱力、态度和情操；能力特质是表现在知觉和运动等方面的差异特质，包括流体智力和晶体智力；气质特质是决定一个人情绪反应的速度与强度的特质。

（五）A-B 型人格理论

美国学者福利曼和罗斯曼描述了 A-B 型人格理论。

A 型人格的主要特点是性情急躁、缺乏耐性，成就欲高、上进心强、做事认真负责、富有竞争意识，外向、动作敏捷，但办事匆忙、社会适应性差，生活常处于紧张状态，属于不安定型人格。

B 型人格的主要特点是性情不温不火、举止稳当，对工作和生活的满足感强，喜欢慢步调的生活节奏。

真题邂逅

（2017上半年·16）中学生晓楠极端争强好胜，性格急躁，富有竞争意识，外向，常常处于紧张状态，很难使自己放松。晓楠的人格特征属于（　　）。

A. A 型人格　　　B. B 型人格　　　C. C 型人格　　　D. D 型人格

【答案】A

考点四　影响人格发展的因素

1. 生物遗传因素

遗传是人格不可缺少的影响因素，遗传因素对人格的作用程度因人格特征的不同而异。通常在智力、气质这些与生物因素关系密切的特征上，遗传因素较为重要；而在价值观、信念、性格等与社会因素关系紧密的特征上，后天环境因素更为重要。人格的发展过程是遗传与环境交互作用的过程，遗传因素影响人格的发展方向及程度。

2. 社会文化因素

社会文化对人格，特别是后天形成的一些人格特征具有重要作用。社会文化对个人的影响力因

文化的强弱而异，这要看社会对顺应的要求是否严格，越严格，其影响力越大。社会文化因素决定了人格的共同性特征，它使同一社会的人在人格上具有一定程度的相似性。

3. 家庭环境因素

影响人格的家庭成因重点是指家庭间的差异对人格发展的影响。家庭间的差异主要表现在不同的家庭教养方式上，家庭教养方式一般可以分为权威型、放纵型和民主型三种类型。

采用权威型教养方式的父母在子女的教育中会过度支配，孩子的一切都由父母来控制。在这种环境中长大的孩子容易形成消极、被动、依赖、服从、懦弱，做事缺乏主动性，甚至不诚实的人格特征。

采用放纵型教养方式的父母对孩子溺爱，让孩子随心所欲，父母对孩子的教育有时达到失控的状态。在这种环境中长大的孩子多表现为任性、幼稚、自私、野蛮、无礼、独立性差、蛮横无理、胡闹等。

采用民主型教养方式的父母与孩子在家庭中处于一个平等和谐的氛围，父母尊重孩子，给孩子一定的自主权，并给予孩子积极正确的指导。父母的这种教养方式使孩子形成了一些积极的人格品质，如活泼、自立、彬彬有礼、善于交往、富有合作精神、思想活跃等。

4. 早期童年经验

人格发展会受到童年经验的影响，幸福的童年有利于儿童发展健康的人格，不幸的童年可能会使儿童形成不良的人格。但二者并不存在一一对应的关系，溺爱可能使儿童形成不良的人格，逆境也可能磨炼出儿童坚强的性格。早期经验不能单独对人格起决定作用，它与其他因素共同决定着人格的形成与发展。

5. 学校教育因素

学校教育对学生人格发展的影响是方方面面的，学校是个体人格社会化的主要场所。教师是学生学习的榜样，教师的言行对学生的人格发展具有导向作用，同伴群体对学生人格的发展也具有重要作用；良好的校风和班风也能促使学生养成积极、遵守纪律等优秀品质。

6. 个人主观因素

人格是在与环境相互作用的实践活动中形成和发展起来的，但任何环境因素都不能直接决定人格，它必须通过个体已有的心理发展水平和心理活动才能发挥作用。社会上的各种影响因素首先要为个体所接受和理解，才能转化为个体的需要、动机和兴趣，推动其去思考与行动。

考点五　中学生良好人格的塑造

中学生良好人格的塑造需要遵循必要的原则，实施途径和方式方法是多种多样的，主要需要做好以下几个方面的工作：

1. 激发中学生自我教育的意识；
2. 进行人格素质的整合教育；
3. 实施以提高文化素质为基本内容的综合素质教育；
4. 强化情感陶冶与行为训练；
5. 优化育人环境，协调家庭、学校、社会教育，形成人格培养的正合力；
6. 大力开展心理健康教育和咨询；
7. 建立健全良好人格培养的激励与约束机制。

考点六　认知风格

（一）认知风格的含义

认知风格也叫认知方式，是指个人所偏爱使用的信息加工方式，是人格差异在认知方式上的反映。

（二）认知风格的类型

认知风格有许多种，包括场独立型和场依存型、沉思型和冲动型、整体型和序列型（同时型和继时型）等。

1. 场独立型和场依存型

美国心理学家赫尔曼·威特金将认知方式分为场独立型和场依存型。

场独立型的学生在对客观事物进行判断时，常常利用自己内部的参照，不易受外来因素的影响和干扰；在认知方面独立于他们周围的背景，倾向于在更抽象的和分析的水平上加工信息，独立地对事物做出判断。

场依存型的学生对物体的知觉倾向于以外部参照作为信息加工的依据，他们的态度和自我知觉更易受周围的人们，特别是权威人士的影响和干扰，他们善于察言观色，注意并记忆言语信息中的社会内容。

🎯 真题邂逅

（2018 上半年·14）隐蔽图形测验中，要求被试在较复杂的图形中（见图 1 中的右图）把隐蔽在其中的简单图形分离出来（见图 1 中的左图）。有些被试能排除背景因素的干扰，从复杂图形中迅速、容易地分离出（知觉到）指定的简单图形。这些被试的认知方式为（　　）。

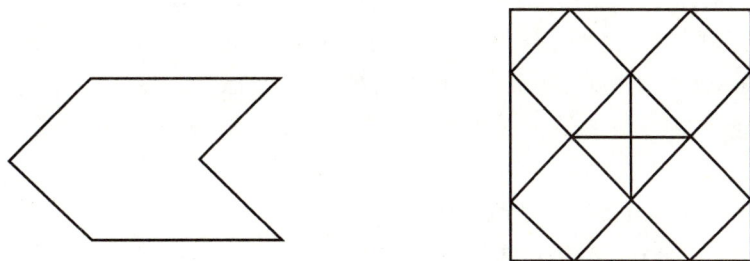

图 1　隐蔽图形检测

A. 整体型　　　　B. 序列型　　　　C. 场独立型　　　　D. 场依存型

【答案】C

2. 沉思型和冲动型

沉思型与冲动型的认知方式反映了个体信息加工、形成假设和解决问题过程的速度和准确性。

沉思型的学生在碰到问题时倾向于深思熟虑，用充足的时间考虑、审视问题，权衡各种解决问题的方法，然后从中选择一个满足多种条件的最佳方案，因而错误较少。

冲动型学生倾向于很快地检验假设，根据问题的部分信息或未对问题做透彻的分析就仓促做出决定，反应速度较快，但容易发生错误。

3. 同时型和继时型

达斯等人根据脑功能的研究区分出两种认知风格，即同时型和继时型。他们认为左脑优势的个体表现出继时型的加工风格，而右脑优势的个体表现出同时型的加工风格。

继时型认知风格的特点是在解决问题时，能一步一步地分析问题，每一个步骤只考虑一种假设或属性，提出的假设在时间上有明显的前后顺序。言语操作和记忆都属于继时型加工，一般而言，女性擅长继时型加工。

同时型认知风格的特点是在解决问题时，采取宽视野的方式，同时考虑多种假设，并兼顾解决问题的各种可能性。这类人解决问题的方式是发散式的，许多数学操作、空间问题的操作都依赖于同时型的加工方式。一般而言，男性擅长同时型加工。

真题邂逅

（2015上半年·15）初中生晓敏在解决问题时，习惯于一步一步地分析问题，每步只考虑一种假设或一种属性，提出的假设在时间上有明显的先后顺序。晓敏的认知方式属于（　　　）。

A. 冲动型　　　　B. 直觉型　　　　C. 继时型　　　　D. 同时型

【答案】C

（三）认知风格差异的因材施教

1. 充分认识学生认知风格的个体差异

教师要善于了解不同学生的认知风格，熟悉其学习习惯，创设适应每个学生特点的学习环境和条件，使他们以合适的方式，通过努力达到一个良好的学习效果，如在学习偏好上，场独立者偏爱与人无关的学科（如自然学科），在学习过程中习惯个人研究、独立思考，具有较强的理解、分析、推理能力。场依存者倾向于重视人际关系的学科领域（如人文学科），在学习过程中对环境因素敏感，擅长社会交往。

2. 创设适合学生认知风格的教学组织形式

认知风格没有好坏之分，教学不能改变认知风格，而是要适应学生不同的认知风格。教师在教学设计中应根据学习者个体学习方式、学习倾向的不同，对教学目标和手段等进行合理的选择，尽可能地给每个学生提供展示自己才华的机会，发挥每个学生的学习积极性和创造性。

3. 推进学生个性的和谐发展

学生的认知风格并非是一成不变的，教师应当在了解学生认知风格的基础上，鼓励不同认知风格的学生进行交流与合作，促进学生的和谐发展。教师深入了解学生的认知风格不是为了寻求哪类认知风格更具有优势，而是为了创设好的环境以适应不同风格的学生，发挥学生的个性优势和内在潜能，从而引导学生自我分析和自我激励，使学生实现自身的全面和谐发展。

第六节
中学生能力的发展

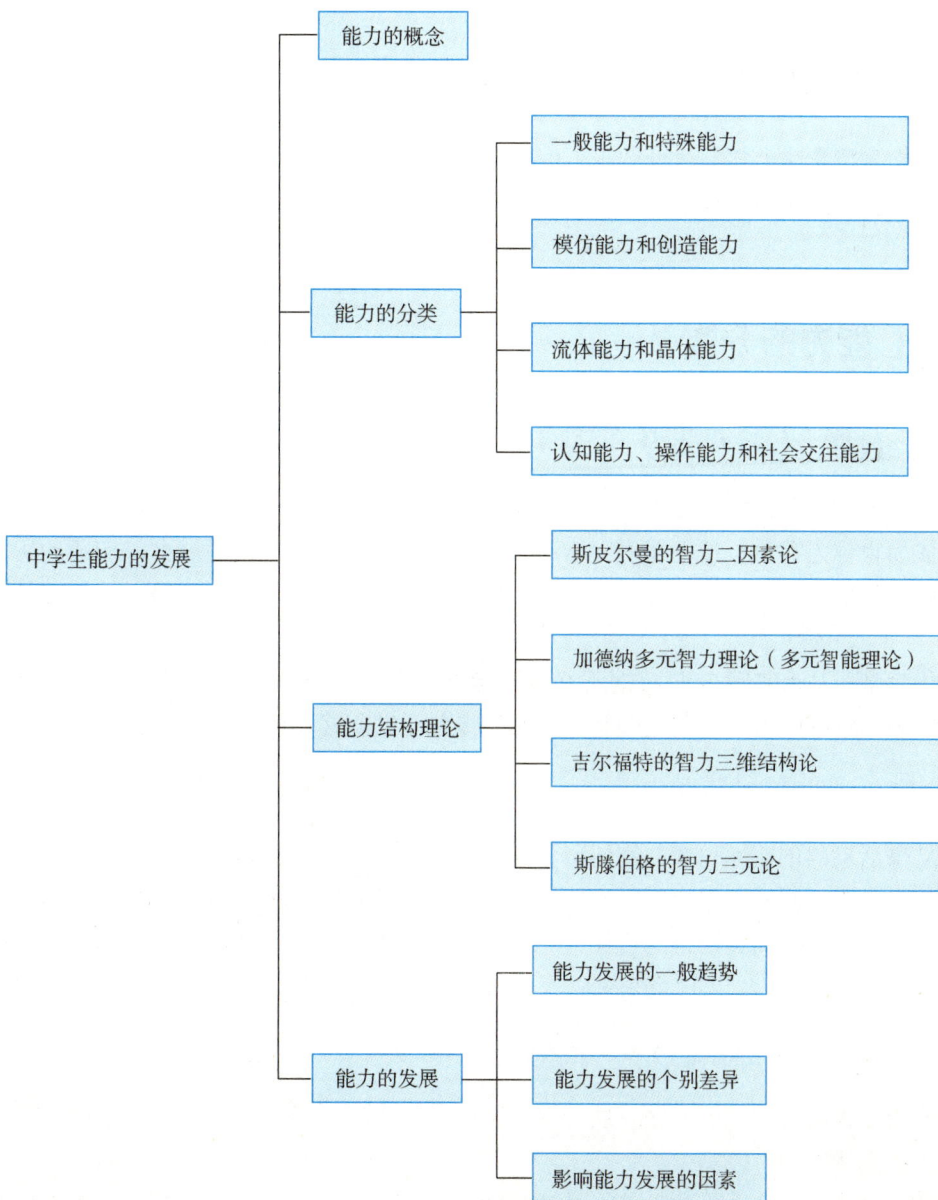

导航图

```
中学生能力的发展 ─┬─ 能力的概念
                  │
                  ├─ 能力的分类 ─┬─ 一般能力和特殊能力
                  │              ├─ 模仿能力和创造能力
                  │              ├─ 流体能力和晶体能力
                  │              └─ 认知能力、操作能力和社会交往能力
                  │
                  ├─ 能力结构理论 ─┬─ 斯皮尔曼的智力二因素论
                  │               ├─ 加德纳多元智力理论（多元智能理论）
                  │               ├─ 吉尔福特的智力三维结构论
                  │               └─ 斯滕伯格的智力三元论
                  │
                  └─ 能力的发展 ─┬─ 能力发展的一般趋势
                                ├─ 能力发展的个别差异
                                └─ 影响能力发展的因素
```

机要室

高频考点	考查频率（2013年以来）	考查题型
能力的分类	1	辨析题
影响能力发展的因素	1	辨析题

考点简析

考点一 能力的概念

能力是指直接影响个体的活动效率，促使活动顺利完成的个性心理特征。能力是顺利有效地完成某种活动所必须具备的心理条件。

考点二 能力的分类

（一）一般能力和特殊能力

根据能力的构造可将能力分为一般能力和特殊能力。

一般能力也称为智力，是指在不同活动中表现出来的共同能力，是从事一切活动所必备的能力的综合。智力包括观察力、记忆力、思维力、想象力和注意力五种成分，其中思维力是智力的核心成分。

特殊能力是指从事某种专业活动所必备的综合的能力，如数学能力、文学能力、艺术表演能力、管理能力、绘画能力等，它是顺利完成某项专业活动所必备的心理条件。

（二）模仿能力和创造能力

根据从事活动的创造性程度的高低可将能力分为模仿能力和创造能力。

模仿能力是指人们通过观察别人的行为或活动，以相同的方式做出反应的能力。

创造能力是指按照预先设定的目标，利用一切已有的信息，创造出新颖、独特、具有个人或社会价值产品的能力。

（三）流体能力和晶体能力

根据能力在人的一生中的不同发展趋势以及能力和先天禀赋与社会文化因素的关系可将能力分为流体能力和晶体能力。

流体能力也称液体能力、液体智力、流体智力，是在信息加工和问题解决过程中所表现出来的能力。如对关系的认识，类比、演绎推理能力，形成抽象概念的能力等。流体智力以神经生理为基础，随神经系统的成熟而成熟，相对来说不受社会文化的影响，取决于个体的遗传素质。个体的液体智力在 20 岁之后发展到顶峰，30 岁之后将随着年龄的增长而降低。

晶体能力也称晶体智力，是以掌握社会文化和经验为基础的智力，是长期学习的结果。如词汇语言的掌握和理解的能力、运用已有的知识和技能去获取新知识或解决问题的能力等。由于晶体智力不受神经系统的影响，所以晶体智力不会随着个体年龄的增长而降低，有些人因为知识的增长和经验的积累，其晶体智力还会出现随着年龄的增长而提高的趋势。晶体能力的发展主要受社会文化的影响，取决于个体后天的实践与学习。

真题邂逅

（2015 上半年·24）液体智力属于人类的基本能力，它受文化教育的影响较大。

【参考答案】

此说法错误。

液体智力指在信息加工和问题解决过程中所表现出来的能力。如对关系的认识，类比、演绎推理能力，形成抽象概念的能力等，它较少依赖于文化和知识的内容，而主要取决于个人的禀赋。液体能力的发展与年龄有密切关系，一般在 20 岁以后，液体能力的发展达到顶峰，30 岁以后将随年龄的增长而降低。

（四）认知能力、操作能力和社会交往能力

根据能力的功能可将能力分为认知能力、操作能力和社会交往能力。

认知能力是指人脑储存、加工和提取信息的能力，它是人们完成活动的最基本和最主要的条件，即我们一般所讲的智力。

操作能力是指人们操纵自己的肢体去完成各种活动的能力。

社会交往能力是指人们在社会交往活动中所表现出来的能力，主要表现为人际关系敏感性、人际关系调整能力和自我协调能力。

考点三　能力结构理论

（一）斯皮尔曼的智力二因素论

斯皮尔曼认为人类的智力包括两种因素：一般因素（简称 G 因素）和特殊因素（简称 S 因素）。G 因素是人的基本心理潜能，是决定一个人能力高低的主要因素，S 因素是保证人们完成某些特定的作业或活动所必需的因素。

（二）加德纳多元智力理论（多元智能理论）

美国哈佛大学心理学家加德纳提出了多元智力理论。加德纳认为智力的内涵是多元的，它由八

种相对独立的智力成分构成，这八种智力在每个人身上的组合方式是多种多样的，每个人在不同领域的智力发展水平是不同步的。每种智力都是一个单独的功能系统，这些系统相互作用，产生外显的智力行为。

(1) 言语智力，包括阅读、写作以及日常会话的能力。

(2) 逻辑—数学智力，包括数学运算与逻辑思考的能力。

(3) 视觉—空间智力，包括认识环境、辨别方向的能力。

(4) 音乐智力，包括对声音的辨别与表达韵律的能力。

(5) 身体—运动智力（肢体—运动智能），包括支配肢体完成精密作业的能力。

(6) 人际智力（人际交往智能），包括与人交往且能和睦相处的能力。

(7) 自知智力（自我认识智能），包括认识自己并选择自己生活方向的能力。

(8) 自然智力，包括认识、感知自然界事物的各种能力。

后来加德纳还假设了第九种可能的智力即"存在智力"，这是一种"沉思关于生命、死亡和存在等重大问题"的能力。

(三) 吉尔福特的智力三维结构论

美国心理学家吉尔福特认为智力可以分为三个维度，即内容、操作和产品。

智力活动的内容指智力活动的对象或材料，包括听觉、视觉、符号、语义、行为；智力活动的操作指智力活动的过程，包括认知、记忆、发散思维、聚合思维、评价；智力活动的产品指运用上述智力操作所得到的结果，包括单元、类别、关系、体系、转换、蕴涵。

(四) 斯滕伯格的智力三元论

美国耶鲁大学的心理学家斯滕伯格提出了智力三元论，该理论包括智力成分亚理论、智力情境亚理论和智力经验亚理论，其中智力成分亚理论是该理论的核心。

考点四　能力的发展

(一) 能力发展的一般趋势

心理学研究表明，在人的一生中，能力的发展趋势如下：

1. 在总体趋势上，能力是随着年龄的增长而变化的。

2. 能力的发展速度是不均衡的。众多研究表明，能力的发展速度有时快有时慢，通常，从三四岁到十三四岁之间呈等速发展，之后改为负加速发展。

3. 能力结构中不同成分的发展是不一致的。能力的某些成分发展较早，某些成分发展较迟。

(二) 能力发展的个别差异

能力发展的个别差异的四个主要方面如下：

1. 能力发展水平的差异

能力发展水平的差异主要体现在智力上。智力分布近正态分布，有些人的智力发展水平较高，有些人的智力发展水平较低，大多数人的智力属于中等水平。心理学家把儿童的智力发展水平分为三种，即智力超常、智力正常和智力低常。一般来说，智商在 100 上下为智力正常或中等，智商在 130 以上为智力超常，其中智商超过 140 的人属于天才，智商在 70 以下为智力低常或低能。

2. 能力类型的差异

能力类型的差异是指构成能力的各种因素存在质的差异，主要表现在知觉、记忆、言语和思维等心理活动方面。

3. 能力表现早晚的差异

能力表现早晚的差异主要体现在能力早期显露和大器晚成两个方面。各种能力不仅在质或量上表现出明显的差异，而且能力表现的早晚也存在着明显的差异。例如，方仲永少年成才，齐白石大器晚成，这就是能力表现早晚的差异。

4. 能力的性别差异

能力发展的性别差异主要体现在智力的性别差异上，表现在以下方面：（1）男女智力的总体水平大致相等，但男性智力分布的离散程度比女性大；（2）男女的智力结构存在差异，各自具有自己的优势领域。

（三）影响能力发展的因素

1. 遗传因素

遗传因素是能力发展的生物前提和物质条件，其影响主要表现在身体素质上。但素质本身不是能力，也不能决定一个人的能力，仅为能力发展提供某种可能性。因此，把遗传视为制约能力发展的决定性因素是不科学的。要想使遗传为能力发展提供的可能性变为现实性，需要环境、教育和实践活动等因素的共同作用。

2. 环境和教育

（1）产前环境的影响

胎儿在出生之前生活在母体的环境中，这种环境对胎儿的生长发育以及出生后智力的发展都有重要的影响。营养是影响能力发展的重要因素，胎儿及婴幼儿期的营养状况直接关系到能力的发展。

（2）早期经验的作用

个体的早期经验对能力的发展有着重要影响，早期经验既影响智力发展，也影响将来发展，早期经验贫乏就会造成儿童智力落后。

（3）学校教育

有目的、有计划、有组织的学校教育对能力发展起主导作用，可为能力发展创造极为有利的外部条件。

3. 实践活动

人的各种能力是在社会实践活动中形成起来的，离开了实践活动，即使有良好的素质、环境和教育，能力也难以形成和发展起来。

4. 个人的主观努力

个人的主观努力主要指人在实践活动中的主观能动性。优良的个性品质是在实践活动中培养起来的，它是个人主观能动性的表现，优良的个性品质又推动人去从事并坚持某种活动，从而促进能力的发展。例如，优良的性格特征能促进能力的形成和发展，勤能补拙、笨鸟先飞均说明勤奋的性格特征能补偿能力上的某些缺陷，而不良的性格特征或性格上的弱点也足以成为能力发展的障碍。同时，在多种能力形成与发展的过程中，相应的性格特征也会发展并巩固下来。

第 六 章

中学生心理辅导

风向标

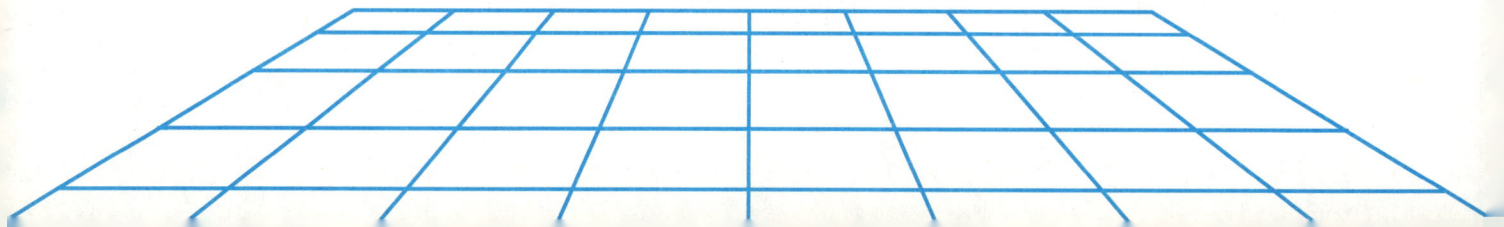

第一节
中学生的心理健康

导航图

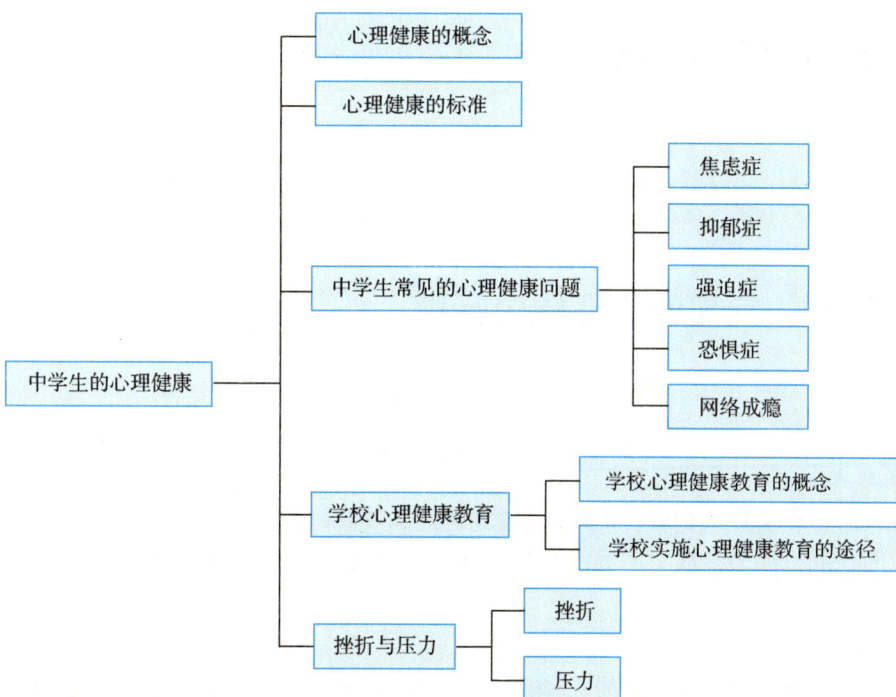

机要室

高频考点		考查频率（2013年以来）	考查题型
中学生常见的心理健康问题	焦虑症	2	单项选择题、材料分析题
	抑郁症	1	单项选择题
	强迫症	4	单项选择题
	网络成瘾	1	单项选择题
挫折与压力		4	单项选择题、简答题

考点简析

考点一　心理健康的概念

心理健康是一种良好的、持续的心理状态与过程，表现为个人具有生命的活力、积极的内心体验、良好的社会适应能力，能够有效地发挥个人的身心潜力以及作为社会一员的积极的社会功能。心理健康至少应包括两层含义：一是无心理疾病；二是有积极发展的心理状态。

考点二　心理健康的标准

学生的心理健康主要表现在以下几个方面：1. 智力正常；2. 情绪积极稳定；3. 意志健全；4. 人格完整；5. 自我评价正确；6. 人际关系和谐；7. 适应能力强；8. 心理行为符合年龄特征。

考点三　中学生常见的心理健康问题

（一）焦虑症

1. 焦虑症的概念

焦虑症是以与客观威胁不相适合的焦虑反应为特征的神经症。焦虑是由紧张、不安、焦急、忧虑、恐惧交织而成的一种情绪状态，同时也是焦虑症、抑郁症、强迫症、恐惧症等各种神经症的共同特征。

2. 焦虑症的主要表现

焦虑症的主要表现为紧张不安，忧心忡忡，集中注意困难，极端敏感，对轻微刺激做出过度的反应，难以做决定；在躯体症状方面，表现为心跳加快、过度出汗、肌肉持续性紧张、尿频尿急、睡眠障碍等不适反应。

中学生常见的焦虑反应是考试焦虑。考试焦虑是在应试情境的激发下，受个体认知评价能力、人格倾向与其他身心因素所制约，以担忧为基本特征，以防御或逃避为行为方式，通过不同程度的情绪性反应表现出来的一种心理状态。学生焦虑症产生的原因主要有升学的压力、家长的过高期望、学生个人的好胜心理、学业的失败体验等，以及容易诱发焦虑反应的人格基础，如遇事易于紧张、胆怯，对困难情境做过高估计，对身体的轻微不适过分关注，在遇到挫折与失败时过分自责等。

考试焦虑的常见表现：（1）随着考试临近，心情极度紧张；（2）考试时不能集中注意，知觉范围变窄，思维刻板，情绪慌乱，无法发挥正常水平；（3）考试后持久地不能放松下来。

3. 考试焦虑的辅导方法

为防止考试焦虑症的发生，学校咨询人员可以通过一些早期干预措施，如对学生集体进行指导，讲授自我放松、缓解紧张的方法等对学生进行早期干预。

采用肌肉放松、系统脱敏的方法，运用自助性认知矫正程序指导学生在考试中使用正向的自我对话，如"我能应付这个考试""成绩并不重要，学会才是重要的""无论考试的结果如何，都将不会是最后一次"等，这些方法对缓解学生的考试焦虑都有较好的效果。

真题邂逅

（2014下半年·18）小燕近期非常苦闷，一提到学习就心烦意乱、焦躁不安，对老师有抵触情绪，成绩也明显下降。小燕存在的心理问题是（   ）。

A. 焦虑症　　　 B. 神经衰弱症　　　 C. 强迫症　　　 D. 抑郁症

【答案】A

（二）抑郁症

1. 抑郁症的概念

抑郁症是以持久性的心境低落为特征的神经症。过度的抑郁反应通常伴随严重的焦虑感，焦虑是个人对紧张情境的最先反应，如果一个人确信这种情境不能改变或控制时，抑郁就取代焦虑成为主要症状。

2. 抑郁症的主要表现

对于抑郁症的表现，一是情绪消极、悲伤、颓废、淡漠，失去满足感和生活的乐趣；二是消极的认识倾向，低自尊、无能感，从消极方面看事物，好责难自己，对未来不抱多大希望；三是动机缺失、被动，缺少热情；四是躯体上的疲劳、失眠、食欲不振等。

3. 抑郁症的辅导方法

在对有抑郁症状的学生进行辅导时，首先要注意给予当事人情感上的支持和鼓励；以坚定而温和的态度激励学生做一些力所能及的事情，让学生积极行动起来，从活动中体验成功与人际交往的乐趣，也可采用认知行为疗法，改变学生已习惯的自贬性的思维方式和不适当的成败归因模式，让学生对自己、对未来有更为积极的看法；服用抗抑郁药物也可以缓解抑郁症状。

真题邂逅

（2018下半年·17）张博近期经常失眠，食欲不振，不愿与同学和老师交往，对什么事情都不感兴趣，消极悲观；认为自己一无是处，未来没有希望。他存在的心理问题是（   ）。

A. 强迫症　　　 B. 焦虑症　　　 C. 抑郁症　　　 D. 恐惧症

【答案】C

（三）强迫症

1. 强迫症的概念

强迫症即强迫性神经症，是一种神经官能症。大多数人都有过强迫观念，但只有当它干扰了我们的正常适应时，才是神经症的表现。

2. 强迫症的主要表现

强迫症包括强迫观念和强迫行为。强迫观念指当事人身不由己地思考他不想考虑的事情，强迫行为指当事人反复去做他不希望执行的动作，如果不这样想、不这样做，他就会感到极端焦虑。强迫洗手、强迫计数、反复检查（门是否上锁）、强迫性仪式动作是生活中常见的强迫症状。

3. 强迫症的辅导方法

（1）森田疗法。日本的森田疗法强调当事人力图控制强迫症状的努力，以及这种努力所导致的对症状出现的专注和预期，对强迫症状起维持和增强作用。因此，为了矫治强迫症状，我们应放弃对强迫观念作无用控制的意图，而采取"忍受痛苦，顺其自然"的态度治疗方式。

（2）行为治疗法。强迫行为的另一种有效治疗方法是"暴露与阻止反应"，例如，让有强迫性洗涤行为的人接触他们害怕的"脏"东西，同时坚决制止他们想要洗涤的冲动，不允许他们洗涤。

（3）药物治疗。

（4）建立支持性环境。

真题邂逅

（2017下半年·19）小东每次锁门离家后，明知已锁过门，但总是怀疑门没有锁上，非要返回检查才安心。他的这种表现属于（   ）。

　A. 强迫恐惧　　　　B. 强迫焦虑　　　　C. 强迫观念　　　　D. 强迫行为

　【答案】D

（四）恐惧症

1. 恐惧症的概念

恐惧症是对特定的无实在危害的事物与场景的非理性惧怕。恐惧症可分为单纯恐惧症（对具体的东西、动作或情境的恐惧）、广场恐惧症（害怕大片的水域、空荡荡的街道）和社交恐惧症。

2. 恐惧症的主要表现

学校恐惧症和社交恐惧症是恐惧症的两种常见的表现形式。患有学校恐惧症的人一进入学校就不由自主地产生一种严重的焦虑感和恐惧感，具体表现为害怕上学，严重者还害怕与学校有关的东西，如教师、教室等。患有社交恐惧症的人害怕在社交场合讲话（如在会场上讲演、在公共场合进餐时交谈），担心自己会因双手发抖、脸红、声音发颤、口吃而暴露自己的焦虑，觉得自己说话不自然，因而不敢抬头，不敢正视对方的眼睛。

3. 恐惧症的辅导方法

系统脱敏法是治疗恐惧症的常用方法，使用这一方法最好要及时进行。

（五）网络成瘾

1. 网络成瘾的概念

网络成瘾是指由于过度或不当地使用网络而产生的一种难以抗拒再度使用网络的着迷状态。

2. 网络成瘾的主要表现

青少年网络成瘾的主要表现：无节制地花费大量时间上网，必须通过增加上网时间才能获得满足感；不能上网时感到空虚、失落，不愿与人交流，学业失败，现实人际关系恶化，社会活动减少，还常伴有躯体症状，如头晕、胸闷憋气、心烦、紧张性兴奋、懒散等。

3. 网络成瘾的治疗方法

网络成瘾的治疗方法主要包括心理治疗和药物治疗。心理治疗是比较通用和富有成效的方法，以下是几种常用的心理治疗方法：

（1）强化干预法。在网络成瘾的干预中，奖励的使用条件是一旦发现成瘾学生减少上网时间，就给予奖励、表扬或肯定性评价；惩罚的使用条件是一旦发现成瘾学生上网时间增加，就立即给予处罚。

（2）厌恶干预法。厌恶干预法是采用惩罚性的厌恶刺激来减少或消除一些不良行为的方法。常用做法有橡皮圈拉弹法、社会不赞成厌恶干预、内隐致敏法等。

📡 见多识广

厌恶干预法的常用做法

橡皮圈拉弹法是指由成瘾学生预先在自己手腕上套上一根橡皮圈，当他坐到电脑前准备上网时，自己用力拉弹手腕上的橡皮圈，使手腕有强烈的疼痛感，从而提醒自己停止上网，也可借助外力，如借助闹钟发出的尖利的噪音来提醒自己停止上网。

社会不赞成厌恶干预主要是指运用图片、影视、舆论等手段使学生在上网的同时感到来自社会的压力，并在其心理上造成威慑，使其产生畏惧心理，从而戒除网瘾。

内隐致敏干预又叫想象性厌恶干预，是成瘾学生通过想象上网的过程和结果使自己对上网感到厌恶，从而逐步减少上网时间直至戒除网瘾的干预方法。

🎯 真题邂逅

（2018上半年·19）在对学生李刚网络成瘾的干预中，老师要求其在手腕上套一根橡皮筋，一旦感觉自己想上网就用力拉橡皮筋弹自己。这位老师所要求的方法称为（　　）。

    A. 强化干预法　　　B. 厌恶干预法　　　C. 转移注意法　　　D. 延迟满足法

    【答案】B

（3）转移注意法。转移注意法是学校或班级通过组织各类有意义的文体活动，让网络成瘾的学生参与其中，从而转移他们的注意力和降低他们对网络的迷恋程度的干预方法。

（4）替代、延迟满足法。一方面，帮助成瘾学生培养替代活动（其感兴趣的课外活动）以吸引其注意力，并弄清他的上网习惯，然后使其在原来上网的时间里做其他事情；另一方面，了解成瘾学生的上网时间，将其上网总时间列表，纳入周计划，在可以控制的前提下，逐步减少学生的上网时间，最终实现戒除学生网瘾的目标。

（5）团体辅导法。团体辅导法是指将网络成瘾的学生组成一个团体，由富有经验的老师作为指导者，以团体动力理论为理论基础，综合运用团体咨询的原则和各种方法，达到使参加团队的成员整体戒除网瘾的目标。

考点四 学校心理健康教育

（一）学校心理健康教育的概念

学校心理健康教育是学校根据学生生理、心理发展的特点，运用相关心理教育方法和手段，培养学生良好的心理素质，促进学生身心全面和谐发展和素质全面提高的教育活动。学校心理健康教育强调面向全体学生，以正常学生为主要对象，以发展辅导为主要内容。学校是学生心理健康教育的主要场所。

（二）学校实施心理健康教育的途径

学校实施心理健康教育的主要途径有：1. 开设有关心理健康教育的课程和心理辅导课程；2. 在学科教学中渗透心理健康教育的内容；3. 结合班级、团队活动开展心理健康教育；4. 个别心理辅导与咨询；5. 小组辅导（团体辅导）。

考点五 挫折与压力

（一）挫折

1. 挫折的概念

挫折是个体的动机、愿望、需要和行为受到内部和外部因素阻碍的情境和相应的情感态度。挫折具有挫折情境、挫折认知、挫折行为三方面的概念。

挫折情境是导致个体确定的目标不能实现的干扰事件或阻碍个体达到目的的行动条件以及情境等；挫折认知是个体对挫折情境的认识、态度、评价与解释状况，这是如何应对挫折的关键；挫折行为是个体伴随着挫折认知而产生的情绪和行为反应。

2. 挫折的应对

常见的挫折应对方式主要有升华、补偿、退行、幽默、宣泄、认同、文饰、投射、认知重组等。

升华是将心理欲望从社会不可接受的方向转向社会可接受的方向的过程。

补偿是当个体所追求的目标、理想受到挫折，或由于本身的某种缺陷而达不到既定目标时，用另一种目标来代替或通过另一种活动来弥补，从而减轻心理上的不适感的过程。

退行是指当个体受挫后，其行为表现有时会显得十分幼稚，与自己的年龄身份不相称。

幽默是指当个体遇到挫折、处境困难或尴尬时，通过机智、双关、讽喻、诙谐、自嘲等语言、动作的良性刺激来化解困难或尴尬，以摆脱内心的失衡状态的做法。

宣泄是指通过创设一种情境使受挫者能自由抒发受压抑的情绪，如遇到挫折、失败时，最好是一吐为快，想办法把内心不满、不愉快的情绪宣泄出来。

认同是指一个人以各种各样的方式去建立与另一个人、一个团体或一个目标的同一性，即把别人具有的、自己感到羡慕的品质加在自己身上，或将自己与所崇拜的人视为一体，以提高自己的信心、声望、地位，从而减轻挫折感。

文饰也称合理化，是指个体无意识地用似乎合理的解释来为难以接受的情感、行为、动机辩护，使其可以被接受。文饰主要包括三种形式：酸葡萄心理（如"吃不到葡萄说葡萄酸"）、甜柠檬心理（如"塞翁失马，焉知非福"）、推诿（如"这不关我的事"）等。

投射是指通过以己度人的方法来达到心理防御的目的。通过投射，个体可以依据自己的需要或情绪的主观指向将自己的特征转移到他人身上，也可以将自我内心不被允许的冲动、欲望或情感转移到别人或其他事物上。如"以小人之心度君子之腹"；学生在考场作弊被抓，会认为其他人也作弊只是没有被抓到。

认知重组是指个体对挫折情境的认知评价会直接影响挫折感的产生，比如高考落榜是考生产生挫折的情境，如果考生改变对高考落榜严重性的认识，看到上大学并非唯一的成才之路，产生通过自修下一年再考也不迟的想法，就可以减轻挫折感。这种对挫折情境的重新认识与评价被称为认知重组。

真题邂逅

（2017 上半年·17）小强期中考试失利，但是他没有气馁，而是认真地分析了失败的原因，找到了问题，确定了新的方向。小强这种对待挫折的方式是（　　）。

A. 宣泄　　　　B. 升华　　　　C. 补偿　　　　D. 认知重组

【答案】D

（二）压力

1. 压力的概念

压力是由刺激引起的，伴有躯体机能以及心理活动变化的一种身心紧张的状态。

2. 压力产生的来源

压力产生的来源即压力源，是具有威胁性或伤害性并因此带来压力感受的事件或环境。心理学家在研究中通过分析造成压力的各种生活事件，提出了以下四种类型的压力源。

（1）躯体性压力源

躯体性压力源指通过对人的躯体直接发生刺激作用而造成个体身心紧张的刺激物，包括物理的、化学的、生物的刺激物，如过高或过低的温度、微生物、变质食物、酸碱刺激等。

（2）心理性压力源

心理性压力源指来自人们头脑中的紧张性信息，如心理冲突与挫折、不切实际的期望、不祥的预感以及与工作责任有关的压力和紧张感等。

（3）社会性压力源

社会性压力源指引起个人生活方式发生变化，并要求个人对其做出调整和适应的情境与事件。社会性压力源既包括个人生活中的变化，也包括社会生活中的重要事件。

（4）文化性压力源

文化性压力源指要求人们适应和应付的文化问题。在文化性压力源中最常见的是文化性迁移，当人们从一种语言环境或文化背景进入到另一种语言环境或文化背景时，会面临全新的生活环境、陌生的风俗习惯和不同的生活方式，从而产生压力。

真题邂逅

（2015下半年·28）简述压力产生的来源。

【参考答案】

见上文。

3. 压力的调节方法

一般而言，调节压力的策略有两种：处理困扰与减轻不适感。处理困扰是指直接改变压力来源；减轻不适感是指不直接解决问题，而是调节自己的行为，消除不良反应。具体来说，有如下几种调节压力的方法：（1）了解自己的能力，制订切实可行的目标；（2）劳逸结合，积极休息，培养业余兴趣爱好；（3）加强体育锻炼，保证生活规律、睡眠充足；（4）建立和扩展良好的社会支持系统，拥有朋友；（5）积极面对人生，自信豁达，知足常乐，笑口常开；（6）改变不合理的观念，通过有意地改变自己的内部语言来解决不适应的状况。

第二节 学校心理辅导

导航图

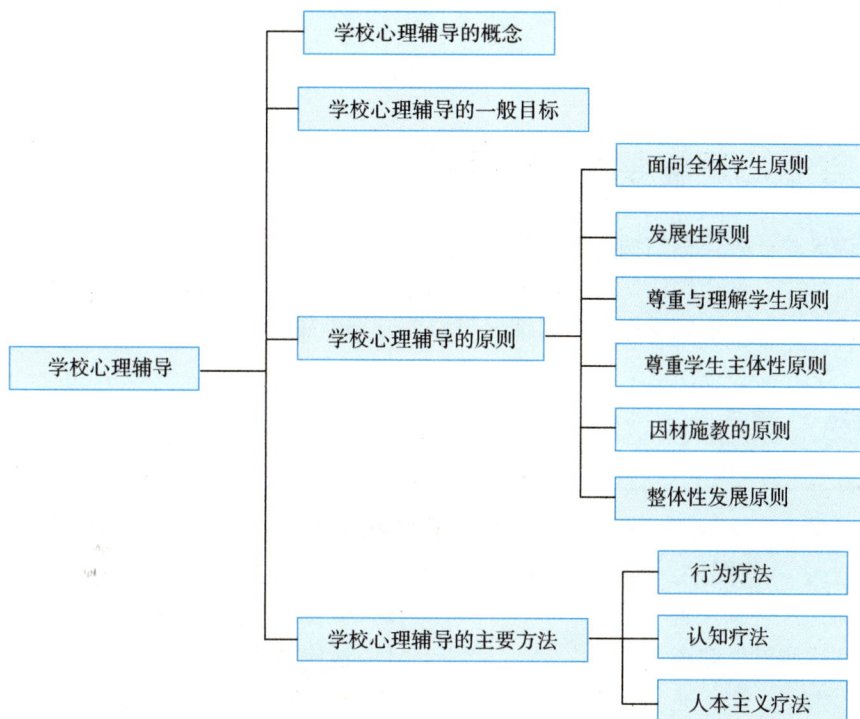

学校心理辅导
- 学校心理辅导的概念
- 学校心理辅导的一般目标
- 学校心理辅导的原则
  - 面向全体学生原则
  - 发展性原则
  - 尊重与理解学生原则
  - 尊重学生主体性原则
  - 因材施教的原则
  - 整体性发展原则
- 学校心理辅导的主要方法
  - 行为疗法
  - 认知疗法
  - 人本主义疗法

机要室

高频考点		考查频率（2013年以来）	考查题型
学校心理辅导的一般目标		1	单项选择题
学校心理辅导的原则		1	简答题
学校心理辅导的主要方法	强化法	2	单项选择题
	消退法	1	单项选择题
	理性情绪疗法	4	单项选择题

考点简析

考点一 学校心理辅导的概念

学校心理辅导是指学校教育者根据学生心理发展的特征与规律，在一种新型的、建设性的人际关系中，运用心理学等专业知识和技能，设计与组织各种教育性活动，以帮助学生形成良好的心理素质，充分激发个人潜能，进一步提高学生心理健康水平的过程。

对于学校心理辅导，要特别注意以下几点：1. 学校心理辅导强调面向全体学生；2. 学校心理辅导以正常学生为主要对象，以发展辅导为主要内容；3. 学校心理辅导是一种专业活动，是专业知识和技能的运用。

考点二 学校心理辅导的一般目标

学校心理辅导的一般目标归纳为两个方面，第一是学会调适，包括调节与适应；第二是寻求发展。在这两个目标中，学会调适是基本目标，以此为主要目标的心理辅导可称为调适性辅导；寻求发展是高级目标，以此为主要目标的心理辅导可称为发展性辅导。

真题邂逅

（2018 上半年·20）在一次心理健康培训班教学测验中，关于学校心理辅导的一般目标，学员们的答案不一，共有四种。其中，正确的是（ ）。

A. 学会调适和寻求发展　　　　　　　B. 学会调节和学会适应

C. 学会调适和寻求健康　　　　　　　D. 适应学习和适应社会

【答案】A

考点三 学校心理辅导的原则

（一）面向全体学生原则

学校心理辅导的功能在于通过对学生的引导、指导、协助和服务来促进每一个学生的成长和发展，它不像心理咨询和心理治疗，以少数有心理问题的学生为服务对象，它以全体学生为辅导对象，以提高全体学生的心理健康水平、促进每一个学生潜能的发挥为终极目标。

（二）发展性原则

学校心理辅导的对象主要是正处在身心迅速成长中的正常青少年，这就决定了学校心理辅导的核心是大多数学生的成长问题而不是个别学生的健康问题。要想贯彻这一原则，教师必须用发展的、变化的眼光看待学生，要相信学生具有成长和发展的潜力，要对学生的未来持乐观的态度。

（三）尊重与理解学生原则

尊重，就是尊重学生的人格与尊严，尊重每个学生的个人价值，承认他是不同于其他人的独立个体，承认他与教师、与其他人在人格上具有平等的地位，尊重是理解的基石。罗杰斯在其"以人为中心的治疗"中将"无条件积极关注"看作心理辅导的前提之一。理解，则要求教师以平等的态度，按学生的所作所为、思考、感受的本来面目去了解学生，即站在学生的角度看问题，实现"感同身受"。

（四）尊重学生主体性原则

学生主体性原则要求教师在心理辅导中以学生为主体，充分发挥学生作为辅导活动主体的作用。教师要启发学生认识到自己不仅是接受知识的主体，更是心理发展的主体，要让学生充分懂得提高心理素质、挖掘心理潜能、完善人格是自己的重要任务。

（五）因材施教的原则

每一个学生都是一个独特的个体，学校教育和心理辅导的目的不是要消除学生身上的这种独特性以及学生之间的差异性，而是要使每个学生的独特性、独创性在积极的方向上得到最充分、最完美的发挥。

（六）整体性发展原则

众所周知，学生的心理活动是由多种因素构成的有机整体。因此，在心理辅导中，教师必须树立系统观、整体观，考查学生成长的各种相关因素，分析学生成长中出现的各类问题，并且在心理辅导中充分考虑学生人格的整体性发展。

真题邂逅

（2017 上半年·29）简述学校心理辅导的原则。
【参考答案】
见上文。

考点四 学校心理辅导的主要方法

（一）行为疗法

行为疗法的创始人是华生，是以学习理论和条件反射理论为依据的心理干预。常用的行为疗法包括行为改变的方法（强化法、代币奖励法、行为塑造法、示范法、消退法、处罚法、暂时隔离法和自我控制法等)和行为演练的基本方法(松弛训练法、系统脱敏法和肯定性训练等)。下面介绍一下主要的行为疗法。

1. 强化法

强化法也叫正激励,是用来培养新的适应行为的方法。根据学习原理,一个行为发生后,如果紧跟着一个强化刺激,这个行为就很可能会再一次发生。例如,一个上课不敢发言的学生,一旦在一次课上发言后得到了老师的表扬和肯定,他的胆怯心理就会得到很大的改善。

真题邂逅

(2016上半年·21)晓玲性格内向,平时不敢同老师讲话,遇到疑难问题也没有勇气求教。偶有一次,她向杨老师求教,杨老师耐心解答了问题,并对她的行为及时给予表扬。经过多次这样的教学交往,晓玲学会了主动向老师请教问题。杨老师改变晓玲行为的方法属于(   )。

    A. 强化法　　　　B. 自控法　　　　C. 脱敏法　　　　D. 放松法
    【答案】A

2. 代币奖励法

在代币奖励法中,代币是一种象征性强化物。筹码、小红星、盖章的卡片、特制的塑料币等都可作为代币。当学生做出我们所期待的良好行为后及时发给其数量相当的代币作为强化物,学生用代币可以兑换有实际价值的奖励物或活动。

3. 示范法

观察、模仿教师呈现的范例(榜样)是学生学习社会行为的重要方式。模仿学习的机制可以说是替代强化法,替代强化是指学习者因榜样受到强化而使自己也间接地受到强化。由于范例的不同,示范法有以下几种情况:(1)辅导教师提供的示范;(2)他人提供的示范;(3)电视录像提供的示范;(4)有关读物提供的示范;(5)角色的示范。

4. 消退法

根据操作性条件作用理论,将某些会强化不良行为的因素予以撤除,不良行为会因得不到强化而逐渐减少乃至消失。消退法就是停止对不良行为的强化,从而使该行为逐渐消失的一种行为矫正方法。

5. 惩罚法

惩罚的作用是消除不良行为。惩罚有两种:一是在不良行为出现后呈现一个厌恶刺激(如否定评价、给予处分),二是在不良行为出现后撤销一个愉快刺激。

6. 自我控制法

自我控制是让学生自己运用学习原理进行自我分析、自我监督、自我强化、自我惩罚,以改善自身行为。其优点是增强了学生的个人责任感,增加了学生改善行为的练习时间。

7. 松弛训练法

松弛训练法也称放松训练法、全身放松法,是通过改变肌肉紧张来减轻肌肉紧张引起的酸痛,以应对情绪上的紧张、不安、焦虑和气愤的一种方法。

松弛训练法有不同的操作方式,紧张、松弛对照训练是最常见的一种。这种松弛训练法由雅各布松在 20 年代首创，经后人修改完成。其要点是训练者要学会接受自身生理状态的信息，辨认肌肉紧张、放松的感觉，对肌肉做"紧张—坚持—放松"的练习，从紧张与放松的感觉对比中学会放松，训练者可以对全身多处肌肉按固定次序依次放松，每日练习，坚持不断。

8. 系统脱敏法

系统脱敏的含义是当某些人对某些事物、某些环境产生敏感反应（害怕、焦虑、不安）时，我们可以在当事人身上发展起一种不相容的反应，使其对本来可引起敏感反应的事物不再发生敏感反应。系统脱敏法包含三个步骤：一是训练来访者松弛肌肉；二是建立焦虑层次（从最轻微的焦虑到引起最强烈的恐惧依次排序）；三是让来访者在肌肉松弛的情况下从最低层次开始想象产生焦虑的情境，直到来访者能从想象情境转移到现实情境，并能在引起恐惧的原情境中保持放松状态，焦虑情绪不再出现为止。

（二）认知疗法

认知疗法又称认知行为疗法，是根据人的认知过程影响其情绪和行为的理论假设，通过认知和行为技术来改变求治者的不良认知，从而矫正并适应不良行为的一类心理治疗方法的总称。认知疗法的种类有很多，如艾利斯的理性情绪疗法、贝克的认知转变疗法、梅肯鲍姆的认知行为疗法等。以下主要介绍艾利斯的理性情绪疗法。

认知疗法

理性情绪疗法又称合理情绪疗法，是 20 世纪 50 年代由艾利斯在美国创立的。

理性情绪疗法的理论要点：情绪不是由某一诱发性事件本身引起的，而是由经历了这一事件的个体对这一事件的解释和评价引起的。这一理论又被称作 ABC 理论，ABC 来自 3 个英文单词的首字母。在 ABC 理论的模型中，A 是指诱发性事件（Activating Event），B 是指个体在遇到诱发性事件之后产生相应的信念（Belief），即个体对这一事件的看法、解释和评价，C 是指在特定的情境下，个体的情绪及行为的结果（Consequence）。通常，人们会认为个体的情绪及行为反应是直接由诱发性事件 A 引起的，但 ABC 理论指出，诱发性事件 A 只是引起个体情绪及行为反应的间接原因，而诱发性事件 B，即个体对诱发性事件所持的信念、看法、解释才是引起个体的情绪及行为反应的更直接的原因。

对于人们所持有的不合理的信念，韦斯勒等曾总结出以下三个特征：绝对化的要求、过分概括化和糟糕至极。

绝对化的要求即从自己的意愿出发，认为某事一定会发生或一定不会发生，它通常与"应该""必须"这样的字眼连在一起，如"我必须尽善尽美"。

过分概括化即以某件具体事件、某一言行证明自己进行的整体评价，这是一种以偏概全的思维方式，是思维的专制主义，如经历一次失败后便认为自己一无是处。

糟糕至极即如果某件不好的事情发生，就觉得其结果必然非常可怕，糟糕至极，似乎具有灾难性，如高考失败就认为前途无望。

🎯 真题邂逅

（2015 下半年·21）中学生晓阳总认为他是一个完美的人，任何事情都会按自己的意愿发展，但是现实往往事与愿违，这让他非常苦恼，希望得到心理辅导老师的帮助。如果对晓阳进行心理辅导，最可行的办法是（　　）。

A. 放松训练法　　　B. 系统脱敏法　　　C. 理性情绪法　　　D. 代币强化法

【答案】C

（2015 上半年·17）高三学生小辉因一次模拟考试失败，就认定自己考不上理想中的大学，感觉前途无望。根据理性情绪疗法原理，小辉的这种不合理信念属于（   ）。

A. 主观要求　　　　B. 相对化　　　　C. 糟糕至极　　　　D. 片面化

【答案】C

（三）人本主义疗法

人本主义心理疗法包含来访者中心疗法、存在主义疗法、完形疗法等。在各派人本主义疗法中，罗杰斯开创的来访者中心疗法影响最大，是人本主义疗法中的一个主要代表。

来访者中心疗法是由美国心理学家罗杰斯提出的，罗杰斯认为心理治疗的目的在于帮助来访者创造一种有关他自己的更好的概念，使他能够自由地实现自我，即发现他自己的潜能，成为功能完善者。

来访者中心疗法不追求特殊的策略和技术，而是把重点集中在创造一种良好的关系氛围上，使来访者产生能够自由地探索内心的感觉。罗杰斯认为要想形成理想的咨询氛围，咨询师在人格和态度上需要满足以下三个条件：真诚一致、无条件积极关注和共情。

真诚一致要求在治疗关系的范围内咨询师的情感和行为没有任何的虚假和做作，咨询师要是一个表里如一、真诚完整的人。

无条件积极关注不是有条件地接纳或只接纳来访者的（符合咨询师自己态度的）一部分，而是把来访者作为一个完整的个人来接纳，并通过言语声调和非言语行动传达对他的接纳、理解、尊重和珍视。

共情是指咨询师体验来访者的内部世界的态度和能力。咨询师要设身处地地用来访者的眼光去看待他们的问题，深入了解并体会来访者的内心世界，站在他们的立场上去体会他们的痛苦和不幸，也就是我们常说的"换位思考"。促进这种理解的技术包括倾听与关注、言语交流与非言语交流、沉默等。

第七章

中学德育

风向标

第一节
态度与品德的实质及其关系

导航图

```
                                        ┌─ 态度的概念与结构
                        态度与品德的实质 ─┤
                                        └─ 品德的概念与结构

                                        ┌─ 皮亚杰的道德发展理论
                        品德发展的阶段理论 ─┤
                                        └─ 柯尔伯格的道德发展理论

                                        ┌─ 伦理道德发展具有自律性，品德
                        中学生品德发展的特点 ─┤   心理中自我意识成分明显
                                        └─ 品德发展由动荡向成熟过渡

态度与品德的实质及其关系 ─┤ 态度与品德形成的一般过程

                                        ┌─ 外部因素
                        影响态度与品德发展的因素 ─┤
                                        └─ 内部因素

                                        ┌─ 有效的说服
                                        │
                                        ├─ 树立良好的榜样
                                        │
                        促进中学生形成良好态度与品德的方法 ─┤─ 利用群体约定
                                        │
                                        ├─ 给予恰当的奖励与惩罚
                                        │
                                        └─ 价值辨析
```

机要室

高频考点	考查频率（2013年以来）	考查题型
品德的结构	5	单项选择题、辨析题、简答题
皮亚杰的道德发展理论	2	单项选择题
柯尔伯格的道德发展理论	6	单项选择题、辨析题
态度与品德形成的一般过程	1	简答题
促进中学生形成良好态度与品德的方法	1	单项选择题

考点简析

考点一 态度与品德的实质

（一）态度的概念与结构

态度是通过学习而形成的、影响个人的行为选择的内部准备状态或反应的倾向性。

态度结构比能力结构更为复杂，因为前者除了包含认知成分之外，还包含情感成分和行为成分。

（二）品德的概念与结构

1. 品德的概念

品德是道德品质的简称，是社会道德在个人身上的体现，是个体依据一定的社会道德行为规范行动时表现出来的比较稳定的心理特征和倾向。

2. 品德的结构

品德的心理结构包括四种基本心理成分：道德认识、道德情感、道德意志和道德行为。

（1）道德认识

道德认识指对社会道德规范及其执行意义这两方面的认识。道德观念、道德判断和推理、道德评价都是道德认识的表现形式。在道德心理结构中，道德认识是道德情感产生的基础，是道德意志产生的依据，对道德行为具有定向作用。道德认识是个体品德中的核心部分，是学生品德形成的基础。

（2）道德情感

道德情感是指人的道德需要是否得到满足而引起的一种内心体验，具体表现为人们根据道德观念评价他人与自己的行为时产生的内心体验，也表现为人们在道德观念的支配下，在采取行动的过程中所产生的内心体验。道德情感是产生和维持道德行为的重要动力，是实现知行转化的催化剂。

（3）道德意志

道德意志是指个人在道德情境中，自觉地调节行为，克服内外困难，实现道德目的的心理过程。在品德心理结构中，道德意志起着支撑和调节作用，它是个体按照道德规范和道德准则的要求进行道德抉择和行为调节的一种道德能力，是道德认识转化为道德行为的关键，道德意志的薄弱往往使道德行为难以一贯坚持，而坚强的道德意志则能使人的情感服从于理智，勇敢地面对错误，执着地追求真理，出色地履行道德行为。

（4）道德行为

道德行为是在道德意向的支配下表现出来的符合社会道德规范的行为，道德行为是衡量道德品质的重要标志。

道德行为主要有两种表现：一种道德行为是不稳定的、有条件的，这种道德行为尚不能成为个体道德品质的一部分；另一种道德行为是稳定的、无条件的，这就是一种道德习惯，道德习惯是一种协调一致的近乎自动化的行为方式，一定的道德情境往往会引起连锁的道德行为反应。因此，形成良好的道德习惯是培养道德行为的关键。

真题邂逅

（2017 下半年·20）在小组讨论中，关于什么是道德行为培养的关键，同学们有下列四种不同的看法。其中正确的是（   ）。

A. 形成良好的道德意志　　　　B. 形成良好的道德环境

C. 形成良好的道德情感　　　　D. 形成良好的道德习惯

【答案】D

（2015 上半年·10）王军写了保证书，决心遵守《中学生守则》，上课不再迟到。可是冬天一冷，王军迟迟不肯钻出被窝，以至于再次迟到。对王军进行思想品德教育的重点在于提高其(   )。

A. 道德认识水平　　　　　　　B. 道德情感水平

C. 道德意志水平　　　　　　　D. 道德行为水平

【答案】C

考点二　品德发展的阶段理论

（一）皮亚杰的道德发展理论

皮亚杰通过"对偶故事法"发现并总结了儿童道德认知发展的总规律，即儿童道德的发展经历了从他律到自律的转化发展过程。他认为 10 岁是儿童从他律道德向自律道德转化的分水岭。10 岁前儿童对道德行为的思维判断主要依据他人设定的外在标准，也就是他律道德；10 岁以后儿童对道德行为的思维判断大多依据自己的内在标准，也就是自律道德。皮亚杰把儿童的品德发展划分为以下四个阶段。

1. 自我中心阶段（前道德阶段）

5～6 岁以前的孩子基本上都处于无规则阶段，他们虽然已能接受外界的规则，但往往按自己的想象去执行规则，规则对他们的行动还不具有约束力，他们还没有义务意识，在游戏中没有真正的合作。

2. 权威阶段（他律道德阶段）

6～8 岁的孩子绝对地顺从权威，认为独立于自身之外的规则是必须遵守的，遵从权威的行为就是正确的行为。他们把规则看作是固定的、神圣的、不可改变的，因而处于他律道德水平。

3. 可逆性阶段（自律道德阶段）

9～10 岁的儿童开始认识到规则是大家共同约定的，只要大家同意，规则也可以修改。儿童开始意识到自己与他人之间可以发展互相尊重的平等关系，规则不再是权威人物的单方面要求，而是具有保证人们相互行动的、互惠的可逆特征，这意味着儿童开始进入自律道德水平。

4. 公正阶段（公正道德阶段）

11～12 岁以后开始进入形式运算阶段的儿童开始倾向于把公道、公正作为判断是非的标准。这也意味着他们能够根据他人的具体情况，基于同情、关心来对道德情境中的事件做出判断。

皮亚杰认为品德发展的阶段并不是绝对孤立的，而是连续发展的。儿童品德的发展是一个连续的统一体，应用时加以解说只是为了研究的方便，并不表明发展的连续统一体的中断。

真题邂逅

（2017 上半年·15）小星判断道德问题时，不仅能依据规则，而且能出于同情和关心做出判断。根据皮亚杰道德认知发展理论，小星的道德认知发展处于（   ）。

A. 自我中心阶段　　　　B. 权威阶段　　　　C. 可逆阶段　　　　D. 公正阶段

【答案】D

（二）柯尔伯格的道德发展理论

柯尔伯格通过两难故事法（海因茨偷药）在道德判断的发展方面鉴别出了六个阶段，他将这些阶段划分成三种道德水平：前习俗水平、习俗水平和后习俗水平，每一水平又包括两个阶段，即三水平六阶段的道德发展阶段论。

1. 前习俗水平

这一阶段的儿童根据行为的具体结果及其与自身的利害关系判断好坏与是非，认为道德的价值不取决于人或准则，而取决于外在的要求。

第一阶段：惩罚与服从取向阶段

在这一阶段，儿童衡量是非的标准是由惩罚决定的，认为只要受到惩罚，不管其理由是什么，那一定是错的。这一阶段的儿童对成人或准则采取服从的态度，缺乏是非善恶的观念、判断是非善恶的观念，判断好坏只注重行为的结果，而不注重动机。

第二阶段：相对功利取向阶段

这一阶段的儿童具有一种朴素的利己主义，他们判定某一行为的好坏主要看其是否符合自己的要求和利益，具有较强的自我中心性，认为符合自己需要的行为就是正确的。

2. 习俗水平

这一阶段的儿童着眼于社会的希望和要求，从社会成员的角度思考道德问题，开始意识到个体的行为必须符合社会的准则，也能够了解和认识社会规范，并遵守和执行社会规范。

第三阶段：寻求认可取向阶段（"好孩子"取向阶段）

处于这一阶段的儿童认为凡是社会大众认可的就是对的，反之就是错的，他们顺从传统的要求，谋求他人的赞赏。这一阶段的儿童判断行为的好坏主要依据动机：认为有利他动机的就是好的、有利己动机的就是坏的。此阶段的儿童主要考虑社会或成人对"好孩子"的期望与要求，并力求达到这一标准。

第四阶段：遵守法规取向阶段

处于这一阶段的儿童服从权威，遵守公共秩序，接受社会习俗，尊重法律权威，有责任感和义务感，认为只要行为违反了规则并给他人带来伤害，不论何种动机都是不道德的。相反，凡是维护权威和社会准则的行为就是好的、正确的。

3. 后习俗水平

处于这一阶段的儿童把普遍的道德原则作为自己行为的基本准则，能从人类正义、良心、尊严等角度判断行为的对错，并不完全受外在的法律和权威的约束，而是力图寻求更恰当的社会规范。

第五阶段：社会契约取向阶段

这一阶段的儿童认识到法律或习俗的道德规范是一种社会契约，大家可以相互承担义务和享有权利，通过法律可以维持公正，同时认识到契约可以根据需要而改变，使之更符合社会大众的权益。

第六阶段：普遍伦理取向阶段（普遍原则取向阶段）

处于这一阶段的儿童根据自己的人生观、价值观去判断是非善恶，超越了现实规范的约束，即以良心、正义、公平、尊严、人权等最一般的原则为标准去进行道德判断，行为完全自律。当个体根据自己所确立的原则进行活动时，就会觉得心情愉快；相反，当行为背离了自己的道德标准时就会产生内疚感和自我谴责感。

柯尔伯格确定了儿童道德发展的三个水平、六个阶段，认为这些发展顺序是一定的、不可颠倒的，各个阶段的时间长短是不相等的。同时，就个体的道德发展水平而言，并不是所有人都在同样的年龄达到同样的发展水平，有些人可能只停留在前习俗水平或者习俗水平上，而永远达不到后习俗水平的阶段。

真题邂逅

（2016下半年·12）小华认为，法律或道德是一种社会契约，为维护社会公正，每个人都必须履行自己的权利和义务，但同时他又认为，契约可根据需要而改变，使之更符合大众权益。根据科尔伯格的道德发展理论，小华的道德判断属于（　　）。

A. 前习俗水平　　　B. 习俗水平　　　C. 后习俗水平　　　D. 超习俗水平

【答案】C

（2015下半年·16）中学生小辉因害怕被教师批评而遵守上课纪律。根据科尔伯格的道德认知发展阶段理论，小辉的道德发展处于哪个阶段？（　　）

A. 相对功利取向　　B. 惩罚与服从取向　　C. 寻求认可取向　　D. 遵守法规取向

【答案】B

考点三 中学生品德发展的特点

（一）伦理道德发展具有自律性，品德心理中自我意识成分明显

在整个中学阶段，学生的品德迅速发展，处于伦理形成时期。伦理是人与人之间的关系以及必须遵守的行为准则，它是道德关系的概括，伦理道德是道德发展的最高阶段。同时，中学生的自我意识迅速发展，从仿效他人的评价发展到独立进行道德评价，在品德心理中自我意识成分明显。

1. 形成道德信念与道德理想

中学阶段是道德信念和道德理想形成并以此指导行动的时期。初中阶段品德发展不稳定，但伦理道德已开始形成；高中阶段品德发展趋向成熟，具有成熟性，表现为独立、自觉地依据道德信念、价值标准等来调节自己的行为，使个体的道德行为更有原则性、自觉性。

2. 自我意识增强

在品德发展的过程中，中学生更加关注自我道德修养，并努力加以提高。中学生对自我道德修养的反省性和监控性明显提高，这为产生自觉的道德行为提供了有效的前提。

3. 道德行为习惯逐步巩固

由于不断地实践、练习，加上较为稳定的道德信念的指导，中学生逐渐形成了与道德伦理相一致的、较为定型的道德行为习惯。

4. 品德结构更为完善

中学生的品德结构成为一个较为完善的动态结构，道德认识、道德情感与道德行为三者有机协调，这使他们能够按照自己的道德准则去行动。

（二）品德发展由动荡向成熟过渡

1. 初中阶段品德发展具有动荡性

从总体上看，初中阶段即少年期的品德虽然具有伦理道德的特性，但仍旧不成熟、不稳定，具有动荡性。这一特点表现在道德观念的原则性、概括性不断增强上，但还带有一定程度的具体经验的特点；道德情感表现丰富、强烈，但又易冲动；道德行为有一定的目的性，渴望独立自主的行动，但愿望与行动经常有距离。这一时期既是人生观开始形成的时期，又是容易发生品德两极分化的时期，品德不良、违法犯罪多发生在这个时期，根据研究可知初二是品德发展的关键期。

2. 高中阶段品德发展趋向成熟

高中阶段或青年初期的品德发展进入了以自律为主要形式、用应用道德信念来调节道德行为的成熟时期，表现为能自觉地应用一定的道德观点、信念来调节行为，并初步形成人生观和世界观。

考点四 态度与品德形成的一般过程

一般我们认为态度与品德的形成过程要经历依从、认同与内化三个阶段。

1. 依从

依从包括从众和服从两种。从众是指人们对于某种行为要求的依据或必要性缺乏认识与体验，跟随他人行动的现象。服从是指在权威命令、社会舆论或群体气氛的压力下，放弃自己的意见而采

取与大多数人一致的意见的行为。依从阶段的行为具有盲目性、被动性、不稳定性，随情境的变化而变化，是态度与品德建立的初始环节。

2. 认同

认同是个体在思想、情感、态度和行为上主动接受他人的影响，使自己的态度和行为与他人相接近的过程。认同在实质上就是对榜样的模仿，其出发点就是试图与榜样一致。与依从相比，认同更深入一层，它不受外界压力的控制，行为具有一定的自觉性、主动性和稳定性。

3. 内化

内化指在思想观点上与他人的思想观点一致，并将自己所认同的思想和自己原有的观点、信念融为一体，构成一个完整的价值体系。由于在内化过程中解决了各种价值的矛盾和冲突，所以，当个人按照自己内化了的价值行动时，会感到愉快和满意；而当出现了与自己的价值标准相反的行动时，会感到内疚、不安。在内化阶段，个体的行为具有高度的自觉性和主动性，并具有坚定性，表现为"富贵不能淫，贫贱不能移，威武不能屈"。此时，稳定的态度和品德即形成了。

🎯 真题邂逅

（2017下半年·29）简述态度与品德形成的三阶段及其主要内容。

　　【参考答案】

见上文。

考点五　影响态度与品德发展的因素

（一）外部因素

1. 家庭教育

家庭教育中的家庭结构，心理氛围，家长对学生的教养方式，家长的心理素质、品德素质、思想素质、文化素质等对学生品德的形成有重要的影响。

2. 社会风气

社会风气包括社会舆论、大众媒介传播的信息、榜样的作用等，社会风气对学生品德的形成有着十分重要的作用。

3. 学校教育

学校教育是学生品德形成的主导因素。学校是学生生活的主要场所，也是学生健康成长的重要基地。学校教育具有正规、系统的特点，不仅对学生进行思想品德基本理论的灌输，还为学生提供培养思想品德的各种训练。

4. 同伴群体

学校中的人际关系是校园环境中最具有影响力的重要因素，学生的态度与道德行为在很大程度上受到他们所归属的同伴群体的行为准则和风气的影响。

（二）内部因素

1. 认知失调

人类具有一种维持平衡和一致性的需要，即力求维持自己的观点、信念的一致，以保持心理平衡。当认知不平衡或不协调时，比如，新出现的事物与自己原有的经验不一致，或者自己的观点与他人的、社会的观点或风气不一致时，内心就会有不愉快或紧张的感受，个体就试图通过改变自己的观点或信念来达到新的平衡。可以说，认知失调是态度改变的先决条件。

2. 态度定势

个体可能由于过去的经验对所面临的人或事有某种肯定或否定、趋向或回避、喜好或厌恶等内心倾向，这种事先的心理准备或态度定势常常支配着人对事物的预期与评价，进而影响人是否接受有关的信息和接受的量。因此，帮助学生形成对教师、对集体的积极的态度定势或心理准备是使学生接受道德教育的前提。

3. 道德认知

品德的形成与改变取决于个体头脑中已有的道德准则和对规范的理解水平，取决于已有的道德判断水平。根据皮亚杰和柯尔伯格的研究可知，要想改变或提高个体的道德水平，必须考虑其接受能力，遵循先他律后自律的循序渐进原则。实施道德教育时不应该只注意道德教育的形式，进行道德说教，而应该结合学生的实际生活和切身体验，晓之以理。

此外，个体的智力水平、受教育程度、年龄等因素也对态度与品德的形成与改变有不同程度的影响。

考点六 促进中学生形成良好态度与品德的方法

（一）有效的说服

教师应经常用言语来说服学生改变态度，在说服的过程中，教师要向学生提供某些证据或信息，以支持或改变学生的态度。

1. 灵活呈现正反论据

对于理解能力有限的低年级学生，教师最好只提供正面论据；对于理解能力较强的高年级学生，教师可以考虑提供正反两方面的论据；当学生没有相反的观点时，教师应只呈现正面观点，不宜提出反面观点；当学生原本就有反面观点时，教师应该主动呈现两方面观点；当说服的任务是解决当务之急时，应只提出正面观点；当说服的任务是培养学生长期稳定的态度时，应提出正反两方面观点。

2. 利用情感因素

教师的说服不仅要以理服人，还要以情动人。一般而言，说服开始时，富于情感色彩的说服内容容易引起兴趣，然后再用充分的材料进行说理论证，这样比较容易产生稳定的、长期的说服效果。

3. 以原有态度为基础

教师进行说服时还应考虑学生原有的态度，若学生原有的态度与教师所希望达到的态度之间的差距较大，教师不要急于求成，不要提出过高的不切实际的要求，否则学生将难以改变态度，而且还容易产生对立情绪，教师应该以学生原有的态度为基础，逐步提高要求。

（二）树立良好的榜样

根据社会学习理论，榜样在观察学习过程中有着非常重要的作用，因此，树立良好的榜样是加强道德行为的重要途径。榜样的选择和示范需要贴近学生生活，要能够对学生道德的养成起到积极作用。家长和教师也要注意言传身教，做好榜样示范。

（三）利用群体约定

经集体成员共同讨论决定的规则、协定对其成员有一定的约束力，能使成员承担执行的责任。一旦某成员出现越轨或违反约定的行为，就会受到其他成员有形或无形的压力，迫使其改变态度。教师可以通过集体讨论后制订出集体约定的方法来改变学生的态度。

（四）给予恰当的奖励与惩罚

奖励有物质的（如奖品），也有精神的（如言语鼓励）；有内部的（如自豪、满足感），也有外部的。给予奖励时，首先要选择、确定可以得到奖励的道德行为；其次，应选择恰当的奖励物；最后，应强调内部奖励。

从抑制不良行为的角度来看，惩罚也有助于良好品德的形成。当不良行为出现时，可以采用用两种惩罚方式，一是给予某种厌恶刺激，如批评、处分、舆论谴责等；二是取消个体喜爱的刺激或剥夺某种特权如不许参加某种娱乐性活动。教师应严格避免体罚或变相体罚，否则将损害学生的自尊或导致更加严重的不良行为，如攻击性行为。惩罚不是最终目的，给予惩罚时，教师应让学生认识到惩罚与错误行为的关系，使学生心悦诚服，同时还要给学生指明改正的方向，或者提供正确的、可替代的行为。

（五）价值辨析

价值辨析是指引导个体利用理性思维和情绪体验来检查自己的行为模式，使个体努力去发现自身的价值观并指导自己的道德行为。在价值观辨析的过程中，教师应该引导学生利用理性思维和情绪体验来检查自己的行为模式，鼓励他们努力去发现自身的价值，并根据自己的价值选择来行事。

除上述介绍的各种方法外，角色扮演、小组道德讨论等方法对于品德的形成和改变也有重要作用。

真题邂逅

（2014 上半年·20）刘老师与学生一起讨论"网络谣言"的危害，形成了"拒绝网络谣言"的认识，共同提出相应的具体要求并被全班同学所认可。这种品德培养方法是（　　）。

A. 有效说服　　　B. 树立榜样　　　C. 群体约定　　　D. 价值辨析

【答案】C

第二节 德育概述

导航图

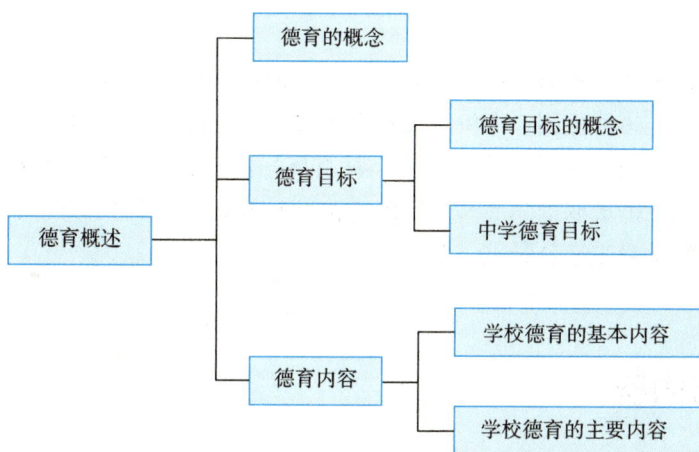

机要室

高频考点	考查频率（2013年以来）	考查题型
德育的概念	1	辨析题
德育内容	1	单项选择题

考点简析

考点一 德育的概念

广义的德育泛指所有有目的、有计划地对社会成员在政治、思想与道德等方面施加影响的活动，包括社会德育、社区德育、学校德育和家庭德育等方面。

狭义的德育则专指学校德育，是教育者按照一定的社会或阶级要求，有目的、有计划、系统地对受教育者施加思想、政治和道德等方面的影响，并通过受教育者积极的认识、体验与践行使其形成一定的社会与阶级所需要的品德的教育活动，还有一种更为狭义的理解，就是专指道德教育。

考点二 德育目标

（一）德育目标的概念

德育目标是指受教育者通过德育活动在思想品德的形成和发展上所要达到的总体规格要求，即德育活动所要达到的预期目的或结果的质量标准。德育目标是德育工作的出发点，是检验德育活动成功与否的最根本标准。

（二）中学德育目标

中学德育目标包括思想、政治、道德品质、个性心理素质和能力等方面。通过中学阶段的教育要使学生达到以下目标：热爱祖国，拥护党在社会主义初级阶段的基本路线；初步树立为人民服务的思想和为实现社会主义现代化而奋斗的志向；具有良好的道德品质和文明行为；具有诚实正直、自尊自强、勤劳勇敢、开拓进取等品质和一定的道德判断能力及自我教育能力，成为有理想、有道德、有文化、有纪律的社会主义公民。

考点三 德育内容

（一）学校德育的基本内容

我国的学校德育包括道德教育、政治教育、思想教育三个基本组成部分。

1. 道德教育

道德教育即引导学生逐步掌握社会主义的道德规范，履行道德义务，以使学生形成高尚的品德的教育，也称道德品质教育。

2. 政治教育

政治教育即引导学生形成一定的政治观念、信念和政治信仰的教育。在社会主义条件下，是指引导学生坚持社会主义道路、坚持共产党的领导，以使学生逐步形成爱憎分明的政治态度和立场。

3. 思想教育

思想教育即引导学生逐步掌握辩证唯物主义的基本观点，以使学生形成正确的人生观和科学的世界观的教育。

也有学者认为学校德育由政治教育、思想教育、法制教育、道德品质教育和心理健康教育五个部分构成，其中，政治教育是方向，思想教育是基础，道德品质教育是核心，法制教育是保障，心理健康教育是关键，它们共同塑造完整、健全的新人。

真题邂逅

（2018上半年·7）我国学校德育包括的三个基本组成部分是（　　）。

A. 思想教育、品德教育和纪律教育　　　　B. 政治教育、道德教育和公民教育

C. 道德教育、政治教育和思想教育　　　　D. 道德教育、政治教育和纪律教育

【答案】C

（二）学校德育的主要内容

1. 爱国主义和国际主义教育

爱国主义教育是培养学生热爱祖国的情操，使学生形成保卫祖国、维护祖国统一的坚强意志的教育，爱国主义教育是德育的永恒主题，在社会发展的不同历史时期具有不同的内容，建设中国特色社会主义是新时期爱国主义的崭新概念。国际主义教育主要指国际理解教育与世界和平教育，爱国主义教育不是狭隘的民族主义教育，它与国际主义教育紧密结合。

爱国主义教育和国际主义教育的基本内容有以下两点：

（1）培养学生热爱祖国的态度、情感和维护祖国尊严的意志。

（2）教育学生要坚持同全世界无产阶级、被压迫民族及一切爱好和平、主持正义的组织和人士保持团结，支持和援助全世界无产阶级和被压迫人民的革命斗争。

2. 理想教育和传统教育

理想是人们以现实为基础，对未来生活的向往和追求，是人们的生活目的和奋斗目标。学校要对青少年进行正确的人生理想教育和社会理想教育，包括社会主义共同理想教育以及为共产主义理想而奋斗的教育等。传统教育是教授学生中华民族优秀文化、传统美德的教育，主要包括传统的道德原则、人生观和价值观，理想人格等。

理想教育的基本内容有以下两点：

（1）教育学生树立科学合理的理想。

（2）使学生将远大的理想与个人的学习、实践紧密联系起来。

3. 集体主义教育

集体主义教育就是使学生形成集体观念、关心集体和善于在集体中生活的教育。学校要教育学生正确处理个人与集体、国家的关系，发扬学生对集体、国家的奉献精神，反对极端个人主义和自私自利的思想。

集体主义教育的基本内容有以下两点：

（1）教育学生关心、热爱集体。

（2）培养学生善于在集体中生活和工作的习惯。

4. 劳动教育

劳动教育是学校德育的一个重要内容，生产劳动是人类社会赖以生存和发展的源泉，是人类最基本的实践活动。

劳动教育的基本内容有以下几点：

（1）教育学生认识劳动的伟大意义。

（2）培养学生热爱劳动和劳动人民的情感。

（3）教育学生勤奋学习，将来担负起艰巨的建设任务，并教育学生正确对待升学、就业和分配。

5. 纪律和法制教育

纪律是在一定的社会条件下形成的，集体成员必须遵守的规则、章程和制度。学校应加强对学生进行自觉纪律教育，增强他们遵守纪律的自觉性，为他们今后适应社会需要奠定坚实的基础。

法制教育的基本内容有以下两点：

（1）教育学生学习和遵守基本法律法规中与学生生活有关的规定，做到懂法、守法。

（2）教育学生树立法制观念，使学生能够自觉地利用法律维护自身的权益。

6. 辩证唯物主义世界观和人生观教育

辩证唯物主义世界观是指马克思主义世界观，而科学人生观是指无产阶级人生观，它建立在科学世界观的基础之上，是革命的、向上的人生观，教师应引导学生逐步树立科学的世界观和人生观。

科学的世界观和人生观教育的基本内容有以下两点：

（1）对学生进行辩证唯物主义和历史唯物主义基本观点的教育。

（2）教育学生认识人生的目的和意义。

📡 见多识广

　　关于德育目标和德育内容的备考：教材正文内容是依据考试大纲进行的讲解，考生复习时应以教材内容为主。另外，2017年教育部印发了《中小学德育工作指南》，其中对中学的德育目标和德育内容等有新的表述，对这一内容考生也应有所了解。

第三节
中学德育过程

导航图

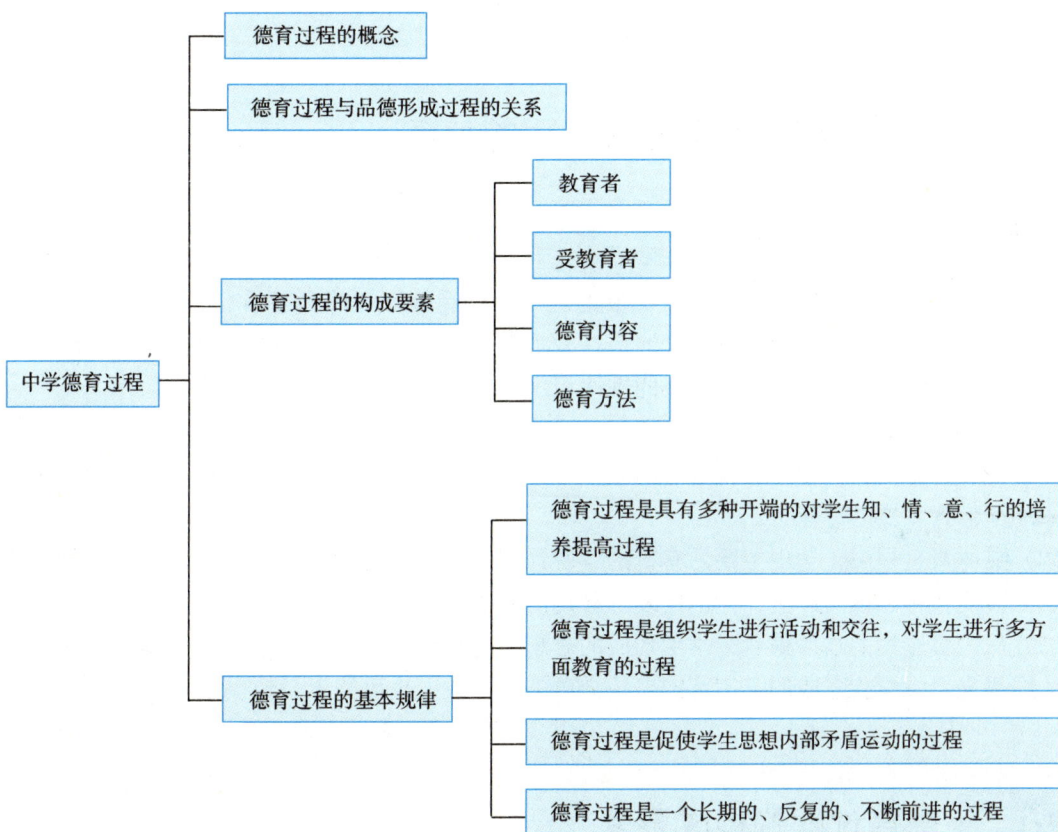

中学德育过程
- 德育过程的概念
- 德育过程与品德形成过程的关系
- 德育过程的构成要素
  - 教育者
  - 受教育者
  - 德育内容
  - 德育方法
- 德育过程的基本规律
  - 德育过程是具有多种开端的对学生知、情、意、行的培养提高过程
  - 德育过程是组织学生进行活动和交往，对学生进行多方面教育的过程
  - 德育过程是促使学生思想内部矛盾运动的过程
  - 德育过程是一个长期的、反复的、不断前进的过程

机要室

高频考点	考查频率（2013年以来）	考查题型
德育过程与品德形成过程的关系	1	辨析题
德育过程的基本规律	5	单项选择题、辨析题、简答题

考点简析

考点一　德育过程的概念

　　德育过程是教育者按照德育目标对学生在品德发展上提出要求，借助相应的德育内容和方法，对其政治意识、思想观点和道德品质等方面施加影响，并引导其进行自我教育，从而促进学生品德发展的过程。德育过程即思想品德教育过程，是以使受教育者形成一定的思想品德为目的，教育者与受教育者共同参与的教育活动过程。德育过程从本质上说是个体道德社会化和社会道德个体化的统一过程。

考点二　德育过程与品德形成过程的关系

1. 德育过程与品德形成过程的联系

　　德育过程与品德形成过程是教育与发展的关系。学生思想品德的形成、发展离不开教育者的教育，而教育要遵循学生思想品德形成、发展的规律。从受教育者的角度看，这两个过程是一致的，只不过受教育者的思想品德的形成和发展是在教育者有计划、有目的的影响和控制下实现的，教育者要依据受教育者思想品德形成和发展的规律组织德育活动。

2. 德育过程与品德形成过程的区别

　　（1）德育过程是教育者对受教育者的教育过程，是双边活动过程；而思想品德的形成过程是学生个体品德自我发展的过程。

　　（2）在德育过程中，学生主要受有目的、有计划、有组织的教育影响；而在思想品德形成过程中，学生会受各种因素的影响，包括自发的环境因素的影响。

　　（3）从德育过程的结果来看，学生形成的思想品德与社会要求相一致；而从学生思想品德形成过程的结果来看，学生形成的品德可能与社会要求相一致，也可能不一致。

考点三　德育过程的构成要素

（一）教育者

　　教育者是指德育过程的组织者、领导者，是一定社会德育要求和思想道德的体现者，在德育过程中起主导作用。教育者包括直接和间接的个体教育者和群体教育者。

（二）受教育者

　　受教育者包括受教育者个体和群体。在德育过程中，受教育者既是德育的客体，又是德育的主体。当他们作为德育对象时，是德育的客体；当他们接受德育影响，进行自我品德教育和对其他德育对象产生影响时，又成了德育的主体。

（三）德育内容

德育内容是指用以形成受教育者品德的社会思想、政治和道德规范，是受教育者学习、修养和内在化的客体。中学德育的基本内容是根据学校德育的目标和学生品德形成发展的规律确定的，它具有一定的范围和层次。

（四）德育方法

德育方法是教育者施教传道和受教育者受教修养的相互作用的活动方式的总和。它凭借一定的手段进行。教育者借助一定的德育方法将德育内容作用于受教育者，受教育者借助一定的德育方法来学习、修养、内化德育内容并将其转化为自己的品德。

考点四　德育过程的基本规律

（一）德育过程是具有多种开端的对学生知、情、意、行的培养提高过程

1. 学生的思想品德由知、情、意、行四个心理因素构成

学生思想品德的形成与发展过程即知、情、意、行这四个心理因素的形成与发展过程，德育过程也就是对这四个心理因素的培养过程。

2. 德育过程的顺序

德育过程的一般顺序可以概括为知、情、意、行，以知为开端，以行为终结，但是由于社会生活的复杂性、德育影响的多样性等因素的存在，德育的具体实施过程又具有多种开端，这可根据学生发展的具体情况而定，或从导之以行开始；或从动之以情开始；或从锻炼品德意志开始，最后使学生的品德在知、情、意、行等方面和谐发展。

（二）德育过程是组织学生进行活动和交往，对学生进行多方面教育的过程

1. 活动和交往是德育过程的基础

学生的思想品德是在活动和交往的过程中，接受外界教育的影响，逐渐形成和发展，并通过活动和交往的过程表现出来的。教育性活动和交往是德育过程的基础。教育者有目的地根据德育目标和思想品德的形成规律设计、实施活动能加快受教育者个体品德的发展速度，对学生品德的发展方向起到规范和保证作用。这就要求教育者精心设计和组织教育活动和交往，做到"寓德育于活动之中""寓德育于教学之中""寓德育于集体之中"。

2. 学生在活动和交往中必定受到多方面因素的影响

品德的形成是学生能动地接受多方面教育影响的过程，学校德育应在多方面影响中发挥主导作用，将多方面教育影响统一到教育目的上来，形成学校教育与家庭教育、社会教育的合力，从而促进学生良好品德的形成和发展。

（三）德育过程是促使学生思想内部矛盾运动的过程

学生思想品德发展的内部矛盾表现为受教育者反映当前德育过程要求产生的思想品德发展新需要与其已有的思想品德水平之间的矛盾。

1. 学生思想品德的任何变化都必须依赖学生个体的心理活动

外界任何的教育和影响都必须通过学生思想状态的变化、学生思想内部的矛盾斗争才能发挥作用，进而促使学生品德的真正形成。

2. 在德育过程中，学生思想内部的矛盾斗争实质上是对外界教育因素的分析、综合过程

学生不断地做出反应、斗争的过程也就是学生品德不断发展的过程，矛盾和冲突是促进道德发展的直接动力。教育者应当自觉地利用矛盾运动的规律促进学生的思想矛盾向社会需要的方向转化。

3. 青少年学生自我教育的过程实际上也是他们思想内部矛盾斗争的过程

教育工作者必须正确认识和尊重儿童自我意识和自我教育能力发展的规律，从实际出发，因势利导，有计划地培养与提高学生的自我意识、自我评价和自我调控能力，提高学生的自我教育能力，以便在德育过程中更好地调动学生的积极性，充分发挥他们在培养自身品德过程中的主体作用。

（四）德育过程是一个长期的、反复的、不断前进的过程

学生思想品德的形成与发展是长期的、反复的、从量变到质变的、不断积累和逐步提高的过程。

1. 德育过程是一个长期的、反复的过程

从客观环境的影响来看，社会、家庭、学校影响的广泛性和多层次性，积极因素和消极因素的矛盾斗争，社会发展对学生思想品德的要求不断提高等都决定了德育过程是一个长期的、反复的过程。

从学生的主观世界来看，品德的形成，知、情、意、行矛盾斗争的统一要经过长期的培养和磨炼，每一种新的思想品德的形成都具有不稳定性，需要多次反复，这就决定了德育过程必然是一个曲折反复、长期的教育过程。

2. 德育过程是一个曲折前进的过程

德育过程的社会性、德育因素的广泛性和复杂性以及青少年学生本身的可塑性等特点决定了学生思想品德的形成和发展不可能是直线的，而是波浪式曲折前进的，有时还会出现反复。因此，德育工作要持之以恒地进行，要"抓反复""反复抓"。

📡 真题邂逅

（2017 下半年·8）像任何事物的发展一样，学生品德的发展也是由其内部矛盾推动的。学生品德发展的内部矛盾是（　　）。

A. 社会道德要求与学生现有品德发展水平之间的矛盾

B. 学校德育要求与学生现有品德发展水平之间的矛盾

C. 学生品德发展的社会要求与学校德育要求之间的矛盾

D. 学生品德发展的新需要与其现有发展水平之间的矛盾

【答案】D

（2014 上半年·27）简述德育过程的基本规律。

【参考答案】

见上文。

第四节
中学德育的原则、方法及途径

导航图

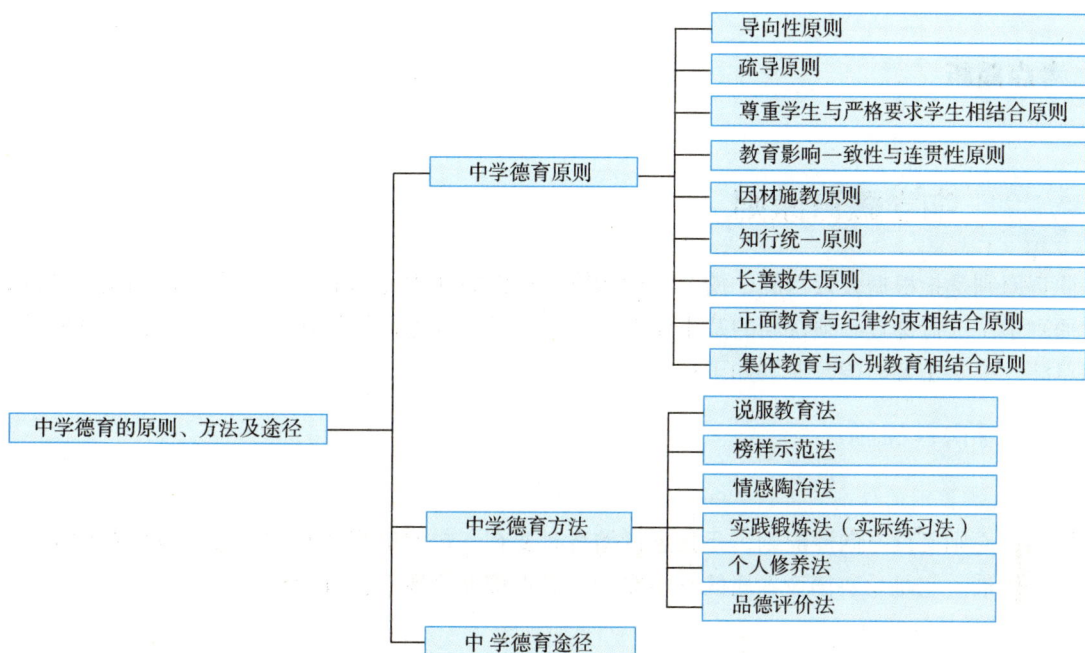

机要室

高频考点		考查频率（2013 年以来）	考查题型
中学德育原则	疏导原则	5	单项选择题、材料分析题
	尊重学生与严格要求学生相结合原则	3	材料分析题
	教育影响一致性与连贯性原则	2	单项选择题、简答题
	因材施教原则	4	材料分析题
	长善救失原则	8	单项选择题、简答题、材料分析题

高频考点		考查频率（2013年以来）	考查题型
中学德育方法	说服教育法	2	材料分析题
	榜样示范法	2	单项选择题、材料分析题
	情感陶冶法	4	单项选择题、材料分析题
	实践锻炼法（实际练习法）	5	单项选择题、简答题、材料分析题
	个人修养法	2	单项选择题
	品德评价法	3	单项选择题、材料分析题
中学德育途径		1	单项选择题

考点简析

考点一　中学德育原则

　　德育原则是指根据教育目的、德育目标和德育过程的规律提出的指导德育工作的基本要求，它是教师对学生进行德育必须遵循的基本要求，它反映了德育过程的规律性，是对德育实践经验的概括和总结。中学主要的德育原则如下：

（一）导向性原则

1.导向性原则的概念

　　导向性原则又称方向性原则，是指进行德育时要有一定的理想性和方向性，以便指导学生向正确的方向发展。它是反映德育本质的一条原则，最直接地体现了教育的根本目的。

2.贯彻导向性原则的要求

　　（1）坚持德育的正确指导思想。

　　（2）德育目标必须符合新时期的总任务的要求。

　　（3）用社会主义的共同理想教育受教育者。

（二）疏导原则

1.疏导原则的概念

　　疏导原则又称循循善诱原则，是指进行德育要循循善诱、以理服人，从提高学生认识入手，调动学生的主动性，使他们积极向上。

2.贯彻疏导原则的要求

　　（1）讲明道理，疏导思想。

　　（2）因势利导，循循善诱。

　　（3）以表扬激励为主，坚持正面教育。

（2017上半年·11）班主任陈老师通过生杏的酸涩和熟杏的香甜来教育一位早恋的初三女生，告诉她，谈恋爱和吃杏子是一样的道理，中学生还没有生长成熟，此时若谈恋爱，就如同吃生杏子一般，只能又苦又涩；只有成熟后再去品尝，才会香甜可口，无比幸福，从而使这位女生从早恋中走了出来。这体现了德育的哪一原则？（　　）

A. 知行统一原则　　　　B. 长善救失原则　　　　C. 有的放矢原则　　　　D. 疏导原则

【答案】D

（三）尊重学生与严格要求学生相结合原则

1. 尊重学生与严格要求学生相结合原则的概念

尊重学生与严格要求学生相结合原则是指进行德育时要把对学生个人的尊重和信赖与对他们的思想和行为的严格要求结合起来，使教育者对学生的影响与要求易于转化为学生的品德。

2. 贯彻尊重学生与严格要求学生相结合原则的要求

（1）爱护、尊重和信赖学生。

（2）教育者对学生提出的要求要合理正确、明确具体、严宽适度。

（3）教育者对学生提出的要求要认真执行，坚定不移地贯彻到底，教育者要督促学生切实做到，不能姑息迁就、放松要求，要注意防微杜渐。

（四）教育影响一致性与连贯性原则

1. 教育影响一致性与连贯性原则的概念

教育影响一致性与连贯性原则是指进行德育时应当有目的、有计划地把来自各方面的对学生的教育影响加以组织、调节、整合，使其相互配合、协调一致、前后连贯地进行，以保障学生的品德能按照教育目的要求发展。

2. 贯彻教育影响一致性与连贯性原则的要求

（1）组建教师集体，使校内教育影响一致。

（2）做好衔接工作，使对学生的教育前后连贯和一致。

（3）正确认识和发挥学校教育的引领作用，使学校、家庭和社会各方面对学生的教育影响达到最佳状态。

（2014下半年·27）简述贯彻教育影响一致性与连贯性德育原则的基本要求。

【参考答案】

见上文。

（五）因材施教原则

1. 因材施教原则的概念

因材施教原则是指进行德育时要从学生品德发展的实际出发，根据他们的年龄特征和个性差异进行不同的教育，使每个学生的品德都能得到最大限度的发展。

2. 贯彻因材施教原则的要求

（1）深入了解学生的个性特点和内心世界。

（2）根据学生的个人特点有的放矢地进行教育。

（3）根据学生的年龄特征有计划地进行教育。

（六）知行统一原则

1. 知行统一原则的概念

知行统一原则也称理论与实践相结合原则，是指既要重视思想道德的理论教育，又要重视组织学生参加实践锻炼，把提高认识和行为养成结合起来，使学生做到言行一致、表里如一。

2. 贯彻知行统一原则的要求

（1）加强思想道德的理论教育，提高学生的思想道德认识。

（2）组织和引导学生参加各种社会实践活动，促使他们在接触社会的实践活动中加深情感体验，养成良好的行为习惯。

（3）对学生的评价和要求要坚持知行统一的原则。

（4）教育者要以身作则，严于律己。

（七）长善救失原则

1. 长善救失原则的概念

长善救失原则也称依靠积极因素与克服消极因素相结合原则，是指进行德育时要调动学生自我教育的积极性，依靠他们自身的积极因素去克服他们品德上的消极因素，促进学生的道德发展。

2. 贯彻长善救失原则的要求

（1）"一分为二"地看待学生。

（2）发扬积极因素，克服消极因素。

（3）引导学生自觉评价自己，进行自我教育。

真题邂逅

（2016上半年·11）初二（1）班小王同学在黑板上画了个漫画，并写上"班长是班主任的小跟班"。班主任冯老师看了发现漫画真画出了自己的特征，认为他有绘画天赋。于是请他担任班上的板报和班刊绘画编辑，并安排班长协助他。在班长的帮助下，小王发挥了自己的才能，出色地完成了任务，克服了散漫的毛病，后来还圆了他考取美术专业的大学梦。冯老师遵循的主要德育原则是（　　）。

A. 疏导原则　　　　　　B. 教育影响一致性与连贯性原则

C. 长善救失原则　　　　D. 严格要求与尊重学生相结合原则

【答案】C

（八）正面教育与纪律约束相结合原则

1. 正面教育与纪律约束相结合原则的概念

正面教育与纪律约束相结合原则是指教育工作既要正面引导、说服教育、启发自觉、调动学生接受教育的内在动力，又要辅之以必要的纪律约束，并使两者有机地结合起来。

2. 贯彻正面教育与纪律约束相结合原则的要求

（1）要正面说理，疏通引导，启发自觉。

（2）要树立先进的典范，用正面的榜样引导学生。

（3）要建立必要的规章制度。

（九）集体教育与个别教育相结合原则

1. 集体教育与个别教育相结合原则的概念

集体教育与个别教育相结合原则是指在德育过程中，教育者要善于组织和教育学生集体，并依靠集体去教育每个学生；同时又要通过个别学生的教育来促进集体的形成和发展，把集体教育和个别教育有机地结合起来。这一原则是对苏联教育家马卡连柯的成功教育经验的总结，马卡连柯指出，教师要影响个别学生，首先要去影响这个学生所在的集体，然后通过集体和教师一道去影响每个学生，便会产生良好的教育效果。这就是著名的"平行教育原则"。

2. 贯彻集体教育与个别教育相结合原则的要求

（1）引导学生关心、热爱集体，并为建设良好的集体而努力。

（2）通过集体教育学生个人，通过学生个人的转变影响集体。

（3）把教师的主导作用与集体的教育力量结合起来。

🌐 **见多识广**

体现德育原则的名言警句

（1）纸上得来终觉浅，绝知此事要躬行。——知行统一原则

（2）视其所以，观其所由，察其所安——因材施教原则

（3）夫子循循然善诱人，博我以文，约我以礼，欲罢不能。——疏导原则

（4）教也者，长善而救其失者也。——长善救失原则

（5）要尽量多地要求一个人，也要尽可能多地尊重一个人。——严格要求与尊重学生相结合原则

考点二 中学德育方法

德育方法是为了达到德育目的，在德育过程中采用的教育者和受教育者相互作用的活动方式的总和，它包括教育者的施教传道方式和受教育者的受教修养方式。中学常用的德育方法如下：

（一）说服教育法

1. 说服教育法的概念与方式

说服教育法是通过摆事实、讲道理使学生提高认识、形成正确观点的方法，说服教育法是德育

工作的基本方法。

说服教育法的方式主要有语言说服和事实说服，语言说服法主要包括讲解、报告、谈话、讨论、指导阅读等方式；事实说服法主要包括参观、访问、调查等方式。

2. 运用说服教育法的基本要求

（1）明确目的性。

（2）富有知识性、趣味性。

（3）注意时机。

（4）以诚待人。

（二）榜样示范法

1. 榜样示范法的概念

榜样示范法是通过他人的高尚思想、模范行为和卓越成就来影响学生品德的方法。例如，"桃李不言，下自成蹊"指"其身正，不令而行；"其身不正，虽令不从""身教胜于言教"等都体现了榜样示范法的作用。

2. 运用榜样示范法的基本要求

（1）选好示范的榜样。

（2）引导学生深刻理解榜样精神的实质，使学生不单单停留在表面模仿的层次上。

（3）激起学生对榜样的倾慕之情。

（4）激励学生自觉用榜样来调节行为、提高境界。

◀ 真题邂逅

（2017 上半年·10）有同学在班上丢了 30 元压岁钱，如何解决这个问题呢？王老师通过讲"负荆请罪"的故事，教育拿了钱的同学像廉颇将军一样知错就改，不久犯错误的同学把钱悄悄归还了失主。王老师采用的德育方法是（   ）。

　　A. 榜样示范法　　　B. 品德评价法　　　C. 实际锻炼法　　　D. 个人修养法

　　【答案】A

（三）情感陶冶法

1. 情感陶冶法的概念与方式

情感陶冶法又称陶冶教育法，它是教师通过环境和自身的教育因素对学生进行潜移默化的熏陶和感染，使其在耳濡目染中受到感化的方法。例如，让学校的每一面墙都开口说话，让学校的一草一木、一砖一石都发挥教育影响；"仁言不如仁声之入人深也""春风化雨等都体现了陶冶教育法。

陶冶教育法的方式主要有人格感染、艺术陶冶和环境陶冶。

2. 运用情感陶冶法的基本要求

（1）创设良好的情境。

（2）陶冶教育法要与说服教育法相结合。

（3）引导学生参与情境的创设。

真题邂逅

（2018上半年·8）张校长特别重视学校文化建设，提出"让学校的每一面墙都开口说话"，以此来促进学生品德的发展。张校长强调的德育方法是（　　）。

A. 陶冶法　　　　　B. 示范法　　　　　C. 锻炼法　　　　　D. 说服法

【答案】A

（四）实践锻炼法（实际练习法）

1. 实践锻炼法的概念与方式

实践锻炼法是有目的地安排学生生活，组织学生进行一定的实际活动与交往以培养他们的良好品德的方法。实践锻炼法的方式主要包括练习、制度（通过遵守日常规章进行锻炼）、委托任务（通过完成一定任务进行锻炼）和组织活动等。

2. 运用实践锻炼法的基本要求

（1）调动学生的主动性。

（2）适当指导。

（3）坚持严格要求。

（4）注意检查和坚持。

真题邂逅

（2013下半年·27）在学校德育工作中，运用锻炼法的基本要求有哪些。

【参考答案】

见上文。

（五）个人修养法

1. 个人修养法的概念

个人修养法也称自我修养法、品德修养指导法、指导自我教育法，是在教师的引导下，学生通过自觉学习、反思和自我改进使自身品德不断完善的一种方法。我国古代教育就很重视修养，孔子提倡君子要注重"内自省""内自讼"；曾子强调"吾日三省吾身"；孟子主张"自反""自强"；荀子指出"君子博学而日参省乎已，则知明而行无过矣"。自我修养的方式包括立志、学习、反思（自我批评）、箴言（座右铭）、慎独等。

2. 运用个人修养法的基本要求

（1）培养学生自我修养的兴趣与自觉性。

（2）指导学生掌握修养的标准。

（3）引导学生积极参加社会实践。

真题邂逅

（2018 下半年·6）班主任王老师经常通过立志、学习、反思、箴言、慎独等方式来培养学生良好思想品德。这种德育方法是（   ）。

　　A. 说服教育法　　　　B. 榜样示范法　　　　C. 情感陶冶法　　　　D. 自我修养法

　　【答案】D

（六）品德评价法

1. 品德评价法的概念

品德评价法又称奖惩法，是指通过对学生的品德进行肯定或否定的评价而予以激励或抑制，促使其品德健康形成和发展。品德评价法通常包括奖励、惩罚、评比和操行评定等方式。奖励有赞许、表扬、奖赏等；惩罚有警告、记过、留校察看和开除学籍等；评比有单项评比，如卫生、纪律评比；也有总结性的全面评比，如评选三好学生、先进班集体等；操行评定是一定时期内对学生思想品德进行的比较全面的评价，一般一个学期进行一次。

2. 运用品德评价法的基本要求

（1）要有明确的目的。

（2）要客观公正。

（3）要抓住时机，适时评价，这样才能收到良好的效果。

（4）要发扬民主，获得群众的支持。

真题邂逅

（2015 上半年·11）班主任赵老师经常运用表扬、鼓励、批评和处分等方式引导和促进学生品德积极发展。这种方法属于（   ）。

　　A. 说服教育法　　　　B. 榜样示范法　　　　C. 情感陶冶法　　　　D. 品德评价法

　　【答案】D

（2015 上半年·30）某校初二女生小芳，上课不遵守纪律，注意力不集中，听课不专心，有时还会发出怪叫声，故意破坏纪律以引起他人的注意。当老师批评她或同学责备她时，她不仅毫无羞怯之意，反而感到高兴。平时，小芳和老师、同学都很少沟通，不愿意交流，有些以自我为中心。她顽皮、好动，喜欢接老师的话茬，而且常常在当面或背地里给同学或老师起绰号，有时还无缘无故地欺侮同学。

当然，小芳也有值得肯定的方面。她性格直率，敢作敢为，勇于承担任务，而且身强体壮，体育成绩好，是运动场上的风云人物，每次运动会都能给班里争光。

问题：

如果你是班主任，根据材料中小芳同学的表现，在对她的教育中，你认为应该贯彻哪些德育原则？运用哪些德育方法？请分别结合材料加以分析。

　　【参考答案】

（1）对小芳的教育，班主任应该贯彻如下德育原则：

①疏导原则。疏导原则是指进行德育要循循善诱、以理服人，从提高学生认识入手，调动学生的主动性，使他们积极向上。班主任在对小芳进行教育时，不可急于一时，应动之以情、晓之以理，从提高认识入手，循循善诱，以理服人。

②因材施教原则。因材施教原则是指进行德育要从学生品德发展的实际出发，根据他们的年龄特征和个性差异进行不同的教育，使每个学生的品德都能得到最大限度的发展。材料中，小芳具有独特的个性特点，班主任要以发展的眼光，客观、全面、深入地了解小芳，有针对性地对其进行教育。

③长善救失原则。长善救失原则是指进行德育要调动学生自我教育的积极性，依靠他们自身的积极因素去克服他们品德上的消极因素，促进学生的道德发展。材料中，小芳既有体育成绩好、直率等优点，又有不遵守纪律、顽皮、喜欢接话茬等缺点，班主任应客观地评价其优点和不足，利用小芳身上的积极因素去克服消极因素。

④严格要求与尊重学生相结合原则。严格要求与尊重学生相结合原则是指进行德育要把对学生的思想和行为的严格要求与对他们个人的尊重和信赖结合起来，使教育者对学生的影响与要求易于转化为学生的品德。材料中，小芳正值青春期，出现明显的逆反行为是这一阶段发展过程中的正常现象。教师要做到严慈相济，对其严格管教的同时又要做到尊重、关爱小芳。

（2）对小芳的教育，班主任可以采取如下德育方法：

①说服教育法。说服教育法是通过摆事实、讲道理使学生提高认识、形成正确观点的方法。材料中，小芳给老师或同学起绰号、欺侮同学等说明小芳道德认知不足，不懂得尊重他人，班主任可通过摆事实、讲道理帮助其提高思想认识。

②榜样示范法。榜样示范法是以他人的高尚品德、模范行为和卓越成就来影响学生的品德的方法。材料中，小芳无纪律意识，班主任在教育教学中应找到一个能引起小芳敬佩之情的良好榜样，让小芳向其学习，以此来影响她的思想、行为。

③品德评价法。品德评价法又称奖惩法，是通过对学生的品德进行肯定或否定的评价而予以激励或抑制，促使其品德健康形成和发展的方法。材料中，对于小芳的缺点，班主任应及时予以批评，但对其值得肯定、赞赏的优点，班主任也应予以表扬，以增强其自信心，促使其发扬优点，克服缺点。

④实践锻炼法。实践锻炼法是有目的、有组织地安排学生进行一定的生活交往与社会实践活动以培养品德的方法。材料中，小芳敢作敢为，勇于承担任务，班主任可以为其提供在实践锻炼中表现自我的机会，增加其集体荣誉感，以此促进品德的提升。

考点三 中学德育途径

德育途径是指学校教育者对学生实施德育时可以选择和利用的渠道，又称为德育组织形式。我国中学德育的基本途径是思想政治课（品德课）与其他学科教学。

真题邂逅

（2018下半年·11）学校德育可以通过多种途径实施，但其中最基本的途径是（　　）。
A. 思想政治课和其他学科教学　　　B. 课外和校外活动

C. 班主任工作　　　　　　　　D. 共青团、少先队活动
【答案】A

1. 思想政治课（品德课）与其他学科教学

学校工作以教学为主，教学是学校教育的主要组织形式，教学具有教育性。思想政治课（品德课）与其他学科教学是学校有目的、有计划、系统地对学生进行教育的基本途径。

2. 社会实践活动

学生的思想品德是在活动和交往中形成，并通过活动和交往表现出来的，通过社会实践活动进行德育有助于培养学生各种良好的品德以及弘扬良好的道德风尚。因此，社会实践活动也是学校德育不可缺少的重要途径。社会实践活动一般包括三种类型：一是社会生产劳动；二是社会宣传和服务活动；三是社会调查，包括参观、访问、考察等。

3. 课外、校外活动

课外、校外活动是整个教育体系中一个必不可少的组成部分，它不受教学计划的限制，是对学生进行德育的一个重要途径。课外、校外活动具有丰富多彩的内容和灵活多样的形式，可以让学生根据兴趣、爱好自愿选择参加。因此，通过这个途径进行的德育符合中学生的特点和需要，能够充分调动他们的积极性，深受他们的喜爱。

4. 学校共青团、少先队活动

共青团、少先队是青少年自己的组织，他们所开展的活动是德育的重要途径。青少年也非常热爱自己的组织，他们积极参加团、队的活动，渴望加入团队组织。所以，组织得当的团队活动能激发青少年学生的上进心、荣誉感，使他们能够严格要求自己，自觉提高思想觉悟，培养良好的品德。

5. 校会、班会、周会、晨会、时事政策的学习

校会是学校组织的全校师生参加的活动，班会是班级组织的全班同学参加的活动，这些能潜移默化地影响学生，能及时地、有针对性地解决学生的思想问题。周会每周一次，主要对学生进行社会主义道德教育和时事政策教育。晨会一般在每天早晨进行，对随时可能出现的问题予以及时解决，是对学生进行品德教育的重要形式。

时事政策的学习是国情教育的重要途径，一般采用做政策报告、学生自己阅读报纸或收听广播、收看电视等形式，使学生了解国内外的形势和政治生活中的重大事件，了解党和国家当前的基本路线和重大举措等。

6. 心理咨询

心理咨询是培养学生健康的心理品质的有效途径。中小学生处于身体成长时期，对于身体的快速变化会产生一系列的生理和心理问题；而且，他们还面临着未来职业选择等方面的问题。通过个别谈心、咨询、讲座等方式对不同层次的学生进行心理健康教育，帮助学生正确处理好学习、生活、择业、人际关系等方面的问题，使他们成为积极向上、心理健康的人。

7. 班主任工作

班级是学校教育工作的基本单位，班主任是班级教育系统的主导力量。学校可以通过班主任强有力地管理学校的基层学生集体，教育每一个学生，更好地发挥上述各个德育途径的作用。严格地说，这个途径与上述途径不能并列，班主任的自觉能动作用能够对其他途径起到调节作用，对学生品德的发展也能产生巨大的影响。

第 八 章

中学班级管理与教师心理

风向标

第一节
班级与班集体

导航图

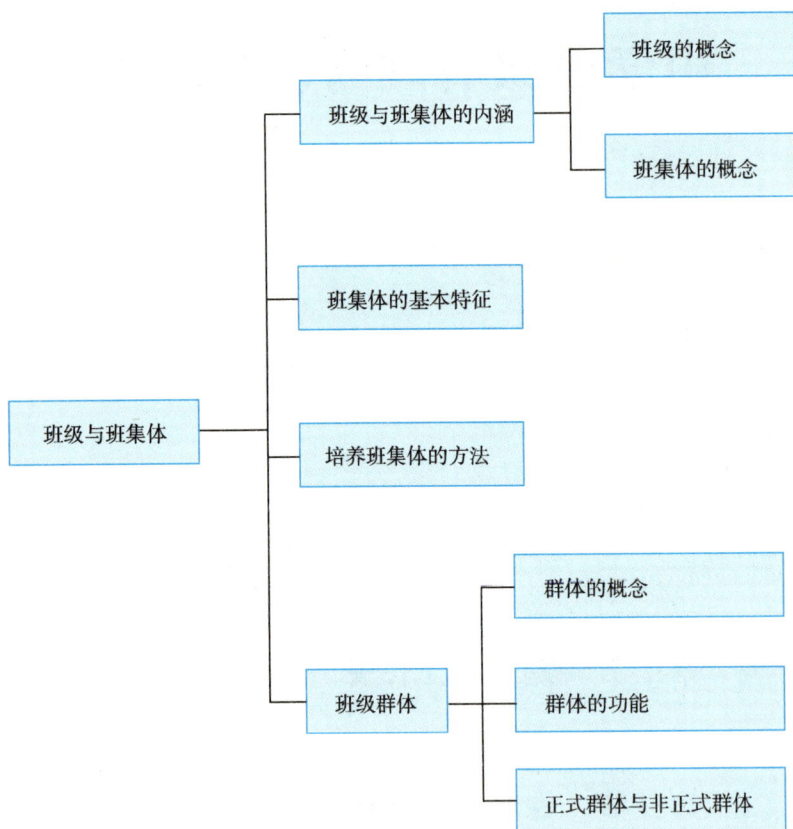

机要室

高频考点	考查频率（2013年以来）	考查题型
培养班集体的方法	3	简答题、材料分析题
班级群体	2	单项选择题、辨析题

考点简析

考点一　班级与班集体的内涵

（一）班级的概念

班级是学校为实现一定的教育目的，将年龄和知识程度相近的学生编班分级而形成的有固定人数的基本教育单位。

班级是学生集体的基层组织，是学校进行教育和教学活动的基本组织单位，是教师和学生开展活动、进行信息交流的最基本的组织形式。

（二）班集体的概念

班集体是按照班级授课制的培养目标和教育规范组织起来的，以共同的学习活动和直接的人际交往为特征的社会心理共同体。

考点二　班集体的基本特征

1. 明确的共同目标

当班级成员具有共同的目标定向时，群体成员在实现目标的过程中便会在认识上、行动上保持一致，相互之间形成一定的依存性。共同的奋斗目标是班集体形成的条件和前进的动力。

2. 一定的组织结构

班级中的每个成员都是通过一定的班级机构组织起来的，这一班级机构按照组织结构建立起来，维持和控制班级成员之间的关系，从而完成共同的任务和实现共同的目标。一定的组织结构是一个班集体不可或缺的形成要素。

3. 一定的共同生活准则

健全的班集体不仅要有一定的组织结构，而且要受到相应的规章制度的约束，并把取得集体成员认同的、大家自觉遵守的行为准则作为完成共同任务和实现共同目标的保证。在一个班集体中，准则可以是明文规定的，也可以是无形的。

4. 集体成员之间平等、心理相容的氛围

在集体中，成员之间在人格上应平等，在思想感情和观点信念上应一致，成员个体应对集体有自豪感、依恋感、荣誉感等肯定的情感体验。

考点三　培养班集体的方法

1. 确定班集体的发展目标

目标是集体发展的方向和动力，一个班集体只有具有共同的目标，才能使班级成员在认知上和行动上保持统一，才能推动班集体的发展。为此，教师要精心设计班级发展的目标。班集体的发展目标一般可分为近期的、中期的、远期的三种；目标的提出由易到难、由近到远、逐步提高。在实现班集体的目标的过程中，教师要充分发挥班级成员的积极性，使实现目标的过程成为教育与自我教育的过程。

2. 建立班集体的核心队伍

一个良好的班集体都会有一批团结在教师周围的积极分子，他们是带动全班同学实现集体发展目标的核心。因此，建立一支核心队伍是培养班集体的一项重要工作。建立班集体的核心队伍要求教师善于发现和培养积极分子，并把对积极分子的培养与使用结合起来。选拔和培养班级积极分子的基本标准：（1）德、智、体等全面发展；（2）有一定的工作能力，具有影响力和号召力；（3）热衷于参加集体公益活动，愿为大家服务；（4）有某方面的特长；（5）团结同学，人际关系良好。

3. 建立班集体的正常秩序

班集体的正常秩序是维持和控制学生在校生活的基本条件，是教师开展工作的重要保证。班集体的正常秩序包括必要的规章制度、共同的生活准则以及一定的生活规律。在建立正常秩序的过程中，教师要依靠班干部的力量，由他们来带动全班同学；一旦初步形成了班级秩序，不要轻易去改变；不断让学生体验到正常的秩序给他们的学习、生活所带来的便利。

4. 组织形式多样的教育活动

班集体是在全班同学参加各种教育活动中逐步成长起来的，而各种教育活动又可使每个人都有机会为集体出力并显示自己的才能。设计并开展班级教育活动是教师的经常性工作之一，班级教育活动主要由日常性的教育活动与阶段性的教育活动两大部分组成，所涉及的内容有主题教育活动、文艺体育活动、社会公益活动等。教师在组织各种教育活动时，要有明确的目的和要求，要精心设计活动内容，注意形式的适龄化，力争把活动的开展过程变成教育学生的过程。

5. 培养正确的舆论和良好的班风

正确的集体舆论与良好的班风是良好班集体形成的重要标志。班集体舆论是班集体生活与成员意愿的反映，正确的班集体舆论是一种巨大的教育力量，对班集体每个成员都有约束、感染、同化、激励的作用，是形成、巩固班集体和教育集体成员的重要手段。良好的班风是因班集体舆论持久作用而形成的风气，是班集体大多数成员的精神状态的共同倾向与表现。良好的班风一旦形成，就会无形地支配着集体成员的行为，它是一种潜移默化的教育力量。班主任培养正确的舆论和良好的班风需要做好以下几项工作：

（1）加强思想品德教育，提高认识。

（2）抓好常规训练，严格规范行为。

（3）培养集体荣誉感和责任感。

（4）正确实施奖惩，树立守纪风气。

真题邂逅

（2018下半年·30）我刚接初二（1）班班主任时，班级风气较差，接手后的第一件事就是组织培养班集体。我是这么做的：

第一，和全班同学讨论确定班集体的发展方向，最终确立了近期（两个月）、中期（一学年）和远期（毕业前）班集体的目标。近期，主要搞好课堂纪律、抓好班风建设；中期，争取成为学校优秀班集体；远期，力求全面提高学习成绩和素质。我没有在第一次班会课上训话，而是对同学们表达了希望和信任，相信经过同学们的努力，一定能把班级建设成优秀班集体。同时我深入学生中间，争取大多数同学的支持并制定了《班级管理常规》，严格实行德育考核，奖惩结合，并定期向家长通报，两个月下来，班级风气明显好转，近期目标基本实现了。

第二，在重新组建班委会过程中，学生反映，生活委员翁丽常常在自习课带头讲话，课间吵闹，造成不良影响，我和班委会讨论后决定撤换她。当宣布这一决定时，看到她情绪低落，我没有简单地批评她，而是关心她，告诉她我这样做是为班级包括她在内的全体同学着想。经过几次推心置腹的谈话，她在各个方面有了较大的提高，同时，在原班委会基础上，根据各班委的特长进行了适当调整。

第三，组织了"学雷锋日""环保日""篮球赛""社会调查"等一系列班集体活动，在活动的组织和实施中，逐渐形成了正确的舆论和良好的班风，激发了学生的集体荣誉感，培养了他们明辨是非、善恶、美丑的能力。

第四，针对后进生，我分别采取个别谈心、道德谈话、个别辅导等方式，在促进学生转变中起了较好的作用，同时壮大了班集体。比如，我班赖明同学脾气急躁，常仗着块头大与同学打架，与老师顶撞，但他特别擅长体育运动，尤其是篮球打得好，当时恰逢学校组织班级间篮球赛，我意识到机会来了。我找到他研究如何排兵布阵，并请他做班级篮球队队长，他很感动。赛场上，赖明奋力拼搏，表现出色，我班取得了第一名的好成绩。我趁热打铁，又推荐他做体育委员，得到全体同学的同意。在此基础上，我又找赖明谈话，希望他珍惜大家对他的信任。从此，他从班级"反叛者"变成了"主人翁"，直到初三以良好的成绩毕业。

问题： 结合材料说明该班主任老师培养班集体的主要方法。

【参考答案】

该班主任老师培养班集体的主要方法有：

(1) 确定班集体的发展目标。目标是集体发展的方向和动力，一个班集体只有具有共同的目标，才能使班级成员在认识上和行动上保持统一，才能推动班集体的发展。为此，教师要精心设计班级发展的目标。班集体的发展目标一般可分为近期的、中期的和远期的三种；目标的提出由易到难，逐步提高。材料中，班主任和全班同学讨论确定班集体的发展方向，最终确定了近期（两个月）、中期（一学年）和远期（毕业前）集体目标，正是体现了这一点。

(2) 建立班集体的核心队伍。一个良好的班集体会有一批团结在教师周围的积极分子，他们是带动全班同学实现集体发展目标的核心。因此，建立一支核心队伍是培养班集体的一项重要工作。班集体中的积极分子有多种类型，可以是全面发展的，也可以是单项突出的，并且积极分子的队伍不是一成不变的。材料中，班主任对班级委员的重新整理体现了这一点。

(3) 建立班集体的正常秩序。班集体的正常秩序是维持和控制学生在校生活的基本条件，是教师开展工作的重要保证。班集体的正常秩序包括必要的规章制度、共同生活的准则以及一定的活动节律。材料中，班主任争取大多数同学的支持制定了《班级管理常规》，严格实行德育考核，这些都体现了这一点。

(4) 组织形式多样的教育活动。班集体是在全班同学参加各种教育活动中逐步成长起来的，而各种教育活动又可使每个人都有机会为集体出力并显示自己的才能。设计并开展班级教育活动是教师的经常性工作之一。材料中，班主任组织了"学雷锋日""环保日""篮球赛""社会调查"等一系列活动，在活动的组织和实施中，逐渐形成了正确的舆论和良好的班风，激发了学生的集体荣誉感，培养了他们明辨是非、善恶、美丑的能力，这体现了组织教育活动的重要作用。

（5）培养正确的舆论和良好的班风。班集体舆论是班集体生活与成员意愿的反映，正确的班集体舆论是一种巨大的教育力量，对班集体每个成员都有约束、感染、同化、激励的作用，是形成、巩固班集体和教育集体成员的重要手段。材料中，班主任采取的一系列措施都为营造良好的班风起到一定的促进作用。

考点四　班级群体

（一）群体的概念

群体是指人们以一定方式的共同活动为基础而结合起来的联合体。它的基本特征有三个：1. 群体由两个以上的个体组成；2. 群体成员根据一定的目标承担任务，相互交往，协同活动；3. 群体成员受共同的社会规范制约。在班级中，存在正式群体和非正式群体。

（二）群体的功能

1. 归属功能

个体一旦明确自己是属于某个群体的，就能免除孤独与怯感，获得安全感。儿童和青少年到了一定的年龄就有进入学校、参加同龄人的组织并和他们一起活动的需要。在他们进入学校和自己的班级后，就会感到踏实、温暖，甚至会因为自己是其中的一员而感到自豪和骄傲。

2. 认同功能

认同是指人们对其所喜欢和崇拜的对象的某些思想和行为的赞同和模仿。当学生喜欢自己的学校和所属的群体时，会因认同而与学校群体保持共同的看法和评价，相应地，学校群体对学生所具有的认同作用就明显，个体就愿意接受学校的影响并与学校群体融为一体。认同功能不仅能使学校更好地保持其内在的整体性，而且能使学校更容易实现其教育人、塑造人的目标。

3. 支持功能

当学生的思想、观点、情感、行为等得到学校群体的肯定与鼓励时，个体就获得了一种支持的力量，就会增强其进一步努力的信心，成为其前进的动力。每一个学生都需要从群体中得到肯定、鼓励和支持，特别是那些学习与适应困难的学生更需要这种支持与帮助。因此，学校尤其是班级要充分发挥群体对个体的支持功能，对每一个学生从情感、社会交往和学习策略等方面给予关心与帮助，这对学生身心健康成长来说是非常重要的。

4. 塑造功能

群体对个体的归属、认同与支持功能最后都可以归结为一个功能，即人才培养或人格塑造功能。利用群体规范、群体的凝聚力和影响力来教育和塑造人是学校教育方法与手段中的一个重要组成部分。

真题邂逅

（2014 下半年·19）小玲和她的同学都非常喜欢自己的学校，在很多方面都能很好地与学校保持一致。这体现了群体的哪种功能？（　　　）

A. 归属功能　　　　B. 支持功能　　　　C. 认同功能　　　　D. 塑造功能

【答案】C

（三）正式群体与非正式群体

1. 正式群体

正式群体是指在校行政部门、班主任或社会团体的领导下，按一定章程组成的学生群体。班级、小组、共青团等都属于正式群体，正式群体的目标与任务明确，成员稳定，有一定的组织纪律和工作计划，对增强集体凝聚力有着非常重要的作用。

2. 非正式群体

在同伴交往过程中，一些学生自由结合、自发形成的小群体称为非正式群体，它是同伴关系的一种重要形式，其成员以某种共同的利益、观点、爱好为基础，以感情为纽带。

非正式群体对学生个体和正式群体既有积极影响，也有消极影响。积极影响主要表现在以下几个方面：（1）能促进学生之间的信息交流，满足学生的心理需要；（2）有助于学生自己组织开展各种健康的活动，进行自我管理和教育；（3）有助于解决教师或正式群体一时照顾不到的困难等。消极影响主要表现在以下几个方面：（1）对同伴的不良行为给予无原则的支持，与教师、班级对立；（2）散布小道消息，破坏纪律，聚众闹事；（3）容易被坏人利用而误入歧途等。非正式群体对个体的影响是积极的还是消极的主要取决于非正式群体的性质以及与正式群体目标的一致程度。

3. 非正式群体与正式群体关系的协调

第一，要不断巩固和发展正式群体，使班内学生之间拥有共同的目标，形成合作关系；制订共同遵守的群体规范，并以此协调大家的行动；满足成员的归属需要和彼此之间的相互认同感，从而使班级成为和谐的集体。

第二，要正确对待非正式群体。对于积极型的非正式群体，应该支持和保护；对于中间型的非正式群体要持慎重态度，积极引导，加强联系，强化班级目标导向；对于消极型的非正式群体，要教育、争取、引导和改造；对于破坏型的非正式群体，要依据校规和法律给予必要的惩罚和制裁。

真题邂逅

（2014上半年·25）非正式群体在班级管理中只有消极作用。

【参考答案】

此说法错误。

非正式群体指的是在同伴交往过程中，一些学生自由结合、自发形成的小群体。非正式群体对班级管理确实有消极作用，但是，非正式群体对班级管理也有积极作用，主要表现为促进学生之间的信息交流，满足学生的心理需要；有助于学生自己组织开展各种健康的活动，进行自我管理和教育；有助于解决教师或正式群体一时照顾不到的困难等。

第二节
班主任工作

导航图

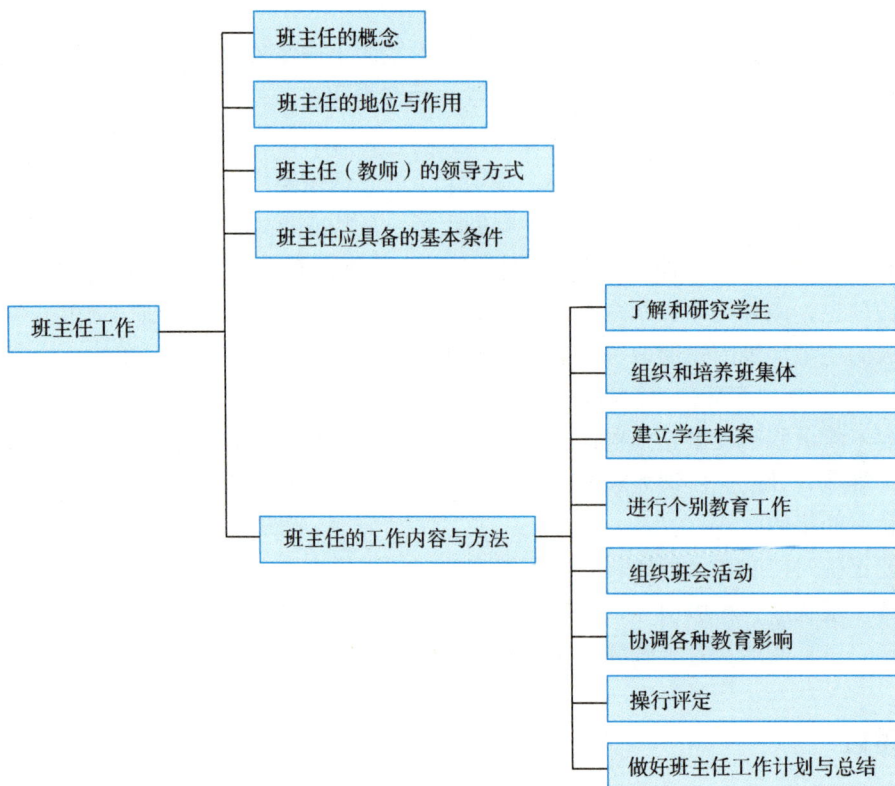

机要室

高频考点	考查频率（2013年以来）	考查题型
班主任（教师）的领导方式	1	单项选择题
班主任应具备的基本条件	1	简答题
班主任的工作内容与方法	1	简答题

考点简析

考点一　班主任的概念

班主任是学校中全面负责一个班的学生的思想、学习、生活等工作的教师，是班级的组织者、领导者和教育者，是学校办学思想的贯彻者，是联系班级任课教师和学生团队组织的纽带，是沟通学校、家长和社会的桥梁。

考点二　班主任的地位与作用

1. 班主任是班级建设的设计者

班级建设的设计是指班主任根据学校的整体办学思想，在主客观条件许可的范围内提出的相对理想的班级模式，包括班级建设的目标，实现班级建设目标的途径、具体方法和工作程序。其中，以班级建设目标的制定最为重要。

班级建设目标的设计的主要依据：一是国家的教育方针、政策和学校的培养目标；二是班级群体的现实发展水平。

2. 班主任是班级组织的领导者

班主任在班级管理中的领导影响力主要表现在两个方面：一是班主任的权威、地位、职权，这一方面构成了班主任的职权影响力；二是班主任的个性条件，这一方面构成了班主任的个性影响力。良好的班集体不是自发形成的，它依赖于班主任的领导与组织，班主任要善于利用职权影响力和个性影响力来领导和组织班级。

3. 班主任是协调班级人际关系的主导者

研究班级中的交往行为、指导学生形成良好的人际关系是班主任的重要使命之一。交往是班级人际关系形成和发展的手段，班主任对学生交往的指导主要包括以下几个方面：第一，要把学生作为交往的主体，研究学生交往需要及能力的差异性，指导学生正确认识周围的人，使学生懂得如何避免和解决冲突，建立积极的交往环境；第二，设计内容充实、交往频率高的交往结构；第三，在与学生的交往中建立相互信任的关系。

考点三　班主任（教师）的领导方式

勒温等人把教师的领导方式分为专断型、放任型和民主型，后来，李皮特等人又将专断型领导方式分为强硬专断型和仁慈专断型。不同的领导方式的特征以及学生的典型反应见下表。

教师领导方式的类型、特征及学生的典型反应

类 型	特征（教师的心理特征及行为表现）	学生的典型反应
强硬专断型	1. 对学生时时严加监视； 2. 要求学生立即无条件地接受一切命令——严厉的纪律； 3. 认为表扬可能宠坏学生，所以很少给予学生表扬； 4. 认为没有教师的监督，学生就不可能自觉地学习。	1. 屈服，但一开始就不喜欢甚至厌恶这种教师； 2. 推卸责任是常见的事； 3. 易激怒，不愿合作，而且可能会在背后伤人； 4. 教师一离开课堂，学生就明显松垮。
仁慈专断型	1. 不认为自己是一个专断横行的人； 2. 表扬学生，关心学生； 3. 专断的症结在于他的自信； 4. 以"我"为班级一切工作的标准。	1. 大部分学生喜欢他，但看穿他这套方法的学生可能会恨他； 2. 在各方面都依赖教师，缺乏创造性； 3. 屈从，缺乏个人的发展； 4. 班级工作的量可能是多的，质也可能是好的。
放任自流型 （放任型）	1. 在和学生打交道时几乎没有什么信心，或认为学生爱怎样就怎样； 2. 很难做出决定； 3. 没有明确的目标； 4. 既不鼓励学生，也不反对学生，既不参加学生的活动，也不提供帮助或方法。	1. 不仅道德差，学习也差； 2. 具有"推卸责任""寻找替罪羊""容易激怒"的特点； 3. 没有合作； 4. 谁也不知道该做什么。
民主平等型 （民主型）	1. 和集体共同制订计划，做出决定； 2. 在不损害集体利益的情况下，很乐意给个别学生以帮助、指导； 3. 尽可能地鼓励集体活动； 4. 给予客观的表扬与批评。	1. 喜欢学习，喜欢同别人尤其是教师一起工作； 2. 工作的质和量都很高； 3. 相互鼓励，而且独自承担某些责任； 4. 无论教师在不在课堂，引起问题行为的动机都很少。

真题邂逅

（2018 下半年·21）朱老师很关心学生，但对学生很严格，常对学生提出各种要求和规定，大部分学生都喜欢朱老师，也能按他的要求去做。朱老师对班级的领导类型属于（　　）。

A. 强硬专断型　　　　B. 放任自流型　　　　C. 仁慈专断型　　　　D. 民主平等型

【答案】C

考点四　班主任应具备的基本条件

班主任工作繁多而辛劳、责任重大，因此对班主任的素质提出了很高的要求。

1. 高尚的思想品德

班主任是学生的教育者、引路人，是学生学习的榜样。班主任应有崇高的品德、饱满的工作热情、坚持不懈的进取精神，要言行一致、表里如一，能为人师表，这样他才能在学生中树立崇高的威信，给学生以强有力的教育影响。

2. 坚定的教育信念

班主任要确信教育的力量，确信每个学生都有优点和才干，都有自己的前途，要坚信即使有些学生有缺点和错误，但只要对他们做深入细致的思想教育工作，就能把他们转变好。班主任只有确信教育的力量，树立坚定的教育信念，才能在工作中不畏困难曲折，顽强而耐心地工作，最后收获辛劳的硕果。

3. 扎实的教育理论素养和强烈的教育科研意识

精深的专业知识和广博的相关学科的知识是班主任开展工作的理论基础，同时班主任也要有强烈的教育科研意识。

4. 家长的心肠

班主任对待学生要像家长对待孩子一样，兼严父与慈母二任于一身，既要无微不至地关怀学生，真诚地爱护学生，与学生彼此信赖、有深厚的情感，又要严格要求学生，对于他们的缺点和错误毫不放过。如果学生感受到班主任对他们的深情与期望，那么他们将更加亲近班主任，并乐于接受教育，班主任工作也就能获得更大的成效。

5. 较强的组织能力

善于组织学生开展活动是教育学生的重要条件，一个称职的班主任必须善于计划和组织学生的各种活动，善于根据情况的变化迅速做出决定、采取措施、进行调整，在工作中表现出魄力，能令行禁止，坚定地引导学生积极开展活动，不断前进。

6. 多方面的兴趣与才能

青少年学生活泼爱动，每个学生都有自己的兴趣与爱好，因此需要开展各种各样、丰富多彩的活动，这就要求班主任也要具有多方面的兴趣与才能。一般来说，性格活泼开朗、兴趣广泛、多才多艺的班主任与学生有较多的共同语言，易于与学生打成一片，便于开展工作。

7. 善于待人接物

班主任为了教好学生，要与家长、任课教师、校外辅导员和有关社会人士联系和协作，因此，班主任要善于待人接物。事实证明，只有那些善于交往、能团结人的教师才能很好地协调各方面的教育力量，把班主任工作做好。

真题邂逅

（2018上半年·27）简述班主任应具备的基本条件。

【参考答案】

见上文。

考点五 班主任的工作内容与方法

班主任的工作内容非常多，主要包括了解和研究学生、组织和培养班集体、建立学生档案、进行个别教育工作、组织班会活动、协调各种教育影响、操行评定、做好班主任工作计划与总结。

（一）了解和研究学生

了解和研究学生是班主任工作的前提和基础，是班主任做好班级工作的先决条件。

1. 了解和研究学生的内容

（1）了解和研究学生个人。具体包括以下内容：思想品德状况、集体观念、劳动态度、人际关系、日常行为习惯；学习态度、学习成绩、学习方法、思维特点、智力水平；体质健康状况、个人卫生习惯；课外与校外活动情况；兴趣、爱好、性格等。另外，还包括学生个人的个性特点、个体的家庭情况等。

（2）了解和研究学生的群体关系。具体包括以下内容：班级风气、舆论倾向、不同层次学生的结构、同学之间的关系、学生干部的情况等。另外，还包括处于特定年龄阶段的学生群体的心理特点。

（3）了解和研究学生的学习和生活环境。具体包括以下内容：了解学生的家庭类型、家庭的物质生活与精神生活条件、家长的职业以及思想品德和文化修养、学生在家庭中的地位、家长对学生的态度等。

2. 了解和研究学生的主要方法

（1）观察法，即在自然条件下，班主任有目的、有计划地对学生的各种行为表现进行观察的方法。

（2）谈话法，即班主任通过与学生面对面的谈话以深入了解学生情况的基本方法，具有灵活、方便、容易了解事情细节、有利于感情沟通等特点。

（3）调查法，即班主任通过对学生本人或知情者的调查访问，从侧面间接地了解学生的方法，包括问卷法、座谈法等。

（4）分析书面材料法，即班主任借助学生的成绩表、作业等书面材料对学生进行了解的方法。

（二）组织和培养班集体

班级是学校教学工作的基本单位，也是学校中学生集体的基层组织。学生良好的思想品德和学习习惯的养成只靠教师的教育是不够的，还必须依靠班集体的力量。组织和培养班集体是班主任工作的中心环节，也是班主任的工作目的和主要任务。

（三）建立学生档案

班主任要在全面了解学生的基础上，对掌握的材料进行分析处理，并将整理结果分类存放起来，即建立学生档案。

建立学生档案一般分为四个环节：收集—整理—鉴定—保管。

学生档案有两种：集体档案和个体档案。集体档案是指班主任将全班学生在各个时期各方面的表现，班级的历史、现状、趋势分析等记录下来作为今后教育集体的依据或参照的档案。个体档案是指将学生德、智、体、美、劳诸方面的表现和发展动态收集起来作为个体教育依据的档案。学生档案中最常见的是学生个人档案，学生档案的内容最常见的形式有文字表述式和表格调查两种。

（四）进行个别教育工作

班主任要想使每个学生都得到最大限度的发展就必须深入了解每一个学生，根据学生的个别特点进行教育。班主任做好个别教育工作包括做好先进生的教育工作、中等生的教育工作和后进生的教育工作，并且要与集体教育结合起来。

1. 先进生工作

在一个班中，思想好、学习好、纪律好、劳动好、身体好的学生一般被称为先进生，他们一般有如下心理特点：自尊好强，充满自信；有强烈的荣誉感；有较强的超群愿望与竞争意识。

对于先进生的教育，班主任应注意以下几点：（1）严格要求，防止自满；（2）不断激励，战胜挫折；（3）消除嫉妒，公平竞争；（4）发挥优势，带动全班进步。

2. 中等生工作

中等生又称为"一般学生"或"中间生"，是指在班级中各方面都表现平平的学生。中等生分为三类：第一类是思想觉悟较高、想干而又干不好的学生；第二类是甘居中游的学生；第三类是学习成绩不稳定的学生。中等生有两个共同特点：一是信心不足，二是表现欲不强。

对于中等生的教育，班主任应注意以下几点：（1）重视对中等生的教育；（2）根据中等生的不同特点有的放矢地进行个别教育；（3）针对中等生信心不足的特点给中等生创造充分展示自己才能的机会，增强他们的自信心。

3. 后进生工作

后进生通常指那些学习积极性不高、学习成绩暂时落后、不太守纪律的学生。后进生一般具有如下心理特征：不适度的自尊心；学习动机不强；意志力薄弱；是非观念模糊。

后进生工作在班主任的个别教育工作中处于首要地位。对于后进生的教育，班主任应注意如下几点：（1）关心、爱护后进生，尊重他们的人格；（2）培养和激发后进生的学习动机；（3）树立榜样，增强后进生的是非观念；（4）根据个别差异，因材施教；（5）善于发掘后进生身上的"闪光点"，增强其自信心和集体荣誉感。

（五）组织班会活动

班会活动是班主任进行教育活动的重要手段，是培养优良班集体的重要方法，也是提高学生活动能力的基本途径。所以，组织班会活动是班主任工作的重要内容。

班会是以班级为单位，在班主任的指导下，由学生干部主持进行的全班性会务活动。班会具有集体性、自主性和针对性等特点，班会主要包括常规班会、生活班会和主题班会三大类。其中，主题班会是班级活动的主要形式，主题班会是班主任依据教育目标，指导学生围绕一定主题，由学生自己主持、组织进行的班会活动。

（六）协调各种教育影响

个体的发展受到多种因素的影响，家庭、社会、学校等都对学生的发展有影响，班主任应协调校内外各种因素的影响。

班主任协调校内外各种因素的影响需做到以下几点：

协调学校内部各种教育因素之间的关系：1. 协调与科任教师之间的关系。班主任要协同科任教师形成统一的教育要求，要协调科任教师之间的人际关系，协调科任教师与学生的关系；2. 协调与学校各级领导之间的关系；3. 指导和协助共青团工作。

协调学校教育与家庭教育之间的关系：做好家访，开好家长会，及时通信联系等。

协调学校教育与社会教育之间的关系：1. 利用客观环境教育影响学生；2. 利用社会信息教育影响学生；3. 利用社会教育机构教育影响学生；4. 利用社区中的人才和教育基地教育影响学生。

（七）操行评定

1. 操行评定的概念

操行评定是以教育目的为指导思想，以学生守则为基本依据，对学生在一个学期内的学习、劳动、生活、品行等方面所做的小结与评价。操行评定的一般步骤：（1）学生自评；（2）小组评议；（3）班主任评价；（4）信息反馈。

2. 操行评定的要求

第一，评定内容的全面性。班主任要树立素质教育观，从德、智、体等方面来评价学生，综合学生在学校、家庭和社会生活中的综合表现对学生进行全面评价。

第二，评定主体的多元性。班主任可以动员科任教师、家长和学生共同参与评价，以保证评价的客观性。

第三，评定过程的发展性。班主任要肯定学生的进步和成绩，要用发展的眼光看待学生的成长。

第四，评定语言的规范性。评语要具体、客观、有针对性、富有激励性，要能表现出教师对学生的尊重和关爱。

（八）做好班主任工作计划与总结

班主任工作计划一般分为学期计划、月或周计划以及具体的活动计划。学期计划比较完整，一般包括三大部分：1. 基本情况；2. 班级工作的内容、要求和措施，这部分是整个计划的中心、主干；3. 本学期的主要活动与安排。

班主任工作总结是指对整个班主任工作过程、状况和结果做出全面的、恰如其分的评估，进行质的评议和量的估计。班主任工作总结一般分为两类：全面总结和专题总结。总结工作一般在学期学年末进行，做好总结应注意两点：一是平时注意对班主任工作资料进行积累，二是注意做阶段小结。

真题邂逅

（2017 下半年 · 27）简述班主任工作的主要内容。

【参考答案】

见上文。

第三节
课 堂 管 理

导航图

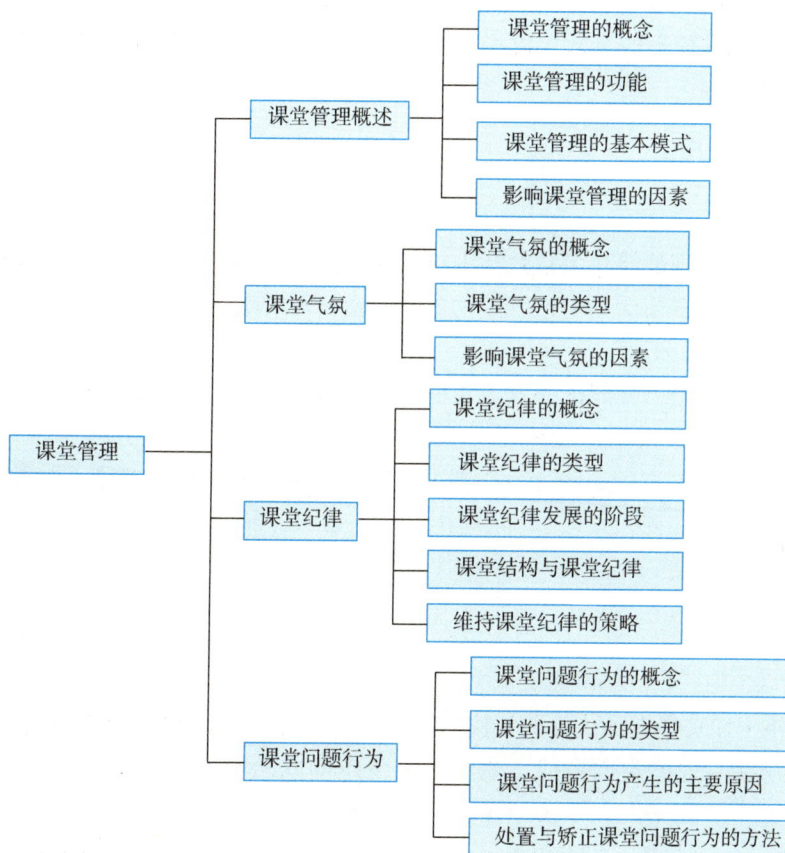

机要室

高频考点	考查频率（2013 年以来）	考查题型
课堂管理概述	3	单项选择题
课堂纪律	4	单项选择题

考点简析

考点一 课堂管理概述

（一）课堂管理的概念

课堂管理是指教师为有效利用时间，创造愉快的和富有建设性的学习环境以及减少问题行为而采取的组织教学、创设学习环境、处理课堂行为等一系列活动与措施。

课堂管理过程的实质就是师生在课堂中相互作用的过程，课堂管理的效率取决于教师、学生和课堂情境三大要素。课堂管理的有效性以积极的课堂互动为前提，而这是建立在师生、学生之间良好的人际关系的基础上的。

（二）课堂管理的功能

1. 维持功能

维持功能是指课堂管理能够在课堂教学中持久地维持良好的学习环境，有效地排除各种干扰因素，使学生充分地参与到学习活动中。维持功能是课堂管理的基本功能。

2. 促进功能

课堂管理的促进功能是指良好的课堂管理能够提升课堂教学的效果，促进学生的学习。

3. 发展功能

在课堂管理中，教师制定的一些行为准则可以促进学生从他律走向自律，帮助学生获得自我管理能力，使学生逐步走向成熟。

真题邂逅

（2017上半年·19）华老师认为课堂管理是教学的一部分，课堂管理本身可以教给学生一些行为准则，促使学生从他律走向自律，使学生逐步走向成熟。这主要说明课堂管理具有哪一功能？（   ）

A. 维持功能   B. 导向功能   C. 发展功能   D. 调节功能

【答案】C

（三）课堂管理的基本模式

课堂管理的基本模式概括起来可以分为三种取向：行为主义取向、人本主义取向和教师效能取向。

1. 行为主义取向的课堂管理模式

行为主义取向的基本理念：学生的成长和发展是由外部环境决定的，学生在课堂中所表现出来的不良行为，或者是通过学习获得的，或者是没有学会正确的行为导致的。在课堂管理中，教师的责任是强化适宜的行为并根除不适宜的行为。典型的行为主义取向的课堂管理模式有斯金纳模式和坎特模式。

斯金纳模式又称行为矫正模式。斯金纳认为，在课堂管理中，教师要想使学生在课堂中表现出适宜的行为，就必须奖励和强化适宜的行为，忽视学生的不良行为。

坎特模式又称果断纪律模式。果断纪律模式也是行为主义指导下的课堂管理模式，但与强调行为强化的行为主义模式的侧重点不同，它希望借助有效制定和实施课堂秩序来进行课堂纪律的管理。

2. 人本主义取向的课堂管理模式

人本主义取向的课堂管理者认为学生有自己的决策能力，他们可以对自己的行为负主要责任。在课堂管理中，教师不应该要求学生百依百顺，而是应该关注学生的需要、情感和主动精神，给学生提供最好的机会去发掘其归属感、成就感和积极的自我认同感，以此来维持一种积极的课堂气氛。学生出现问题行为时，教师应更多地运用沟通技巧，引导学生分析问题的性质和后果，让学生自己解决问题。典型的人本主义取向的课堂管理模式有格拉塞模式和吉诺特模式。

格拉塞模式又称现实疗法或控制疗法。格拉塞认为，人有两种基本需要，即爱和被爱的需要、期望自己的价值得到他人认可的需要，这些需要若得不到满足，就会感到焦虑、自责、愤怒，就会变得逃避和不负责任，从而导致问题行为。教师应关注学生的基本需要。

吉诺特模式又称明智信息模式，这种课堂管理模式的核心理念强调教师用明智的方式与学生进行和谐的沟通。

3. 教师效能取向的课堂管理模式

教师效能取向的课堂管理模式关注的是教师课堂管理技能的提高。这一取向的研究者认为，课堂管理的成效主要取决于教师的管理技能，通过培训提高教师的课堂管理技能可以达到改善课堂管理质量的效果。典型的教师效能取向的课堂管理模式有戈登模式和库宁模式。

戈登模式又称教师效能训练模式，这一模式深受人本主义哲学的影响，关注学习者的个体性和学生个人的权利，强调学生观点的重要作用。

库宁模式是一种用来防止和应对不良行为的管理策略。库宁认为，课堂管理本质上是一种团体管理，对于学生的不良课堂行为，最好采取预防的办法，对于一位教师而言，预防不良行为的发生比纠正错误行为更为重要。

真题邂逅

（2015下半年·20）董老师总是希望在课堂上尽可能地满足学生爱与被爱的需要。董老师的做法体现了哪种课堂管理取向？（　　）

A. 建构取向　　　　B. 行为取向　　　　C. 认知取向　　　　D. 人本取向

【答案】D

（四）影响课堂管理的因素

影响课堂管理的因素主要有教师的领导风格、班级规模、班级的性质和对教师的期望。

1. 教师的领导风格

教师的领导风格对课堂管理有直接的影响。参与式领导风格的教师注意创造课堂的自由气氛，鼓励学生自由发表意见，不把教师自己的意见强加于人。监督式领导风格的教师则待人冷淡，只注重集体讨论的进程，经常监督学生的行为。

2. 班级规模

班级规模的大小是影响课堂管理的一个重要因素，主要表现为以下几个方面：（1）班级规模的大小会影响成员间的情感联系；（2）班级内的学生越多，学生间的个别差异就越大；（3）班级规模的大小会影响学生的交往模式；（4）班级规模越大，班级内部越容易形成各种非正式的小群体。

3. 班级的性质

不同的班级往往有不同的群体规范和不同的凝聚力，教师不能用固定的课堂管理模式对待不同性质的班级，应该在深入了解班级的基础上掌握班集体的特点。

4. 对教师的期望

学生对教师的课堂行为会形成一定的期望，例如，期望教师以某种方式进行教学和课堂管理，这些期望必然会影响教师的课堂管理。如果教师的实际行为与学生的期望不一致，学生就会表现出不满的情绪。

考点二 课堂气氛

（一）课堂气氛的概念

课堂气氛是课堂教学过程的软情境，它通常是指课堂里某些占优势的态度与情感的综合状态。大量事实表明，课堂气氛是课堂管理的核心因素，也是课堂活动中的着眼点。课堂管理行为的目的就是创设一个良好的课堂气氛，以有效促进课堂教学。

（二）课堂气氛的类型

1. 积极的课堂气氛

积极的课堂气氛是安静与活跃、热烈与深沉、宽松与严格的有机统一，其基本特征是课堂情境符合学生的求知欲和心理特点，师生之间、同学之间关系正常、和谐，学生产生了满意、愉快、羡慕、互谅、互助等积极的态度和体验。

2. 消极的课堂气氛

消极的课堂气氛的基本特征是课堂情境不能满足学生的学习需要，脱离了学生的心理特点，师生关系不融洽，学生之间不友好，学生产生了不满意、烦闷、厌恶、恐惧、紧张、焦虑等消极的态度和体验。

3. 对抗的课堂气氛

对抗的课堂气氛是失控的气氛，主要表现为学生过度兴奋、各行其是、随便插嘴、故意捣乱、教师无法正常上课，时常被学生打断或不得不停下来维持课堂纪律。

（三）影响课堂气氛的因素

1. 教师方面的因素

教师在课堂教学中起着主导作用，教师的领导方式、教师对学生的期望以及教师的情绪状态都是影响课堂气氛的主要因素。

此外，教师的移情、教师的教学能力也是影响课堂气氛的重要因素。

2. 学生方面的因素

学生是课堂活动的主体，课堂气氛是由师生共同营造的，因此，学生对课堂气氛的影响也是至关重要的。

（1）学生对集体目标的认同是良好课堂气氛形成的必要前提。

（2）学生自觉遵守课堂纪律、具有良好的品德和学习习惯有利于良好课堂气氛的形成。此外，课堂中的集体舆论、学生之间的合作与竞争关系都会影响课堂气氛。

3. 课堂物理环境因素

课堂物理环境是指由教学时间和空间因素构成的特定教学环境，包括教学的时间安排，班级规模，教室内的设备、光线、座位编排方式等，能让大多数人觉得舒适的课堂物理环境有利于良好课堂气氛的形成和维持。

考点三　课堂纪律

（一）课堂纪律的概念

课堂纪律是指为保障或促进学生的学习而设置的行为标准及对学生施加的控制。良好的课堂纪律具有三个特性：约束性、标准性、自律性。良好的课堂纪律是课堂教学得以顺利进行的重要保障，有助于维持课堂秩序，减少学生学习过程中受到的干扰，也有助于学生获得学习上的安全感。

（二）课堂纪律的类型

根据课堂纪律形成的原因可以将课堂纪律分成四种类型。

1. 教师促成的纪律

教师促成的纪律主要指在教师的帮助指导下形成的班级行为规范。这类纪律在不同的年龄阶段所发挥的作用是不同的，刚入学的儿童需要较多的监督和指导，课堂纪律主要由教师制定，随着年龄的增长和自我意识的增强，学生一方面会反对教师的过多限制，另一方面又需要教师对他们的行为提供一定的指导和帮助。因此，虽然这类纪律在不同的年龄阶段发挥不同的作用，但它始终是课堂纪律中的一个重要类型。

2. 集体促成的纪律

集体促成的纪律主要指在集体舆论和集体压力的作用下形成的群体行为规范。从入学开始，集体在学生的社会化方面有着越来越重要的作用，他们开始对其他同学察言观色，以便决定应该如何思考、如何信仰和如何行事。青少年学生常以"别人也都这么干"为理由而做某件事情，在一定时期他们的信奉、见解、爱好、憎恶甚至偏见也都视集体而定。

3. 任务促成的纪律

任务促成的纪律主要指某一具体任务对学生行为提出的具体要求。这类纪律在学生的学习过程中占有重要地位，在日常学习过程中，每项学习任务都有它特定的要求，或者说特定的纪律，例如课堂讨论、野外观察、制作标本等任务都有各自的纪律要求。任务促成的纪律是以学生对任务的充分理解为前提的，学生对任务的意义理解得越深刻，就越能自觉遵守任务的纪律要求，即使遇到困难挫折也不会轻易退却。

4. 自我促成的纪律

自我促成的纪律简单说就是自律，它是在个体自觉努力下由外部纪律内化而成的个体内部约束力。自我促成的纪律是课堂纪律管理的最终目的，当一个学生能够自律并客观地评价他自己与集体的行为标准时，便意味着他能够为新的更好的集体标准的发展做出贡献，同时标志着学生的成熟水平大大提高了一步。

真题邂逅

（2016上半年·20）中学生小华和几个同学为了参加全省航模大赛，组成了航模小组。他们为了在大赛中表现出色，达成了共识：牺牲各自的一些课余休息时间，放弃各自的一些爱好，以规范自己的参赛行为。这种情况下，小组成员遵循的纪律属于（　　　）。

A. 教师促成　　　B. 群体促成　　　C. 任务促成　　　D. 自我促成

【答案】C

（三）课堂纪律发展的阶段

课堂纪律的形成不是一蹴而就的，它往往要经历一个发展过程。我们把不同年龄阶段儿童的纪律发展水平划分为如下几个阶段：

1. 反抗行为阶段

4～5岁之前的儿童多处于这一阶段，这一阶段的儿童的行为经常表现出对抗性，拒绝遵循指示、要求，我们要给予大量的注意；他们很少有自己的规则，但是畏于斥责，可能遵循他人的要求。在学校教育阶段，也有一些学生处于这一水平，表现为当教师盯住他们时，他们会表现得中规中矩，但是教师稍微不注意，他们就会失去控制。

在这一阶段，对于维持纪律所能发挥作用的是儿童和权威人物之间的权利不平衡。当教师或父母向儿童展示出强力的控制时，儿童的不良行为可以很有效地得到约束；反之，他们就可能不断表现出不良行为。

2. 自我服务行为阶段

5～7岁的儿童多处于这一阶段，这一阶段的学生是以自我为中心的，但是在课堂上比较容易管理，因为他们关心的是行为后果"对我来说意味着什么"，是奖励还是惩罚。从道德发展来讲，他们处于奖励和惩罚阶段，这些学生做出某些行为，要么是因为他们想得到某些奖励，如糖果、休息时间等，要么是因为不喜欢违反纪律带来的后果。

处于这一阶段的学生很少有自我纪律感，他们可能在这节课上表现很好，而在另一节课上失去自我控制，所以，为了避免出现纪律问题，教师需要对他们进行不断的监督。

3. 人际纪律阶段

大多数中学生处于这一阶段，处于这一阶段的学生的行为取向是要建立一种相互的人际关系，他们做出的行为往往与"我怎样才能取悦你"联系在一起，他们这样做是因为你要求他这样做；他们关心自己在别人心目中的形象，希望别人喜欢自己。

这一阶段的学生形成了一种纪律感，你让他们安静下来，他们就会安静下来；他们基本上不借助强力的纪律来约束自己，但是需要轻微的提示。

4. 自我约束阶段

处于这一阶段的学生很少陷入什么麻烦，因为他们能够明辨是非，理解遵守纪律的意义，也能够做到自我约束。教师可以离开教室 20～30 分钟，回来后发现他们依然很安静地在学习。他们这样做是因为他们知道这样做是对的，就应该这样做。尽管许多中学生能够达到这一水平，但是只有一部分能够稳定地保持在这一水平上。

处于这一阶段的学生并不赞赏武断纪律，在课堂上，如果某些同学逼迫教师花很多时间处理纪律问题，他们会感到厌烦。

真题邂逅

（2015 下半年·19）初二（5）班学生在课堂上非常注重自己在老师心目中的形象，希望老师喜欢他们。该班学生的课堂纪律发展处于（　　）。

A. 人际纪律阶段　　　B. 自我服务阶段　　　C. 自我约束阶段　　　D. 相互协同阶段

【答案】A

（四）课堂结构与课堂纪律

学生、学习过程和学习情境是课堂的三大要素，这三大要素相对稳定的组合模式就是课堂结构。课堂结构包括课堂情境结构和课堂教学结构，它们都对课堂纪律有重要的影响。

1. 课堂情境结构

（1）班级规模的控制。一般而言，班级规模越大，学生的平均成绩越低，教师态度、学生态度和课堂处理的得分就越低。班级规模过大容易限制师生交往，减少学生参加课堂活动的机会，阻碍课堂教学的个别化，也有可能导致课堂出现较多的纪律问题。

（2）课堂常规的建立。课堂常规是每个学生必须遵守的最基本的日常课堂行为准则，它赋予学生的课堂行为一定的意义，使学生明白行为所依据的价值标准，具有约束和指导学生课堂行为的功能，能够使课堂行为规范化。

（3）学生座位的分配。研究发现，分配学生座位时，教师主要关心的是如何减少课堂混乱。其实，分配学生座位时，最值得教师关注的应该是座位安排对人际关系的影响。学生座位的分配一方面要考虑如何有效控制课堂行为，预防纪律问题的发生；另一方面又要考虑如何促进学生间的正常交往，形成和谐的生生关系。

2. 课堂教学结构

（1）教学时间的合理利用。学生在课堂中的活动可以分为学业活动、非学业活动和非教学活动三种类型。在通常情况下，学生用于学业活动的时间越多，学业成绩就越好。

（2）课程表的编制。在编制课程表时，要注意以下几点：首先，应尽量将语文、数学和外语等核心课程安排在学生精力最充沛的上午第一、二、三节课，将音乐、美术、体育和习字等技能课安排在下午；其次，将文科与理科、形象性的学科与抽象性的学科交错安排，避免学生产生疲劳和厌烦；最后，新、老教师教平行班的时间间隔要不同，新教师间隔时间短，以保证第二班的教学效果更优；老教师间隔时间长，以避免简单重复而产生乏味感。

（3）教学过程的规划。教学过程的合理规划是维持课堂纪律的又一个重要条件，不少纪律问题就是由教学过程规划不合理造成的。

（五）维持课堂纪律的策略

1. 建立积极、有效的课堂规则

课堂规则是课堂成员应遵守的课堂基本行为规范和要求。积极、有效的课堂规则有以下特点：（1）由教师和学生充分讨论，共同制定；（2）尽量少而精，内容表述多以正面引导为主。

2. 合理组织课堂教学

要想合理组织课堂教学，教师应做到以下几点：（1）增加学生参与课堂教学的机会；（2）保持紧凑的教学节奏，合理布置学业任务；（3）处理好教学活动之间的过渡。

3. 做好课堂监控

教师应该能够及时预防或发现课堂教学中出现的一些纪律问题，并采取言语提示、目光接触等方式提醒学生注意自己的行为。

4. 培养学生的自律品质

促进学生形成和发展自律品质是维持课堂纪律的最佳策略之一。要想培养学生的自律品质，教师应做到以下几点：（1）对学生提出明确的要求，加强课堂纪律的目的性教育；（2）引导学生对学习纪律持有正确的、积极的态度，产生积极的纪律情感体验，进行自我监控；（3）集体舆论和集体规范是促使学生自律品质形成和发展的有效手段，教师应对其加以有效利用。

考点四　课堂问题行为

（一）课堂问题行为的概念

课堂问题行为是指在课堂情境中发生的，违反课堂规则、妨碍及干扰课堂学习活动正常进行或影响教学效率和学习效率的行为。

（二）课堂问题行为的类型

1. 我国学者杨心德将学生的课堂问题行为分为行为不足、行为过度和行为不适三种类型

（1）行为不足主要是指人们所期望的行为很少发生或从不发生。

（2）行为过度主要是指某一类行为发生的次数太多，如经常侵犯他人等。

（3）行为不适是指人们所期望的行为在不适宜的情境下发生，而在适宜的情况下却不发生，如上课时放声大笑等。

2. 美国的奎伊等人把学生的课堂问题行为分为人格型、行为型和情绪型三种类型

（1）人格型问题行为带有神经质的特征，常常表现为退缩行为。例如，有的学生在课堂上忧心忡忡，不信任教师，害怕教师提问和批评；有的学生不信任自己的能力，缺乏自信和兴趣。

（2）行为型问题行为主要有对抗性、攻击性或破坏性等特征。例如，有的学生缺少耐心，容易冲动，不能安静；有的学生多嘴多舌，交头接耳。

（3）情绪型问题行为主要是指由于学生过度焦虑、紧张和情绪多变而导致社会障碍的问题行为。例如，有的学生冷淡、漠视，态度忸怩；有的学生过分依赖教师和同学。

（三）课堂问题行为产生的主要原因

1. 学生因素

（1）由于适应不良导致的挫折。

（2）寻求注意。

（3）人格因素。

（4）生理因素。

2. 教师因素

（1）教学不当。

（2）管理不当。

（3）威信丧失。

3. 环境因素

（1）家庭因素。

（2）大众媒体。

（3）课堂内部环境。

（四）处置与矫正课堂问题行为的方法

1. 运用积极的言语和非言语手段调控

教师发现学生出现问题行为时不要指名道姓地批评，而要尽量用非言语行为进行控制，如教师借助目光、面部表情、手势、动作、靠近学生等非言语手段提示学生注意控制自己的不良行为。

教师还可以采用口头表扬的方式调控学生的问题行为。用表扬的方式调控学生的问题行为时，教师可以采用两种方式：（1）表扬出现问题行为的学生的良好行为；（2）表扬其他学生的良好行为。

2. 合理运用惩罚

少量的、方式适当的惩罚可有效地减少学生的课堂问题行为，教师在运用惩罚时，应注意以下几点：（1）偶尔使用惩罚；（2）使学生明白受罚的原因；（3）惩罚的方式能被学生接受；（4）强化与学生问题行为相反的行为；（5）禁止使用体罚；（6）避免在学生情绪不稳定的情况下使用惩罚；（7）惩罚应当及时出现在某一行为的开始。

教师在运用惩罚时要坚持对事不对人的原则，执行惩罚时既要公平一贯，又要灵活地体现出差异。教师对学生实施惩罚后，要给予学生积极的帮助，使学生学会在同样的情境下以适当的行为代替不良行为。

3. 引导学生参与学习活动，不留给学生违纪的时间

学生在课堂上出现问题行为，有时是因为他们感到无所事事。针对这一点，教师可以安排他们从事某些学习活动，使他们没有产生问题行为的空闲时间，从而终止问题行为。但要注意，过多地给他们安排学习活动、学习任务会导致其疲劳、烦躁，进而引发问题行为。因此，引导学生参与学习活动也要适度。

4. 进行心理辅导

学生的问题行为都有心理根源，因此，要想从根本上解决他们的课堂行为问题，教师还应该注意对他们进行心理辅导。在对出现课堂问题行为的学生进行心理辅导时，教师应注意以下几点：（1）给予倾听、接受、移情性的理解；（2）通过引导使学生知道问题行为产生的原因以及明了其消极后果；（3）帮助学生制订新的适应性课堂行为目标；（4）给予学生发泄不良情绪的机会，消除问题行为背后的情感根源。

第四节
课外活动的组织与管理

导航图

机要室

自 2013 年以来，本节内容在教育知识与能力（中学）教师资格考试中未曾考查过，但考纲要求"了解课外活动组织和管理的有关知识，包括课外活动的意义、主要内容、特点、组织形式以及课外活动组织管理的要求"，因此本节内容以了解为主。

考点简析

考点一 课外活动的概念与意义

（一）课外活动的概念

课外活动是指在课堂教学之外，由学校或校外教育机关组织指导的，用以补充课堂教学，实现教育方针要求的一种教育活动，是根据受教育者的需要以及教育教学的需要，在教育者直接或间接的指导下实现教育目的的一种活动。

（二）课外活动的意义

1. 课外活动将学生从书本知识引向实际，将学生从学校带入社会，加深、扩充和巩固了学生在课堂上所学的知识。

2. 课外活动是教师因材施教、青少年发展个性特长的广阔天地。

3. 课外活动有利于发展学生的智力，培养学生的各种能力。

4. 课外活动是进行德育的重要途径。

另外，课外活动是实施素质教育的重要组成部分，有利于学生的身心健康，能够使他们的个性得到全面和谐的发展。

考点二　课外活动的特点

1. 自愿性

课外活动是学生自由选择参加的一种活动，强调学生可以按照自己的兴趣爱好和特长自愿选择，可以根据自己的条件、能力和状态，选择、控制、调节活动内容和方式等。自愿性是课外活动优越性的重要体现。

2. 自主性

在对课外活动的任务、内容、组织形式、方法、时间、地点、进度等方面进行选择时，学生具有独立自主性。课外活动一般是学生在教师或辅导员的启发指导下独立自主地进行的，学生自己组织、自己设计、自己动手，如学生自己读书、获取信息，自己找资料、做实验、搞活动，遇到问题时自己动脑思考、分析。因此，课外活动充分体现了学生的主体作用和自主性，教师应处于指导辅助的地位，使学生的主观能动性得到充分的发挥。

3. 灵活性

课外活动的具体内容是根据活动目的，从现有设备条件，辅导教师的特点、能力以及学生的不同需要出发确定的。活动的组织形式也是多种多样的，它包括小组活动、群众性的调查参观、竞赛演讲、个人活动等，无论是活动内容，还是活动形式，都体现了灵活性。

4. 实践性

课外活动注重学生的实践环节，它强调学生自己设计、自己动手操作，进行实践；自己检验并自我评价活动结果，总结活动经验。学生可将经由教师辅导获得的知识和技能运用到实践当中来验证它的科学性，这样有利于培养学生的实践能力。

5. 广泛性

课外活动的内容不受课程计划、课程标准的限制，它是由组织者根据教育目的、学校的培养目标、学校的具体条件和学生的愿望要求确定的，内容的广泛性能最大限度地确保活动贴近学习、贴近生活、贴近实际。

考点三　课外活动的内容与组织形式

（一）课外活动的主要内容

课外活动可分为学科活动、科技活动、文学艺术活动、体育活动、社会活动和传统节假日活动等，也有学者提出，课外活动的主要内容还包括课外阅读活动、思想品德教育活动。

1. 学科活动

学科活动是学校课外活动的主体部分，它是以学习和研讨某一学科的知识或培养某一方面的能力为主要目的的活动。学生可以按学科组成不同的小组，如数学活动小组、语文活动小组等；学生也可以依据某一专题成立小组，如以化学实验为专题的小组，以外语会话为专题的小组。

2. 科技活动

科技活动是以让学生学习和了解科技知识为目的的课外活动，如举办科技讲座，参观游览科技博物馆，成立无线电小组、航模小组、园艺小组等，开展以小发明、小创造、小制作、小实验、小论文为内容的"五小活动"，让学生学会动手操作的本领，并使学生形成爱科学、学科学、用科学的良好习惯。

3. 文学艺术活动

文学艺术活动的主要目的是培养学生的兴趣爱好，提高他们鉴赏美、表现美、创造美的能力，丰富他们的精神生活。我们可以开展诸如朗诵、舞蹈、戏剧、创作表演等活动，还可以成立美术、音乐、摄影等文艺小组，以生动活泼和富有感染力的形式来吸引学生参与到文学艺术活动中。

4. 体育活动

开展体育活动的主要目的是发展学生的体力，增强他们的体质，培养他们对体育活动的兴趣和吃苦耐劳的精神，同时，体育活动有利于提高学生的运动水平，发现和培养有体育特长的学生。体育活动的形式多种多样，主要包括各种球类活动、长短跑、登山、划船、游泳、滑冰、滑雪、健美运动和各式各样的游戏活动。

5. 社会活动

开展社会活动的主要目的是培养学生热爱劳动、关心集体和他人以及为人民服务的思想品德，同时，开展社会活动还可以使学生掌握一些基本的劳动技能。社会活动一般包括社会调查、参观、考察、访问以及各种无偿的社会服务和公益劳动等。

6. 传统节假日活动

课外活动可以借助节假日契机对学生进行思想教育，增强他们的民族观念、家庭观念、集体观念。

7. 课外阅读活动

课外阅读活动是指学生在课堂教学范围之外，根据自己的兴趣爱好或某一方面的需要进行的一种自觉读书的活动。课外阅读活动的目的在于开阔学生的视野，让学生及时接触和吸收新知识，培养学生的自学能力和思维能力。

8. 思想品德教育活动

思想品德教育活动能够使学生更有效地掌握知识，提高学习效率。思想品德教育活动能够充实和丰富学生的精神生活，促进学生良好个性的发展。思想品德教育活动的形式有组织学生开展学雷锋献爱心的社会公益活动，组织学生对校园周边的环境问题进行社会调查，在班里开辟"时事论坛"，成立时事、法律知识学习兴趣小组，开展法制知识讲座、心理健康知识讲座等一系列活动。

（二）课外活动的组织形式

1. 群众性活动

群众性活动是一种面向多数或全体学生的带有普及性质的活动，活动的规模常根据活动的目的、内容而定。参加这种活动的人数较多，这种活动在短时间内可以使较多的学生受到教育，同时对活跃学校生活、创造某种气氛和一定的声势有很大的影响。

群众性活动主要包括开展报告、讲座、各种集会、社会公益活动、各种比赛，进行参观、访问、调查、旅行，制作墙报、黑板报等，群众性活动也包括传统节日活动、历史纪念日活动和文体活动等。

2. 小组活动

小组活动是课外活动的基本组织形式。小组活动以自愿组合为原则，根据学生的兴趣、爱好和学校的具体条件，进行有目的、有计划的经常性活动。小组活动的人数根据活动性质和参加者的愿望而定，一般以 10～20 人为宜，小组活动的特点是自愿组合、小型分散、灵活机动，活动小组主要包括学科小组、技术小组、艺术小组和体育小组等。

3. 个别活动

个别活动是指学生在教师的指导下，在课外单独进行的活动，它往往与小组或群众性活动相结合，由小组或集体分配任务，根据个人的兴趣和才能单独进行。个别活动能充分发展学生的兴趣爱好，丰富和充实学生的精神生活，培养学生独立完成任务的能力。

考点四 课外活动组织管理的要求

1. 要有明确的目的性和计划性。
2. 要照顾学生的兴趣和特长，符合学生的年龄特征。
3. 活动要丰富多彩，富有吸引力。
4. 要注意发挥学生集体和个人的主动性、独立性和创造性。
5. 课堂教学与课外活动要互相配合、互相促进。
6. 课外活动要因地、因校制宜。

考点五 校外教育资源的整合与利用

校外教育资源主要包括社会教育机构和学生家长，学生的课外活动能否顺利、高效地进行与这些教育资源息息相关。因此，教师尤其是班主任应充分利用校外教育资源，搞好课外活动。

（一）学校与社会的协调

在现代社会的学校教育中，广泛的社会资源是实现资源整合的重要保证。学校与社会协调、整合社会教育资源具体可归结为以下两种形式：

1. 依托社区的教育委员会

社区教育委员会是在当地政府的领导下，对学校实行教育行政领导与管理的组织机构。教师可以主动邀请他们以多种形式指导并参加班级的某些活动，减少学校与社会之间的屏障，拉近学生与社会的距离，促进学生的社会化发展。

2. 建立校外教育基地

校外教育基地主要是指少年宫、少年科技馆、博物馆、各种业余学校等，这些机构在一定程度上弥补了学校教育的不足，在培养儿童和青少年不同兴趣爱好和特长方面发挥着重要的作用，也为学生营造了健康愉悦的校外活动环境。

（二）学校与家庭的协调

家庭教育在学生德、智、体等方面的发展中占有很重要的地位。家庭教育的任务和学校教育的任务是一致的，都是将学生培养成德、智、体等方面全面发展的新人。这一任务的完成需要学校和家庭相互配合，学校与学生家庭的联系方式主要有以下几种：

1. 家校互访

家校互访有以下两种方式：（1）教师家访。这是传统而有效的途径，其特点是教师走入学生家庭，观察了解学生的家庭环境，与家长共同研讨孩子的教育问题。教师实施家访要有计划性、针对性，要面向全体学生；要尊重家长和学生的自尊心，讲究谈话艺术，避免告状式、命令式、训斥式家访；（2）家长访校。这是现代教育应该推广的途径，其特点是家长到学校观察、学习教师的教育活动，从而提高家庭教育的水平。

2. 家校通信

以纸笔为媒介的通信是一条值得保留和拓展的家校联络沟通的途径，现代通信是应该提倡的新途径，如"家校热线电话""校园网站""社区网站""QQ""微信群"等。

3. 举办家长学校

家长学校通常由学校举办，是家长系统地学习教育基础知识、交流教育经验、研究子女教育问题的场所，应得到大力倡导并普遍开办，由专业研究人员、教师、家长参加的家庭教育研究会是家长学校的特殊形式。

4. 建立家长委员会

学校可建立家长委员会并将其作为常设机构，家长委员会由学校主要领导负责，成员由在校学生的家长组成。家长委员会的任务：听取学校的工作报告；研究学校对家庭教育的意见和要求，协助家长改进家庭教育工作；向学校反映家长的意见和要求；发动家长帮助学校开发课程资源，改善办学条件，执行教育教学计划。

5. 召开家长会议

学校和班主任可根据需要召开全校或各年级、各班级的家长会。家长会不宜过多，开会时间不宜太长，会议的主要内容是向家长报告学校（或年级、班级）的工作计划、工作情况及对家长的要求；听取家长对学校和班级的批评和建议；组织家长交流教育经验。

第五节
教师心理

导航图

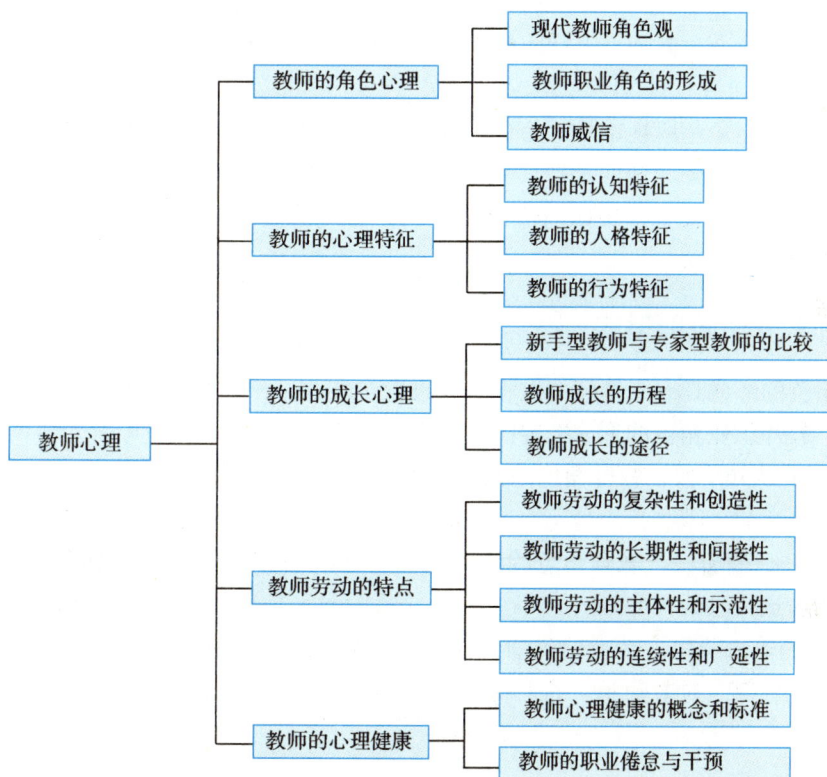

教师心理
- 教师的角色心理
  - 现代教师角色观
  - 教师职业角色的形成
  - 教师威信
- 教师的心理特征
  - 教师的认知特征
  - 教师的人格特征
  - 教师的行为特征
- 教师的成长心理
  - 新手型教师与专家型教师的比较
  - 教师成长的历程
  - 教师成长的途径
- 教师劳动的特点
  - 教师劳动的复杂性和创造性
  - 教师劳动的长期性和间接性
  - 教师劳动的主体性和示范性
  - 教师劳动的连续性和广延性
- 教师的心理健康
  - 教师心理健康的概念和标准
  - 教师的职业倦怠与干预

机要室

高频考点	考查频率（2013年以来）	考查题型
教师的心理特征	6	单项选择题
教师的成长心理	4	单项选择题、简答题、材料分析题
教师劳动的特点	1	单项选择题
教师的心理健康	1	单项选择题

考点简析

考点一　教师的角色心理

（一）现代教师角色观

1. 教师角色的概念

教师角色是指教师按照其特定的社会地位承担起相应的社会角色，并表现出符合社会期望的行为模式。教师角色既体现了教师个体在社会团体中的地位和身份，又包含着社会期望教师个体表现出的行为模式，包括社会对教师个人行为模式的期望和教师对自己应有行为的认识两个方面。

2. 对教师的角色期待

社会对每一种社会角色所规定的行为规范和要求被称为角色期待。教师作为一种社会角色，其职业特征决定了社会对教师角色的期待，具体表现在以下几个方面：（1）学习的引导者和促进者；（2）行为规范的示范者；（3）班集体的管理者；（4）心理健康的维护者；（5）学生家长的合作者；（6）教学的研究者。

（二）教师职业角色的形成

教师职业角色的形成是一个连续的过程。通过教学实践，一位新手教师逐渐成长为一位胜任教学工作的教师，教师职业角色的形成主要经历以下三个阶段：

1. 教师角色的认知阶段。教师角色的认知是指角色扮演者对某一角色行为规范的认识和了解，知道哪些行为是合适的，哪些行为是不合适的。

2. 教师角色的认同阶段。教师角色的认同是指个体亲身体验并接受教师角色所承担的社会职责，用以控制和衡量自己的行为。

3. 教师角色的信念阶段。教师角色的信念是指教师在角色扮演中，将职业角色的社会要求转化为个体需要，坚信自己对教师职业的正确认识，并将其作为规范自己行为的指南，形成职业的自尊心和自豪感。

（三）教师威信

1. 教师威信的概念

教师威信是指教师在学生心目中的威望和信誉。教师威信实际上反映了一种良好的师生关系，它是教师成功地扮演教育者角色、顺利完成教育使命的重要条件。

2. 教师威信的分类

教师的威信有两种：一种是权力威信，另一种是信服威信。

权力威信是教师根据教育法律法规、学校规章制度、教育传统以及社会心理优势而建立起来的威信；信服威信是由于教师良好的思想品德、教学能力、教学态度与民主作风而使学生自愿接受、内心佩服而树立起来的威信。教师应该树立信服威信，而不应该追求权力威信。

3. 建立教师威信的途径

（1）培养自身良好的道德品质；

（2）培养良好的认知能力和性格特征；

（3）给学生以良好的第一印象；

（4）注重良好的仪表、风度和行为习惯的养成；

（5）做学生的朋友与知己。

考点二 教师的心理特征

（一）教师的认知特征

教师是在知识含量高的教育领域从事职业活动的人，职业的成功依赖于教师良好的知识结构和教学能力。

1. 教师的知识结构

辛涛、申继亮、林崇德对教师的专业知识结构做出如下划分：（1）本体性知识，它是教师所具有的特定的学科知识；（2）条件性知识，它是教师所具有的教育学、心理学知识；（3）实践性知识，它是教师在教学行为中所具有的课堂情境知识以及与之相关的知识；（4）文化知识，它包括哲学、社会科学、自然科学等方面的知识。

2. 教师的教学能力

一般认为，教师的教学能力应包括以下几点：组织和运用教材的能力；言语表达能力；组织教学的能力；对学生学习困难的诊治能力；教学媒体的使用能力；教育机智等。申继亮等人采用内隐理论的研究范式对教师的教学能力进行了系列研究，把教师的教学能力分成以下几个方面：

（1）教学认知能力。教学认知能力是指教师对所教学科的定理法则和概念等的概括化程度，以及对所教学生的心理特点和自己所使用的教学策略的理解程度。

（2）教学操作能力。教学操作能力是指教师在教学中使用策略的水平，其水平的高低主要看他们是如何引导学生掌握知识、积极思考、运用多种策略解决问题的，它是教师课堂教学能力的集中体现。

（3）教学监控能力。教学监控能力是指教师为了保证教学达到预期的目的而在教学的全过程中，将教学活动本身作为意识对象，不断对其进行积极主动的计划、检查、评价、反馈、控制和调节的能力。

在这个教学能力结构中，教学认知能力是基础，教学操作能力是教学能力的集中体现，而教学监控能力是关键。

真题邂逅

（2018 下半年·20）刘老师在教学过程中善于引导学生掌握知识，积极思考，运用多种策略解决问题。这说明他的哪种教学能力比较突出？（ ）

　　A. 教学认知能力　　　B. 教学反思能力　　　C. 教学监控能力　　　D. 教学操作能力

　　【答案】D

（二）教师的人格特征

教师具备了一定的知识和能力后，其人格特征就成为影响教学的重要因素，优良的人格特征对学生健康人格的塑造有重要影响。

1.职业信念

教师的职业信念是指教师对成为一个成熟的教育教学专业工作者的向往和追求，它为教师提供了奋斗的目标，是推动教师成长的巨大动力。有关职业信念的心理研究主要集中于以下两个方面：

（1）教学效能感

教学效能感一般指教师对自己影响学生行为和学习结果的能力的一种主观判断。教师的教学效能感分为两部分：一般教学效能感和个人教学效能感。前者指教师对教与学的关系，教育在学生身心发展中的作用等问题的一般看法和判断，后者指教师认为自己能够有效地影响学生，相信自己具有教好学生的能力。

（2）教学归因

教学归因是指教师对学生学习结果的原因的解释和推测，通过这种解释和推测所获得的观念必然会影响其自身的教学行为。

2.职业性格

有研究认为，优秀教师的性格品质的基本内核是"促进"，所谓"促进"指的是一个人对别人的行为有帮助，包括提高别人的学习能力，增强他们的自尊心和自信心，缓解他们的焦虑感，提高他们的果断性，以及促进他们形成积极的待人处世的态度等。

（三）教师的行为特征

教师的行为特征一般包括教师教学行为的明确性、多样性、启发性、参与性、任务取向性，及时的教学效果评估及其对学生产生的期望效应。

教师通过行为表达出来的对学生的期望是影响学生发展的一种教学行为，这种影响称为教师期望效应，也称为罗森塔尔效应，或皮格马利翁效应。一般来说，教师对学生的高期望会使学生向好的方向发展，教师对学生的低期望则会使学生越来越差。

> **真题邂逅**

> （2017下半年·21）教师在课堂上提问一些有难度的问题时，通常会不由自主地将目光停留在那些优秀的学生身上。这种现象反映的是（　　）。
>
> A．从众效应　　　　B．木桶效应　　　　C．期望效应　　　　D．投射效应
>
> 【答案】C

考点三　教师的成长心理

（一）新手型教师与专家型教师的比较

斯腾伯格认为与新手型教师相比，专家型教师就是具有某种教学专长的人，他们在以下三个方

面具有共同的特点：

1. 丰富的和组织化的专门知识

专家型教师不仅知识丰富，而且具有一个组织良好且易于提取的知识实体，拥有更多的从教学过程中获取的知识，这保证了他们能更好地理解和解决问题。

2. 解决教学问题的效率高

专家型教师和新手型教师相比，他们能够更快更有效地解决问题，这是因为他们对基本的教学问题的处理已经自动化了。同时，专家型教师善于对教学进行自我监控、自我评价和自我调整，他们不断地监控正在进行的尝试，主动对自己的教学行为做出评价，并随时做出相应的调整。

3. 对教学问题的洞察力强

专家型教师在教学中能够有效地鉴别出有助于问题解决的信息，并对信息进行组织和比较，从而创造性地、恰当地解决教学问题。

（二）教师成长的历程

从一名新教师成长为一名合格的教师有一个过程，教师在不同的成长阶段所关注的问题不同。福勒和布朗根据教师的需要和不同时期所关注的焦点问题把教师的成长划分为关注生存、关注情境和关注学生三个阶段。

1. 关注生存阶段

处于这一阶段的一般是新教师，他们非常关注自己的生存适应性，最担心的问题是"学生喜欢我吗？""同事们如何看我？""领导是否觉得我干得不错？"等。因此，有些新教师可能会把大量的时间都花在如何与学生搞好关系上，有些新教师则可能想方设法控制学生。

2. 关注情境阶段

当教师感到自己能够完全适应教学的基本要求时，便把关注的焦点投向了提高学生的成绩上，即进入了关注情境阶段。在此阶段，教师关心的是如何教好每一堂课的内容，一般总是关心诸如班级大小、时间的压力和备课材料是否充分等与教学情境有关的问题。传统的教学评价也集中关注这一阶段，一般来说，老教师比新教师更关注此阶段。

3. 关注学生阶段

当教师顺利地适应了前两个阶段后，成长的下一个目标便是关注学生。教师将考虑学生的个别差异，认识到不同发展水平的学生有不同的需要，某些教学材料和方式不一定适合所有学生，能否自觉关注学生是衡量一个教师是否成长、成熟的重要标志之一。

真题邂逅

（2018上半年·21）江金当了一段时间教师后感到自己完全能够适应教学的基本要求，此时他把关注的焦点投向了如何提高学生成绩、教好每一堂课。按照福勒的教师成长阶段论，江金处于（　　）。

A. 关注生存阶段　　B. 关注学生阶段　　C. 关注情境阶段　　D. 关注自我阶段

【答案】C

（三）教师成长的途径

1. 基于学习与研究的专业发展

教师即学习者，通过学习所教学科的知识、教育理论知识、教育实践的基本技术和方法知识、现代教育技术的知识和教育科研知识等来丰富自己的知识体系；教师即研究者，主要通过对实践性问题的研究来提升对教学的理解。

2. 基于教学实践的专业发展

教师即实践者，实践性知识对教师的日常教学行为有着实际的指导作用，对促进教师的成长具有重要的意义；教师即行动者，通过积极开展"为了行动而研究，对行动进行研究，在行动中研究"来改进自己的教学。

3. 基于教学反思的专业发展

教师即反思者，教师自觉地把自己的教学实践作为认识对象，进行全面而深入的思考和总结，从而不断改善自己的教学行为，提高自己的教学水平，这是教师成长的重要途径。美国教育心理学家波斯纳提出了教师成长公式：经验＋反思＝成长。

4. 基于自我发展的专业发展

教师即自主成长者，自我发展倡导的是以师为本的发展理念，它会激励教师在教学实践中通过学习与研究主动地建构自己的知识体系，以获得新的发展。

5. 基于信息化环境的专业发展

教师即信息技术的使用者，教师信息技术素养的提高会激励自己在教学中自觉地使用信息技术，从而促进教学内容、教学方式和学生学习方式的变革。

真题邂逅

（2017上半年·21）李老师经常自觉地对自己的讲课过程进行分析，进行全面深入的归纳与总结，以不断地改善自己的教学行为，提高自己的教学水平。李老师的做法是基于下列哪种专业发展方式的？（   ）

A. 教学实践　　　　B. 教学研究　　　　C. 自我发展　　　　D. 教学反思

【答案】D

考点四 教师劳动的特点

（一）教师劳动的复杂性和创造性

1. 教师劳动的复杂性

教师劳动的特点

教师劳动是复杂的脑力劳动，这种复杂性主要表现在以下四个方面：第一，教师劳动属于专业性的工作，它要求教师经过严格的训练，掌握专业的知识和专门的技能，并不断地研究、提高；第二，教师的任务是教书育人，这包含多方面的要求和较为复杂

的内容；第三，教师的劳动对象是人，是有思想感情、有主观能动性的活生生的人，他们的生活经历、家庭背景不同，个性各异；第四，教育力量的多元性影响教师劳动的复杂性。教师劳动虽然以个体劳动为主，但要想在学生身上形成最佳的教育效果，教师还必须善于协调家庭、社会和学校之间的各种影响，促进学生健康、全面发展。

2. 教师劳动的创造性

教师劳动的创造性从总体来讲主要表现在教师创造性地运用教育教学规律方面，具体来讲主要表现在以下三个方面：

第一，因材施教。教师必须灵活地针对每个学生的特点对他们提出不同的要求，采用不同的教育教学方法，做到"一把钥匙开一把锁"，使每个学生都能够得到发展。

第二，教学内容和方法的不断更新。教学内容要随着时代的发展、科学技术的进步而不断更新，即使是同样的教学内容，也要结合实际情况以及教师自身认识的提高而不断地调整、改进。此外，教师必须灵活地、综合地、创造性地运用教学方法。

第三，教师的教育机智。在教育过程中，意料之外的事情总会发生，教师在无准备的情况下能够迅速、果断地做出正确的判断，随机应变，因势利导是教师教育机智的表现。

（二）教师劳动的长期性和间接性

1. 教师劳动的长期性

"十年树木，百年树人"，培养人才是一项长期的事业，教师的劳动具有长远性。教师对学生的直接教育或许时间不长，但其对学生产生的影响可能是终生的，所以，教师劳动是一个长期的过程。

2. 教师劳动的间接性

教师劳动的间接性是指教师劳动不直接创造物质财富，而是以学生为中介实现教师劳动的价值。教师劳动并没有直接服务于社会或直接贡献于人类的物质产品和精神产品，教师劳动的结晶是学生，是学生的品德、学识和才能，待学生走向社会后，由他们来为社会创造财富。

真题邂逅

（2013下半年·5）"十年树木，百年树人"隐喻了教师劳动具有（   ）。

A. 连续性　　　　　　B. 长期性　　　　　　C. 创造性　　　　　　D. 示范性

【答案】B

（三）教师劳动的主体性和示范性

1. 教师劳动的主体性

教师劳动的主体性是指教师自身可以成为活生生的教育因素和具有影响力的榜样，对于教师来说，首先，教育教学过程就是教师直接用自身的知识、智慧、品德影响学生的过程；其次，教师劳动工具的主体化也是教师劳动主体性的表现，教师所使用的教材、教具必须为教师自己所掌握，成为教师自己的东西，这样才能向学生传授。

2. 教师劳动的示范性

教师劳动的示范性是指教师的言行举止都会成为学生仿效的对象，教师的人品、才能、治学态度等都对学生有一定的影响。因此，教师必须加强自身修养，以身作则，严于律己，为学生起到良好的模范作用。

（四）教师劳动的连续性和广延性

1. 教师劳动的连续性

教师劳动的连续性是指教师劳动没有严格的交接班时间界限，这是由教师劳动对象的相对稳定性决定的。教师要不断了解学生的过去与现状，预测学生的发展与未来，检验教育教学效果，获取教育教学反馈信息，并准备新一轮的教育教学活动。

2. 教师劳动的广延性

教师劳动的广延性是指教师劳动没有严格的劳动场所界限，这是由影响学生发展的因素的多样性决定的。学生成长不仅受学校的影响，还受社会和家庭的影响。教师不能只在课内、校内发挥影响力，还要协调学校、社会和家庭教育的影响，以形成教育合力。

考点五 教师的心理健康

（一）教师心理健康的概念和标准

1. 教师心理健康的概念

教师心理健康是指教师在教育教学过程中能够有意识地完善人格，发挥心理潜能，提高社会适应能力，预防各种心理疾病，从而使个人的心理机能发挥到最佳状态。

2. 教师心理健康的标准

（1）能积极地悦纳自我，即真正了解、正确评价、乐于接受并喜欢自己；

（2）有良好的教育认知水平，具有敏锐的观察力及客观了解学生的能力，具有创造性地进行教育教学活动的能力等；

（3）热爱教师职业，关心爱护学生；

（4）具有稳定而积极的教育心境；

（5）能对各种情绪与情感进行自我控制；

（6）和谐的教育人际关系，在交往中能与他人和谐相处，积极态度多于消极态度；

（7）能适应和改造教育环境。

教师的职业压力是由工作而引起的压力，是教师对来自教学情境的刺激产生的消极情绪反应。

应对的策略包括以下两大类：

（1）直接行动法，包括积极处理压力源的所有策略：①找出并监视职业压力的来源，减少过多的职业压力；②调整个人的期望水平，制订合适的工作目标；③改变易增加压力的行为方式，处理好工作与休闲的关系；④扩展应对资源，善于寻求和利用社会支持。

（2）缓解方法，即努力减轻由职业压力引起的消极情绪体验，包括以下几点：①积极认知，理智、客观、积极地看待压力对自身的影响，形成面对压力的良好心态；②主动应对，提高抗压能力；③掌握调控方法，学会进行心理放松，缓解不良情绪。

（二）教师的职业倦怠与干预

1. 教师职业倦怠的概念

职业倦怠是指个体在长期的职业压力下，由于缺乏应对资源和应对能力而产生的身心耗竭的状态。职业倦怠所产生的生理、情绪、认知和行为等方面的问题会导致教师产生严重的身心疾病。

2. 职业倦怠的特征

玛勒斯等人认为职业倦怠主要表现在以下三个方面：

（1）情绪耗竭。情绪耗竭是职业倦怠的个体压力维度，主要表现在生理耗竭和心理耗竭两个方面。生理耗竭是职业耗竭的临床指标，表现为极度的慢性疲劳、力不从心、疲乏虚弱、睡眠障碍（失眠/嗜睡）、头痛、食欲异常（厌食/贪食）等；心理耗竭是职业倦怠的核心维度，也是最明显的症状表现，特指丧失工作热情，情绪波动大，容易迁怒他人，感觉自己处于极度疲劳的状态。

（2）去人性化（去个性化）。去人性化是职业倦怠的人际关系维度，指刻意在自身和工作对象间保持距离，对工作对象和环境采取冷漠和忽视的态度。去人性化的教师表现为以一种消极的、否定的、麻木不仁的态度和情感对待学生，对待有些学生像对待没有生命的物体一样。

（3）个人成就感低。个人成就感低是职业倦怠的自我评价维度，表现为消极地评价自己，自我效能感下降，贬低自己工作的意义和价值，工作变得机械化且效率低下，缺乏适应性。

真题邂逅

（2016上半年·19）孟老师近期工作比较消极，漠视学生的存在，对学生态度麻木，缺乏应有的尊重。依据职业倦怠的特征，孟老师的这些表现属于（　　）。

A. 情感枯竭　　　　B. 去人性化　　　　C. 成就感低　　　　D. 知识枯竭

【答案】B

3. 教师职业倦怠的干预

要合理地预防、积极地应对以缓解和消除教师职业倦怠，个体的自我干预与组织的有效干预是达到这一目标的两种重要途径。

（1）个体的自我干预

个体干预的目的是通过改变个体自身的某些特点来增强个体适应工作环境的能力，个体干预的主要方法有放松训练、时间管理、社交训练、压力管理和态度改变等。以下是个体干预职业倦怠的几点有效建议：①观念的改变。教师要学会正确看待自己的工作；②积极的应对策略和归因方式。当教师有职业倦怠的症状时，要勇于面对现实，反思自己的压力来源，主动寻求专业人士的帮助；③合理的饮食和锻炼。教师要进行合理的饮食和锻炼。

（2）组织的有效干预

组织干预的思路是通过削减过度的工作时间、降低工作负荷、明确工作任务、积极沟通与反馈、建立有效的社会支持系统来缓解和消除教师的职业倦怠。

参 考 文 献

[1] 王道俊，郭文安. 教育学 ［M］. 北京：人民教育出版社，2009.

[2] 王道俊，郭文安. 教育学 ［M］. 北京：人民教育出版社，2016.

[3] 教育部人事司，教育部考试中心. 教育学考试大纲（适用于中学教师资格申请者）［M］. 北京：北京师范大学出版社，2002.

[4] 全国十二所重点师范大学联合编写. 教育学基础 ［M］. 北京：教育科学出版社，2014.

[5] 黄济，劳凯声. 小学教育学 ［M］. 北京：人民教育出版社，2007.

[6] 钟祖荣，刘维良. 教育理论 ［M］. 北京：高等教育出版社，2000.

[7] 柳海民. 教育原理 ［M］. 北京：高等教育出版社，2016.

[8] 余文森，王晞. 教育学 ［M］. 北京：北京大学出版社，2009.

[9] 张其志，王剑兰. 教育科学研究法 ［M］. 北京：北京师范大学出版社，2015.

[10] 孙培青. 中国教育史 ［M］. 上海：华东师范大学出版社，2009.

[11] 吴式颖. 外国教育史教程 ［M］. 北京：人民教育出版社，2003.

[12] 彭聃龄. 普通心理学 ［M］. 北京：北京师范大学出版社，2012.

[13] 梁宁建. 心理学导论 ［M］. 上海：上海教育出版社，2011.

[14] 杨凤云. 心理学导论 ［M］. 北京：北京大学出版社，2016.

[15] 全国十二所重点师范大学联合编写. 心理学基础 ［M］. 北京：教育科学出版社，2008.

[16] 黄希庭，郑涌. 心理学导论 ［M］. 北京：人民教育出版社，2007.

[17] 教育部人事司，教育部考试中心. 教育心理学考试大纲（适用于中学教师资格申请者）［M］. 北京：北京师范大学出版社，2002.

[18] 陈琦，刘儒德. 当代教育心理学 ［M］. 北京：北京师范大学出版社，2007.

[19] 莫雷. 教育心理学 ［M］. 北京：教育科学出版社. 2007.

[20] 张大均. 教育心理学 ［M］. 北京：人民教育出版社，2015.

[21] 冯忠良. 教育心理学 ［M］. 北京：人民教育出版社，2015.

[22] 李西营，熊建萍. 教育心理学 ［M］. 北京：北京师范大学出版社，2015.